加藤周一
自選集 1937 | 1954

1

鷲巣 力 編

岩波書店

刊行にあたって

『加藤周一自選集』は、二〇〇七年八月に山口昭男岩波書店社長が加藤周一氏に提案したことに始まる。加藤氏は編者に編集協力を求め、編者はこれに応じた。初期の編集会議には体調を崩していなかった加藤氏自身も参加して討議を重ねた。

自らの著作を集成する最後の機会だと認識していた加藤氏は、本自選集の編集に当たりふたつのことを望んだ。ひとつは、七〇年余の「著作活動の軌跡」をたどり、かつ自分自身を「定義する」選集として編むこと。もうひとつは、読者のためにも、平凡社版『加藤周一著作集』や同『加藤周一セレクション』と異なる編集方針で編むことだった。

「非専門化の専門家」を目指した加藤氏の著作は、芸術を論じても背景には政治的主張があり、政治を論じても同時に文学を意識している。このような性格をもつ加藤氏の著作は、主題がいつも重層的に表れる。加藤氏の軌跡をたどり、加藤氏を定義するには、著作を主題ごとに分類して編むのではなく、著作の発表年代順に編むのが、もっとも有効である、と判断した。

本自選集の一〇巻という条件に鑑み、次のいくつかのことも基本方針に加えた。第一に、加藤氏の執筆した「著作」に限定して収め、対談や講演などは収めない。第二に、『羊の歌』『日本文学史序説』『日本　その心とかたち』『日本文化における時間と空間』は割愛する。もとよりこれらは加藤氏の代表作であるが、今日も今後も、廉価版で読まれると予想されるからである。また、これらに相当の巻数を費やすことは、読者にとって好ましいことだとは考えなかった。いいかえれば、本自選集を自己完結した選集として編まずに、他の著作、とりわけ右の著書などと、同時代のなかで響き合う関係にある選集として編むことを目指した。読者諸氏には本自選集とともに右の著書も併読していただきたい、というのが加藤氏の希望でもあった。第三に、既刊の評論集や著作集に収録されなかった著作からも、加藤氏を定義するに必要な著作を収めるように努める。第四に、加藤氏が執筆を切望していた「鷗外・茂吉・杢太郎」に関連する著作を多く収めるように努める。第五に、外国語著作は収めない。加藤氏を深く知る読者には、外国語著作を望む読者もおられることは承知するが、外国語著作は同内容の日本語著作がほぼ存在するので、原則として収めないこととした。

加藤氏の希望を踏まえた右の基本方針に沿って、編者が収録著作を選定した。病が改まっていたにかかわらず、加藤氏は自ら選定著作の確認作業に携わった。ところが、二〇〇八年夏以降、加藤氏の病状がさらに悪化し、編集作業に携わることが困難となり、それ以降の作業は編者が引き継いだ。

加藤氏の著作は、文意は明瞭、視点は斬新である。かつ美しく、精確な文で表現される。詩人の魂と科学者の方法を兼ね備えた稀有な作家であった。加藤氏はまた終生変わらず、少数者としての矜持を保って発言し続け、弱者を理解する姿勢を崩さなかった。大言壮語を嫌い、語るときにはつねに声低く語った。これらはまさに「加藤周一の精神」の表れである。本自選集が、このような「加藤周一の精神」を理解する一助となり、これを継承する一臂になれば、加藤氏にも大きな喜びに違いない。

鷲巣　力

凡例

一　本自選集には、公表された著者の論文・随筆・広告文等を、長短にかかわらず発表年月順に一〇巻に編成して収録した。ただし、第一〇巻収録の「高原好日」のみ、一年分を一括して当該年の最後に収録した。
二　収録作品の底本は、平凡社から刊行された『加藤周一著作集』（以下、著作集と略）第一巻巻末に付された「本著作集の校訂について」文末に著者名が記されていること、著者にとっての著作集の位置づけに鑑み、著作集に収録された作品は著作集を用いた。それ以外は原則として、著者自身の著書に収められているものは著者の存命中の最新版に、単行本未収録のものは初出によった。
三　後年に追加された追記は、内容上の関連を優先して当該著作の後に発表順に収録した。特に断りのないものは、著作集に付された追記である。
四　広告文の類は、著作集を底本にしたものでも表題は初出により、（　）内に書名を記した。表題が付されていない場合は「推薦文」として同様の対処をした。
五　本文は欧文のカタカナ表記も含めて底本に従ったが、必要に応じて次のような訂正・整理を加えた。
1　明らかな誤字・誤植の類は訂正した。
2　原則として新字体・新仮名遣いに統一した。引用文中も新字体に改めたが、仮名遣いは底本どおりとした。

3　振り仮名は底本のものに適宜取捨を加えた。その際、底本に存する振り仮名と区別することはしなかった。

4　『　』「　」などの使用は慣例に従って整理した。〔　〕は底本のものである。

5　句読点は原則として底本に従ったが、（　）や「　」内の末に付されたものは、文脈を考慮して削除した場合がある。

6　底本の図版・写真の再録は、必要なものに限った。

7　その他、選集としての形式上の統一は、最小限にとどめた。

六　本文を読む上で必要と思われる編集部注を、本文に＊を付し、当該著作末に記した。

七　表題および本文中に今日の人権意識に照らして不適当な表現・語句が使用されている箇所があるが、歴史的表現と考えて底本に従った。

八　巻末に編者による解説を付し、収録著作の初出一覧を添えた。

九　最終巻に著作目録・収録著作索引を掲げた。

目　次

1937

映画評『新しき土』

一口に言えば之は日本名物写真集である。松島・富士・宮島の名所を始めとし桜・地震・火山の爆発・日本庭園・茶の湯・三味線・銀座のネオン・紡績工場の内部に至っては無いのは吉原位のものである。画面の調子は実に美しく富士の写真や山麓の農村の牧歌的情緒等は常套的コムポジションではあるが実物よりも立派である。殊に浅間の噴煙の男性的センスはよく捉えられて、流石巨匠の名を恥かしめないものである。こういう無数の素晴しいカットが映画の劇的進行とか地理的条件を全く無視して豊富に挿入されて居るのだから益々申分のない写真集という外はない。

伊丹氏は外国人が日本へ来て抱いた夢、それが凝ってこの映画となったので云々とわざわざ始めに断っている。実際「夢」とはよく言ったものである。断片的美しさの支離滅裂な、雑然たる集合、従って見ているときは恍惚としているが済んで終えば頭に何にも残らない所等たしかに「夢」である。しかしファンクの「夢」には遺憾ながら彼(か)の邯鄲盧生のそれの如き快速のテムポがない。自然描写に気をとられ過ぎて映画のテムポはしばしば冗漫に堕しているのである。少くとも劇的進行に関する限りモンタージュは成功とは言えない。

更に日本の家族制度を取りあげたのは一応認められて然るべきだろうが、その内容は余りに概念的である。聊か臆測を弄すれば、むしろ参考書の知識の展開にちかい。しかも概念的と言うばかりでなくその洞察は極めて浅薄である。例えば洋行帰りの青年の個人主義制度との相剋を養家の娘との結婚問題に因って描こうとする試みはよいが、実は青年の漠然たる西洋かぶれと家族制度との交渉を描いているに過ぎない。日本へ帰って来て昔馴染みの和尚の話――それが頗る非論理的なものである――を聞き、富士を仰いで、暁鐘を撞けば忽ち氷解するのは個人主義ではない。センチメンタルな個人主義的気分である。現代日本の若きインテリゲンチャに澎湃たる個人主義とはそんなたわいのない気分ではないのである。第一日本の家族制度を紹介するのに坊主に長々と喋らせるのは最も芸がない。それ位ならばプリントにして配った方がましである。

映画という感覚的なジャンルに於てイデオロギイはそれ自身困難な問題の一である。ルネ・クレールを以てしても『自由を我等に』のイデオロギイは明快ではあるが、あの様に単純であった。之を例えば任意のプロレタリア小説と較べたらどうであるか。ジャンルと内容の制約の問題はかくの如く明かである。更にイデオロギイとして音楽及び造形美術を考えるとき、批難されるべきはイデオロギイの単純さにあるのではない。映画的表現の拙劣さにあるのである。

概念的なのは単にイデオロギイ的内容に限らない。人物の性格も又恐しく概念的で性格らしい性格はないと言ってもよい。従って行為の性格的必然としての興味も全くないのである（もっとも之はこの映画を特に批難することとはならないかもしれない。賞めることにならないのだけは確かであるが）。人物の性格は必然的に俳優の問題と結合するが、色々の会社から寄せ集めた珍しいキャストは映画それ自身と同様単に珍しいと言うだけの話である。小杉勇の洋行帰りの青年は頗る垢抜けがしない。どうも田舎で鋤を振廻したり、髪を乱して浅間へよじ登ったりする方が柄に合っているようである。前半と後半で功罪相半している。原節子は大いに綺麗である。粉々と散る桜をくぐる振袖姿には窈窕（ようちょう）たる風情がある。「可憐な」、つつましやかな性格をよく出して居る。しかし勿論出さざるを得なかったにちがいない。

結局映画の制作態度を主として支配しているのは日本の紹介ということである。そしてその結果は前に言ったように日本名物写真の雑然たる集合であり上調子な家族制度観であり、興味索然たるストーリーである。元来「新しき土」を求めて行くことと、山小屋で許婚者を介抱するまでの青年の心理過程とには何等の必然性も、有機的聯関もない。結婚以後は蛇足であり、従て『新しき土』という題名は見当違いである。結婚衣裳を著けて娘が山へ登るのも不自然だし、それを救けた青年がたった一人で追いかける等ということは全くあり得ない（勿論両親を始め他の大勢の人達は娘が死ぬか生きるかという際に恬然として何もしないわけである）。

要するに日本の紹介としては外国人の日本観に殆どいくらの進歩も与えないし、芸術的見地からすれば愚にもつかないということは確実である。映画のレーゾン・デートルは蓋し「将来の戒め」の一語に尽きるであろう。（英語版）

1938

正月

私は去年の暮から不眠症に苦しめられていた。夕飯を食ってから濃いコーヒーを飲むことと煙草を一箱空けるのをやめさえすれば、すぐ治るはずだと云うことは私にもよく解っていたのだが、コーヒーも煙草もやめられないと云うことはそれ以上によく解っていたのだ。寝床に就いてからどんなに短くても一時間以上、つまらぬ考えに悩されることは、私を極端な焦燥に捲き込むことがよくあった。そんな時には、自分がこのまま眠って明朝まで意識不明になると云うことさえ、奇怪な恐いことの様に思われて、一晩中眠れないことさえあった。

だから正月が来て、こう云う焦燥から解放されてみると、私の頭はどこかぼやけて考えが纏らなかったが、自分の健康をどうにか探りあてた様な安心がいくのであった。

年始廻りをやらない習慣の私も、こんな安心が快かったので、快晴の三日に久し振りで石神井の秋元先生を訪ねて見ようと云う気になった。

がら空きの武蔵野線の中では、若い車掌が客席の地味な身装（なり）をしたお主婦（かみ）さんと、もうじき生れると云うどこかの赤坊の話をしていた。その話を聞き流しながら、私は都会の雑沓から離れて生活を語っているその人達を懐しく思った。この頃の私は都会の雑沓に浸っていても、何か自分だけとり残された様な、そぐわない気持ちであったから、こうして都会を離れてはいても自分の生活に没頭している人達をみると、そう云う生活の故郷を失った人間の郷愁を覚えたのだ。私は自分のこんな気持ちを割合に率直な感傷だと思った。

石神井の駅からは東に古木の桜が一寸した並木の様にならんで、さびれた商店が二三十軒両側につづいていたが、空地で丸まげに結った女が二人、追羽子をついているのが鄙びて見えた。私は人通りもないその通りを秋元先生の家を探しながら歩いた。静かな冬の空気が却って空虚な感じに沈んでいた。

電車の中で珍しく落ちついた気分であった私は、華やかな正月の集りに着飾って出かけた妹のことを考えて急に淋しい気がした。たったひとり切りで、こんなさびれた通りを歩いている、――そう考えることが急につまらない、淋しいことの様に思われた。

私は出来るだけ先生の家のことを考えようと思った。

先生は私が小学生であった時と同じ様に揉み手をしながら私を迎えて下さるだろう。しとやかな奥さんも再た(ま)何とか流のお茶をたてて下さるにちがいない。それからあの快活なお嬢さんもきっと大きくなっているだろう。たった三人の、小さいけれど和か(なごや)な美しい家庭だ、と私は子供の様にそんな考えをたのしんだ。そうして又もとの落ちついた気分を取戻していた。

秋元先生の新宅は駅前の桜並木から程ない所にあった。ながい縁側に面した庭が広く開け、柔い日ざしが部屋のなかまでさし込んでいる日本間で、私は二年ぶりに先生とむかいあった。

学校のこと等を少し話したあとで、私は想出した様に最近大学を辞職された某教授のことに触れた。

すると先生は、国の方針と意見がちがえば仕方がない、と云う意味のことを簡単に言われたきり話題を変えてしまわれた。それは、現在、この国の社会的傾向に対する種々の立場の問題を含んでいるはずであった。のみならず教育と云う点にあらわれたそれ等の立場の問題として、必然的に私達の関心を要求するはずであった。——少くとも、仕方がないと云う答以上のものを望んでいた私は肩透しを喰わせられた様な気分を味わった。

しかしすぐに私は自分が二年前の自分ではないと云うことを考えた。小学生の私は理科の得意な生徒であった。それが二年前、つまり中学の五年の時には多分に文学青年的になった。そうして私に経済や社会学を教えはじめていた高等学校の二カ年は、私を全く一リベラリストとした。こう言う変化は可なり激しく急なものであったから、先生も期待はずれの様な意外さを前から感じていられたにちがいない。尤も変化をしたのは私ばかりではなかった。

秋元先生が私の小学校に転任して来られたのは丁度私が四年の時で、小学生の私は整った顔とひきしまった小軀をもったこの新任の先生を大変美しいと思った。そうして理科の準備室に先生を訪ねることが何よりも楽しかった。そんなことから私が五年になって中学校へ六年をとばしたまま入るつもりになった時、私は先生のお宅に勉強をしに行く様になった。その頃の私の担任は名古屋者のTと云う若い先生で、負けじ魂と秀才で有名だったし、事実T先生の授業は驚く程熱心だったので、私も引きこまれていく様な気持ちだったが、T先生と秋元先生との競争が漸く露骨になりはじめると私はジレムマに陥った。若くて美しい、その上才走ったMと云う女の先生と、古いお婆さんのO先生との喧嘩もその頃の私達の話題であった。それから、そのM先生と秋元先生との噂、校長がT先生に味方すると云った事件が相次いで起った。そうなると私は秋元先生に同情して、校長を心底から憎んだり、熱烈な性格のT先生にくらべて秋元先生の温厚なのを歯がゆがったりしはじめて、秋元先生が動物の中等教員免状をとるために勉強されていることを知った時には何か力強いものを得た様なまるで躍り上る様な気持ちであった。私は秋元先生との接触に燃焼する若さの壮快な音を聞いた。

私が辛じて中学に入ったのと前後して、先生も目的を達せられたが、私の祝いに来て下さった先生が、免状はとっても職は少いし、月給も小学校の方が多いと云って苦笑された時には、自分のよろこびに有頂天だった私も冷いうしろめたさを感じた。その後一年に一度位ずつお会いする度に、動物に限らず理科教育に対する先生の情熱的なものが世間的常識の裡に消えて行く様に思われた。

二年ぶりにむかい合ってみると、先ず白髪のかすかにまじったお顔に年齢を感じると共に、今は先生の科学的精神もディレッタンティズムとしか思われなかった。

ただでもぽつりぽつりと語られる先生との会話は、互に相手の話題に乗りきることが出来なかったために、とかくと切れがちなものであった。しかし淡い親しさの交流を意識していたので、それは少しも苦痛にはならなかった。たびたび沈黙が会話を襲って来る度に、何とかしてそれを破ろうとお互に努力するあの惨めな焦燥を、私は嘗て一度も先生との会話に経験したことはなかった。それは二年振りにお会いするその日でも矢張り変らないことであった。

お嬢さんが部屋に入って来ると、私の知らない間に急に大人になってしまったことに私は狼狽に似た驚きを感じた。「大きくなりましたね」と言いかけて、自分の言葉が唯お嬢さんのなだらかにふくらみかけた胸の線と少し大き過ぎる程の目の稚いしいしなを予想してでもいるかの様に、その言葉をあわてのみ込んだ。そうすると自分が何か愚劣な人間の様に思われた。お嬢さんの相不変快活な調子がやがて私の独り芝居を破ったとき、はじめて私は当前の調子になった。そうしてだんだんと寛いだ気分になり、気軽な饒舌が流れはじめると、久しぶりに私は家庭的団欒の温かい楽しさを貪る様に吸いこみたい気持ちであった。

庭木の梢に沢山下げられた鳥籠から絶えず小鳥の声が聞えた。それが丁度冬枯れの梢と霜ぶくれした庭土の冷さを和げる様であった。

大分前に私が先生のお留守をお訪ねしたときには、木枯の烈しい頃で、寒い道をしばらく歩いた私はあがってお帰りを待つことにした。その時に、家のなかの足場もない程鳥籠があったので、自分で捕えた雀を養うのに手固摺ったことのある私は、

「小鳥もこんなにいては大変でしょう」とお茶を持って来られた奥さんに言った。

「ええ、可愛には可愛んですけれど、たまに餌を忘れたり、死なせたりするととても御機嫌がわるくて……」。そう言って奥さんは笑われた。

私はその時のことを想出すと、そう云う言葉にものどかな日常が滲んでいる様に思われて、都心を離れて沢山の小鳥を愛している、教育家らしくない小学校の先生の家庭的温かさと生活の静けさとをしみじみと感じた。余りに険しすぎる私の周囲に較べて、その温かさと静けさとが限りなく懐しく思われた。

しかし自分の感情に信頼しきれず、何かにつけて反省癖のついた私には、こう云う家庭生活に殆んど憧憬に似たものを抱いて、その憧憬の裡に安住しようとしていることが、余りに自分を甘かし過ぎ

ている様にも思われないわけではなかった。そうして私の論理が逃避的生活態度を全的に否定する一方、私の生活はこう云う世界に期待していると云う矛盾の反省は、私の考えを論理的空廻りへ誘った。そうすると反省したり疑ったりする一切のことが自分の感傷に過ぎない様にも思われて来た。やめたければ何時でもやめられることではないか。自分が甘かせるなら、それでいい。甘かしながら自分の感覚に頼って行こう。——そう考えると、私は始めの感情にあわてて戻って行った。

私達が談笑に快く時間を過していると、奥さんが来客を告げられた。それは先生が今受持っていられる二人の女生徒とその母親たちとであった。

「ここでいいでしょう」と先生は私に言われた。

「先生の御都合さえよろしければ」。私は無論そう答えたが、先程からの親しい雰囲気を破られることにみれんを感じていないわけではなかった。しかしその言葉は我儘な私としては珍しく素直な気持ちから出た。それ程私の心は澄んでいた。

一通りの挨拶がすむと、母親たちは先生と私と四人で坐ったが、二人の小学生たちは先生のお嬢さんと一緒に部屋を出て行った。と、ほどなく隣りの部屋から片手で弾くピアノの音に交って小さな感歎の声が洩れて来た。私はもう二人の母親の長い挨拶や席の譲り合いに少しの興味もなかったので、ピアノを弾く女学校の二年生とそれをきいている小学校の二年生、——三人の二年生の無邪気な部屋の想像をたのしみはじめた。ピアノは小学唱歌からユーモレスクに変って、小鳥が時々賑やかな合のてを入れた。午後の輝く日ざしを透して青々とけぶる自分の煙草を眺めながら、私は遠く童心を呼び戻した。失える幼き心拾える如し、そんな章句が何か新鮮な肌触りで甦って来た。二人の小学生にはこんな所で遊んでいるのが心から愉しいであろう。さびれた街も生き生きとして見えたことであろう。少くとも私の様に妙な淋しさは覚えなかったにちがいない。ただ先生のお嬢さんには私の妹のような時代がまもなくやってくる、いや、もうやって来ているかも知れない、と私は考えた。生長する若い肉体を自覚し始める年頃の、あの鋭敏な感受性は、漸く強くなってくる虚栄心と共にきっと淋しさを感じずにはいられないであろう。そしてその淋しさに本当に美しいよろこびを窺うのには、未だ余りに若い、余りに活潑な年頃である。私は楽しい正月にちらりとかすめて行く、しかし深く刻み込まれて行く、華やかさからとり残された者の淋しさを想った。

一人の母親はよくしゃべり、もう一人の方は「ああ、左様で」を連発して、感心ばかりしていた。彼女たちは遠慮深く、極めて謙遜した言葉で自分の子の自慢をするのに躍起となっていた。それは殆ど滑稽なばかりであった。一人が「家へ帰って来てもあの子は勉強ばかりして困ってしまうんざあますよ」と言って困るどころか恐しく得意そうな顔をすると、もう一人は、「まあ、左様で」と一応感心して置いてから、不器用な皮肉を言い、先生に下らぬお世辞を言って、それから自分の娘の「しようがない」所を嬉しそうに吹聴した。先生は時々口をはさまれては両方を満足させることに巧みであった。私は一寸感心して聞いていたが、この春らしく着飾った婦人達の頭の悪い虚栄心の張合いとそれを操っていられる先生の技巧とは、余りにも「世間」を露骨にむき出していた。私は忽ち馬鹿々々しくなった。そうして腹立たしくならないうちに、逃げ出す様にお暇（いとま）をした。

外では先生のお嬢さんが新しい友だちと愉快そうに羽子をついていた。

「さようなら。遊びにいらっしゃい」。

「もうお帰り?」

しばらくして想出した様に、

「さようなら」と言った。

「きっと遊びにいらっしゃい。日曜には妹もいます」。

「さようなら」。

又あとから少し歩き出した私に大声で、

「皆さんによろしくうー」と無邪気に呼びかけた。私ももう一度大声で、「さよなら」を返した。

帰りの電車の中で私は小学生の母親達の姿を皮肉に想い浮べる度に、すぐこの明るい「さよなら」を想出していた。この明るい「さよなら」とは私の叫んだ「さよなら」である。私はそれまで自分がこんなに淡白な大声を出せるとは思っていなかった。そうして大いに安心した。しかしそんなことに大げさにこだわって、何か発見でもした様に安心したりしているのが、自分の日常のアブノーマルな証拠だとも思えた。

池袋からの省線はこんでいた。私はおのぼりさんの様に雑沓を眺め廻した。暮に或る喫茶店で知りあった友達のSに肩を叩かれて、私ははじめて都会人になった様な気がした。（一三、一、廿三）

編輯後記（第一高等学校校友会『校友会雑誌』第三六三号）

貧稿である、低調である、と云う。云う方も面白くないが、聞かされる方も大抵飽きたであろう。しかしそれにも拘らず事実は事実である。「灯を消してならない話」は既に何度も繰り返されたのだが……

私は最近三高戦応援の練習振りを拝見して大いに感心した。一高生のスポーツに対する情熱は到底文化に対する情熱の及ぶ所ではないと思ったのである。勿論文化的情熱は必ずしも太鼓を叩くことではない。況やアジビラを撒いて騒ぐことではない。そうではなくて何であるかは敢えて言うまでもないことである。ただ三木清氏は一高の講演で日本には学生を措いて本当のインテリゲンチアはないと言う意味のことを宣告した。この宣告を無視することはそれから逃避することである。私の考えでは同時にそれは敗北を意味するのだが……

1939

戦争と文学とに関する断想

戦争と共にジャーナリズムはインテリを攻撃するのに急であった。そして勿論ジャーナリズムの舞台でインテリを攻撃する者はインテリに他ならなかった。――こう云う現象を何と形容すべきか私は知らない。しかしこう云う現象の下らないと同時に喜ぶべき現象であることは明らかである。日本のジャーナリズムが今日位インテリの社会的力を尊重したことはないからだ。

ところが戦争の進展にともない、インテリは「評判に反して」生活への積極性を、従って文化への積極性を示した。のみならずインテリは又「評判に反して」戦場に於ける勇敢な兵士であった。本来の知性と云うものが評判に反することを好むのだから事情已むを得ないし、又「評判に反し」たからと云って何も驚くことはない。

インテリの青白い顔色を軽蔑する流行はジャーナリズムによって普及した、しかしインテリに就いて心配すべきことが顔色の象徴的役割なんかでないことは解り切った話で、心配すべきことは彼等の知性以外にはないのだ。インテリを退治したインテリはインテリの中でも一番下らない連中である（と云って、念のために附言するが、彼等の下らぬということは彼等の馬鹿とシノニムでないことは勿論だ。今日の時代は下らなさと馬鹿さとが鮮かに分離しはじめた点に於て甚だ特徴的な時代である)。

さて、戦争がインテリを鍛えた、インテリは実に立派で強うござんす等と感服していたって何にもならない。つまりこの位不毛な思想はない。日本のインテリが強かったということは、インテリも日本人であり、とにかく或る程度のインテリでもあったと云うことの証拠を出ない。日本人の戦争に強いことは一般的だが、元来知性と云うものは実に力強いものである。力強くなければ評判に反してなどいられるものではない。

が、そんなことよりも我々に大切なことは、戦争が我々の知性や感性や文化やその他総てをひっくるめた我々の人間を鍛えつつある、と云うことの認識である。この際、何が我々を鍛えたかと云うことより、鍛えられつつあると云うことの認識を尊重する一般的教訓を、学ばねばならぬ。戦争にとって必要なものは自然科学と修身であって文学ではない。ヨーロッパを席巻した蒙古勢は浪花節程度の文学をもっていたかどうかさえ怪しいのである。しかし私は戦争と文学との話をこの文学的伝統に恵まれた日本に生れたから誰はばかることなく語ることも出来る。しかし戦争にとって文学が必要でない以上、戦争の側から文学を見たってどうにもならない。そして我々が学ぶべき教訓は、思うに、戦争にとって大切であるのみならず文学にとっても大切なことなのである。

戦争が我々を鍛えつつあると云う認識は、物質的精神的緊張感によって具体性を帯びるが、日本の知性と感性にとってこの緊張を深く感じることだけが最大の課題である。

＊

今日程この国の広いインテリ大衆が、事実を知ろうと云う慾求に燃えたったことはない。『麦と兵隊』は戦争の事実を語ったから売れたのである。『ドイツ戦没学生の手紙』が出版され、レマルク Remarque やドルジュレス Dorgelès が再び人々の口に上った。何部隊が何処を占領したと云う新聞記事は無論事実を語っているが、戦争の事実はそれだけではない。戦場の肉体や精神も又戦争の事実であって、国民はそう云うものを知るために戦争文学を読むのである。そしてそう云う事実への関心は読者自身の生活の不安に根ざしている。

大根があがったり円タクが高くなったりするのは即ち生活の不安であるが、しかし本当に不安じゃないので、大根があがっても我々は死なないし、意気は沮喪しない。国民は国家の前途を信じている。従って戦争文学によって戦争の正体を理解しようとする慾求は、生活の不安に根ざしているにはちがいないが、それによってその不安を解消せんがためではない。たとえどんなことを理解しようと大根は安くならないし、又我々の戦争を遂行するためには大根の高いこと位がまんするのが当り前だ、と誰でも心得ているだろう。つまり不安なのは大根の高いことではなくて、大根の高いことの解釈の仕方が定らぬことである。そのために国民は戦争の事実を知ろうとするのである。そればかりではない。一方において大衆は文学に倫理的な感動を求める。今まで日本のインテリ大衆は個人主義的訓練を受けて来たが、個人主義的に訓練された精神は、生活に対して積極的になる時、殊のほか倫理的な感動を愛するものだ。

『若い人』は最近もっとも多く読者を獲得した小説の一つであるが、あれにはモラルがないと云うのが定評であった。そして勿論この定評は正しいのだが、『若い人』のミッションスクールを背景とする女生徒と男女教員との三角関係はもっとも通俗的な意味で、倫理的なものであり、『若い人』を読む多くの読者は小説にモラルがあろうとなかろうと倫理的な感動を受けとるのである。女学校の教員のなかにはあんなけしからん話はないと云って大いに興奮した人々があった位で、察するに『若い人』の人気の秘密はこの辺にあるらしい。そしてこう云う興奮は非常に健康な性質のものである。それが少しく高級化されたものがジード Gide の翻訳小説愛読家の興奮であるだろう。殊に『女の学校』の一連の作品が広くインテリに読まれたのは、その強い倫理的な色彩のせいである。しかし本当は『女の学校』にモラルなんかない、読者は読み終って何のモラルも受けとりゃしないのだ。それで読者の満足していることは『若い人』の場合と同様である。何れにもせよ文学に対する大衆の二様の要求は、インテリの生活に対する積極性を物語るものだ。『若い人』と『麦と兵隊』と二つの流行は偶然のとりくみではない。

＊

昔源義家にとって伏兵を知らせる為水鳥は甚だ抒情的に飛びたった。と同様にヨーロッパ大戦の塹壕では砲弾がアポリネール Apollinaire にとって花火のようにはねた。戦争の殲滅化はこの種の抒情精神を滅すものではない。のみならずその性格を変えるものでさえない。問題は如何なる詩的伝統が戦争に遭遇するかだ。

今度の戦争で日本軍の塹壕からは色々の文学が生れた。無数の和歌に新体詩と日記文学と。このうちで新体詩は浪花節の詩精神が戦争を唱った場合で、文学としては甚だ低級である。之は何も作ったた人の責任ではないし、士気を鼓舞するためにはこの方がいいかもしれない。ただ前にも云ったように、戦争にとってはそんなことはどうでもよいのだ。万葉精神も浪花節精神も一視同仁であるが、文学にとってはそうは行かない。文学は万葉を賞讃すると共に須らく浪花節を黙殺しなければならぬ。我々の和歌の伝統が戦争によって如何に見事な成果を生んだかに就いて語らねばならぬ、と云うわけだ。

和歌の伝統は、昔洗煉されて、上流社会のなかにあった。平安朝の貴公子は恋人に思いを明かすにも、歌に託したと云われている。どうだか怪しいものだが、仮にそれが本当だとして、しかも今日の上流社会が歌を忘れてゴルフか何かに凝っているとしても、我々は少しも昔を懐しむことはない。今日の労働者は恋慕の情を歌って恋人に渡す代りに、労働を歌にして雑誌『アララギ』に投稿している。

そして歌に写生を提唱したのは子規であるが、左千夫や赤彦や茂吉や子規の系統をひく『アララギ』の大歌人たちは、写生を発展させて高級なリアリズムを歌のなかで開拓した(抒情精神はリアリズムと矛盾するものではない)。この精神は『アララギ』の隆盛と共に広くインテリ大衆のなかへ浸透したのである。

*

戦争の和歌が無数の傑作を含んでいる理由は之以外にはない。日本軍の塹壕にいる歌人たちは文学の一番素朴で健康な、「眼」を持っていた。戦争の烈しい緊張を捉えるにはこの心眼以外にはないのである。

火野葦平の『麦と兵隊』に就いてはもう論議が尽されたから云わないが、『糞尿譚』で複雑な人間心理の構造を追究した彼も、戦場では実に単純な人間の感動や緊張を素直に描いている。

塹壕からフィクションは生れないし、又生れる必要もない。塹壕で人は彼等の緊張を記録すりゃいいのだ。戦争は勿論複雑極まるものだが、戦場の緊張感と云うものは、それが緊張の極致であるが故に、恐らく単純なものにちがいない。そして捉える必要のあるのはこの単純さだけなのだ。近代小説の方法は解析的に精密を極める。だからこの単純さを捉えるには適しないなどと云うのは嘘だ。塹壕からフィクションの生れない理由は時間以外にはない。塹壕の知性も感性も時間を信用しないのである。ところが小説はそれ自身の時間を現実に向って主張する。だから人は詩によって時間を超克するか、日記文学によって現実に同化するか――塹壕文学の様式はこの二つよりないのだ。

優れた古典精神は常にこの緊張の単純さと向きあっている。『ボヴァリー夫人』が古典であるのはフロベール Flaubert が「人生の従軍記者」であったからではない。「ボヴァリー夫人は私だ」と云うあの有名な言葉が物語るフロベール自身の自我との対決が、『ボヴァリー夫人』を古典にしたのだ。その時この優れた古典精神は複雑なボヴァリー夫人の心理の底に彼女のアビームの驚く可き単純さを凝視していた。

死は哲学に真の息吹きを吹きこむ、とショーペンハウアー Schopenhauer が云ったそうである。戦場にはむき出しになって死がある。

「我々のうちの何者も長い生命を授かってはいないように思われる――それを悟ろうではないか」というハンス・カロッサ Hans Carossa の言葉を、我々インテリの黙殺から救うものは戦争以外にはない。そして戦争に対しては、カロッサのように考える他はない。爆弾の破壊する文化財に感傷の涙をそそいだってどうにもならないのである。破壊されるのは何も昔の宮殿や名画ばかりじゃないので、もっと抽象的な我々ののれんが破壊される。その結果文化自体の反省は出発点の単純さへ戻るのだ。戦争の文化に対する逆説的役割はこのようなものである。

追記

この文章を私は一九三九年に旧制第一高等学校の学生新聞に書いた。学生新聞には教官の監督があり、学生がそこに戦争と関係のない文章を発表することはできたが、戦争を積極的に批判する文章を発表することはできなかった。その頃戦争は中国の全土に及び、日本の国内では言論の弾圧(それは直接に陸軍の意見に従って行われた)と、知識人の戦争宣伝への動員が、いよいよ強くなろうとしていた。従軍した小説家火野葦平の『麦と兵隊』は、反戦の言葉を含まなかったにもかかわらず、兵隊の苦労を描写していたので、士気の昂揚に役立たないという理由で、発売禁止になった。

私は戦争が文学を荒廃させ、文化を破壊すると考えていた。しかしそうはっきり書くことはできなかったから、間接にそのことを示唆しようとし、表現力の未熟のために、何をいっているのか要領を得ない文章を作った。それがこの「戦争と文学とに関する断想」である。たとえば文中に「戦争が……我々の人間を鍛えつつある」という文句があるのは、当時の文学者の多くが戦争支持のために使った言葉を、そのまま採ったのであり、たとい学生新聞に書くにしても、おそらくその程度の安全装置は必要だと考えたのである。しかし当時の状況を離れてみても、この文章には、稚拙な表現が多く、ほとんど誤りというべきものも少くない。たとえば文中に「今まで日本のインテリ大衆は個人主義的訓練を受けて来た」というのは、「高等教育を受けた日本人の多くは、今まで個人的な水準でものを考えることに慣れてきた」というほどの意味である。「個人主義」という言葉の使い方は、時代の状況とは関係なく、誤りというのに近いだろう。またたとえば、「近代小説の方法は解析的に精密を極める」という文章の「解析的」は、「分析的」でなければならないだろう。このような例をあげれば、きりがない。

私はこの文章を「著作集*」に収めるのに、大いに躊躇した。しかし明白な誤植や脱字などを正した他手を加えず、意味の通じ難いところもそのままにして、敢えてこれを収録した理由は、太平洋戦争のはじまる前に、戦争――というよりも、戦争の文学と文化への影響のし方について、私が何を考えていたかを記念しておきたかったからである。敗戦以後に私が書いた文章は、真珠湾攻撃前夜の私の考えと無関係ではなかった。

「戦争と文学とに関する断想」は、反戦の文章ではない。そこで私がいおうとしたことは、今日の私の言葉に翻訳していえば、およそ次のようなことにすぎない。すなわち個人の生命を脅す戦争は、個人が生命の意味を考えなおす機会になり得るし、同様に文化を破壊する戦争は、文化の意味を根本から問いなおす機会にもなり得る、その他には文化にとっても、その一部としての文学にとっても、戦争に積極的な意味はない、ということである。少くともその程度のところが、この文章からも読みとれなくはない、と思う。

ここでいう戦争は、もちろん、日本帝国主義の中国侵略戦争である。しかし「戦争」に、公然とその名をあたえることは、当時の日本では誰にもできなかった。今では誰にでもできるはずのことであり、一九三九年と一九七九年の日本のいちばん大きな違いの一つは、そこにある。

＊『加藤周一著作集』第八巻に収録されている。

1943

妹に

I

妹よ　往く日々の夢のかたみに
彼方の西の大空は　彩られ
陽は沈む　いつか見た海の深みに
古い日のうたげの花にふちどられ

夕暮の空に張る帆に　いつまでも
お前の優しい想出を追っている
波間には　昔の歎き　むなしくても
流れの岸に　昨日は招いている

1943

漕ぎ出そう　妹よ　今は　小舟に
彼方の岸へ　鐘の鳴る夕暮に
ああ　青い海の涯　遥かな歌よ

総て去る　淋しい水脈(みお)を　曳きながら
ほほえみの亡びる時も　妹よ
昨日は明日をいつか知るだろうから

Ⅱ

ごらん　月は　夢を　描く
青い　空の　夜の　なかに
春の　花の　眠る　ときに
大きな　暈を　いつも　明く

妹　に

そうだ　あれを　昔　見たね
いつか　遠い　日々の　真昼
野には　穂波　麦の　熟れる
秋の　夢の　西も　茜

夕暮　雲を　窓に　忘れ
空に　青く　褪せた　のぞみ
日々も　うすれ　人の　別れ

ごらん　今は　夜空の　海
ね　あの　匂う　光の澪
わたし　たちの　生の　影を

1944

トリスタンとイズーとマルク王の一幕

登場人物はプロローグの間だけそれぞれの衣裳を着ける。第一場からは着けない。舞台装置も之に準じる。プロローグの間に科白はない。

プロローグ

幕が開くと、森の中、舞台中央に、トリスタンとイズー姫とが寝ている。二人の間にはトリスタンの剣が抜身で置いてある。イズー姫の指には、王の送った結婚の指輪が嵌めてある。

舞台上手から小人が登場。二人を発見した身ぶりよろしくあって引込む。間もなく、舞台下手から抜身の剣をかざして、マルク王が現れる。上手からは再び小人が首を出して寝ている人の方を指して示す。王は合点して小人を左手で制する。小人は引込む。王は進む。いきなり剣を振りかざして、まずトリスタンの首をはねようとするが、打ちおろしかねて思い入れ。王は二人の間に置いてある抜身の剣を発見して驚き、二人の顔を見くらべて、暫く思案。今度はつくづくとイズー姫の美しい寝顔を見つめながら次第に顔を近づけ、接吻しそうになって、急に身を退く。剣を鞘に収め、腕を組み、又一思案。突然、思いついたように腕をほどくと、王はトリスタンの剣と自分の剣とをとり代え、「痩せ衰えた姫の指から抜け易くなった結婚の指環」を抜きとり、悠々と去る。

昔の物語り作者が云ったように、この事件の間、恋の媚薬にとり結ばれた二人は、その幸福な、或は不幸な眠りからさめない。

第一場

トリスタンとイズー姫との対話

トリスタン　僕等はもう逃げる必要がなさそうだね。
イズー　今頃何を云っているの。
トリスタン　王は僕等を発見し僕等は眠っていた。殺そうと思えば、殺せたはずなのに、剣を代えて立去ったのは、王が僕等を宥してくれた証にちがいない。
イズー　勿論よ、単純な理窟だわ。あなたは今気がついたの?
トリスタン　姫よ、王は寛大だった。
イズー　(つまらなそうに)そうね。
トリスタン　姫よ、王は寛大なのに、あなたは何故不機嫌なのだ?
イズー　不機嫌ではありませんわ。
トリスタン　だが愉しそうではない。
イズー　だって寛大は長椅子ではありませんもの。
トリスタン　何だって?

イズー　何でもございません。
トリスタン　いや、今、長椅子とか何とか云ったではないか?
イズー　寄りかかりさえすれば何時でも心地よい、と云うわけには行かないと云うことだわ。
トリスタン　洒落を云っている時ではない。
イズー　あら、どうして?　寛大とはそう云うものよ。
トリスタン　冗談じゃない。
イズー　それはこちらで云いたい位だわ。
トリスタン　何故さ?
イズー　(大げさに)嗚呼。
トリスタン　(心配そうに)何うしたのだ?
イズー　ああ、私たちは今まで逃げてばかり来ました。国中の町や村を、森を、野原を、街道を。
　覚えている、トリスタン?
トリスタン　覚えているとも、イズー。
イズー　雨の日も、風の日も、私たちは力を併せ、お互に助け合いながら、逃げて来ました。
トリスタン　堅固な王の関所守を、瞞してくれたのは、イズーだった。
イズー　私たちを囲んだ羊の群を輪切りにし、私をまきこみそうな風車を槍で突き倒してくれた
　のは、トリスタンだった。
トリスタン　おや、それはスペインの騎士の間違いじゃないか。

イズー　同じことよ。英雄と云うものは、皆同じことをするのよ。
トリスタン　僕の originalité を認めないのか？
イズー　あら、怒ったの？　originalité が気になるなら、BEDIER 氏に訊いてごらんなさいよ。
トリスタン　ああ、洒落を云う時ではないと云うのに。
イズー　では何をする時なの？　私たちはもう逃げなくてもよいのじゃなくて？
トリスタン　それはそうさ。
イズー　私たちは逃げながら、力を併せて来たのよ。所がもう逃げなくてもよくなったのだから。
トリスタン　だから？
イズー　未だ解らない？
トリスタン　解らないね。
イズー　だから洒落の他に仕事もないじゃありませんか。
トリスタン　しかし、姫よ、王は寛大……（というトリスタンの科白の終らぬうちに幕）

第二場

マルク王と廷臣との対話

廷臣　王様、法律と権力とは王様の味方でした。
王　（退屈そうに）それはそうさ。

廷臣　それなのに王様は二人をお宥しになりました。輿論は王様の寛大を讃えて居ります。
王　輿論とは何だ？
廷臣　ジャーナリズムです。法律と権力とさしもの新聞も愈々王様の味方となりました。
王　完全な勝利かね？
廷臣　仰せの通り、何と言う鮮かな方法的勝利でござりましょう！　昨日まではとかくトリスタンに同情的だった*JOURNAL DE THOMAS*も*GAZETTE DE BEROUL*も、今日の朝刊は全く王様の寛大でもちきりです。
王　いや、完全すぎる勝利かも知れない……
廷臣　何と仰言（おっしゃ）います？
王　なぁに欺かれた夫と云う役は気の利いた役じゃない。
廷臣　しかし寛大と宥しとは事態を一変します。宥された時から王の后を奪った英雄はもう英雄ではありません。今頃、トリスタンは森の中で、うちひしがれているでしょう。
王　その通りだ。若し森の中で余がトリスタンを殺したら、余もやはり（欺かれた夫）に留まり、間抜けな、或は残忍な名を、何時までも忍ばねばならなかったろう。余は、寛大だけが余の威厳に適（ふさわ）しいことを、寛大だけが余の立場を一変させることを知っていた。
廷臣　王様は全く合理的でした。
王　そうだ。余は、二人の間に置かれたトリスタンの剣と余の剣とを取換え、イズーの指から余が婚姻の指輪を抜取って、寛大の証を残した。

廷臣　周到な御注意です。王様の寛大は恋人たちを圧倒します。イズー姫は心を動かされトリスタンは姫をお返しする決心を致しましょう。
王　そうなればいいのだが……いや、しかしホレイショーよ、男と女との間には、お前の哲学で解らぬことがあるわい。
廷臣　何でございます？
王　なにエロスは合理主義者ではないと云うことだ。
廷臣　と致しましても、王様の合理的な程臣下の身に有難いことはございません。それに、トリスタンとイズー姫との飲んだと云う媚薬の残りを、ただ今、王立学士院で分析して居ります。その結果が解りますと、事態は一層合理的に説明されようかと存じます。
王　分析は結構だ。生体実験もして見るがよい。しかし余はベルグソンと共に云いたい、媚薬と愛との間の平行関係は、脳細胞と思想との平行関係と同じように、哲学的幻想にすぎないと。
廷臣　恐れながら、王様、臣はヘーゲルと共に申上げたい、世界は理性的であると。
王　「逆立ちしたマルクス」は沢山じゃ。
廷臣　直立したマルクスは尚お沢山でございましょう。
王　勿論だ。余は貧しくなったトリスタンが貧しいものの英雄になることを惧れる。
廷臣　貧しいものは金に苦労をしない英雄を好むものですよ。
王　しかしトリスタンが森を出て、工場へ現れたらどうなるか？
廷臣　何でもございません。英雄は民衆の指導者ではなくて、安全弁です。彼は彼等の不平を組織する代りに、彼等の不平を独りで劇的に代表するに過ぎません。工場長は殴られるでしょうが、その代りに労働賃銀はあげずにすませるでしょう。

王　それならばよい。いや、それよりも、余は周到でありすぎたような気がするのだ。

廷臣　恐れながら今日の王様は御心配が過ぎますようで。

王　周到な、余りに周到な――イズーは指輪の失くなった手の先を見つめながら、そう考えるかも知れない。

廷臣　と申しますと?

王　イズーは余の寛大を見抜くのだ。余が名誉恢復を考え、王の威厳を考え、トリスタンを斬らなかったことを、イズーは却って軽蔑しているかも知れない。

廷臣　それはひどい忘恩ですな。

王　必ずしもそうではない。

廷臣　何故でございます?

王　イズーに余を愛する心があれば……

廷臣　ああ、王様、希望と云うものは、たとえ馬鹿げた希望でもなしで済ませることの出来ないものです。

王　疑いもだ。

廷臣　仰せの通り……いや、哲学者と王様の疑いは方法的懐疑でなければいけません。若しそうでなければ、王様は、――王様はとにかく、人民にとって……

王　なに、人民？　人民は勝手に戦線をつくるだろう。ああ、疑わずにはいられない、イズーが今朝の新聞を見たら、新聞の論調は余のさしがねだと思わぬものでもあるまい……

廷臣　（傍白）王様の理性は愛の擒（とりこ）だ。

王　若しイズーに余を愛する心があれば……

廷臣　（王の方へ向いて慰めるように）王様の寛大は姫の心を捉えたにちがいありません。

王　余は後悔しているのだ。

廷臣　（傍白）何だか解らなくなって来た。

王　余はトリスタンを殺して、イズーを奪うべきだったのだ。

廷臣　それでは姫の心が王様を離れたにちがいありません。

王　そうかも知れぬ。そうでなかったかも知れぬ。

廷臣　（傍白）丸で非合理だ。

王　余は偶然に賭るべきだった。余の感情がはじめにそれを命じたように。

廷臣　（傍白）それではスキャンダルが又一つ殖えたろう。

王　ああ、イズーが還って来てさえくれたら……

廷臣　きっと還って来るでしょう。

王　子供をだますように云うではないか。余は子供だ。いや、子供でも大人でも同じようなものさ。大切なものは、どうせ一つだからな。

廷臣　（傍白）なぁに、大抵の王と云うのが子供に似ているだけのことだ。（王に）大切なものとは愛でございましょう？

王　いや、それはEGOだ。

廷臣　何と仰言います？

王　（断平として）警視総監に今すぐ電話をするのだ。以後王の寛大の記事を差しとめるように云い給え。

廷臣　（傍白）おそまきだ。尤も智慧と云うものは大抵おそまきだが、（王に）漸くあの煩（うるさ）いジャーナリズムが味方になった所で、王様は、今……

王　（皮肉に）完き勝利かね？　沢山だ。

（廷臣去る）

王　（独白）若しイズーが還ってさえ来たら、今度こそ本当に寛大であろう。王位を捨て、宮殿を捨て、森の中に痩せ衰えたイズーよ。余も余の威厳と虚栄とを捨てお前を迎えよう。私の欲しいのは、イズーよ、お前の心……いやさ、お前の心と肉体の全部じゃ。（幕）

第三場

再びトリスタンとイズー姫との対話

イズー　まあ、考えこんでいるのね、どうしたの？

トリスタン　今朝の新聞を見たかい？

イズー　ええ。

トリスタン　王様の寛大でもち切りだぜ。

イズー　それが心配なの？　あれはことによると王様のさしがねよ。まあさしがねでなかったにしても、今度の寛大は、確かに王様の評判を恢復する値打ちがあるわ。

トリスタン　全くだ。

イズー　何もそんなに悲しそうな声を出すことはないじゃありませんか。今頃、王様は道徳的優越感に酔っているのよ。どうせ始めから法律と権力とは王様の味方だし、王様の合理的寛大が心理的効力を収めれば、――さあ、もう同情も気がねもありゃしないわ。王様には misérable な点がなくなったのだもの。

トリスタン　misérable なのは我々だ。

イズー　何故？　王様は剣を換えたり、指環を抜いたり、いやに凝った手を打ったけれど、何もくよくよすることはないわ。おかげで、寛大を恩に着るのも馬鹿々々しくなったじゃありませんか？

トリスタン　そうでもないよ。

イズー　煮え切らないのねえ。そんなに考えこんでいるのは、何時ものトリスタンの様じゃないわ。今までは人の首を斬るのだって、ちっとも考えずに斬って了ったじゃないの。

トリスタン　姫よ、よく考えたあとでは、人の首は斬れないものだ。

イズー　だから英雄は、決断から決断へ移るのよ、ちっとも考えずに……

トリスタン　英雄は単純さ、だが恋人の心は複雑だよ。
イズー　そうかも知れないわ。でも考えこんでいるのは、英雄に適しくないことよ。
トリスタン　姫よ。王のもとへ帰ったらどうだ？
イズー　あら、突飛ねえ。考えていると思ったら、そんなことを考えていたの？
トリスタン　いや、英雄のことを考えていたのさ。英雄とはジャーナリズムの製るものだ。
イズー　それで？
トリスタン　王の寛大を今日の新聞は讃えている。王の姫を奪って逃げるのは、英雄的記事だったが、宥されても逃げるものはもはや英雄的記事ではない。
イズー　何故？　王に同情的な連中も私たちを攻撃してはいないわ。
トリスタン　もう何時攻撃されるかわからない。宥されたからには、英雄的行為に必要な危険を失って了った。再び英雄であるためには、姫よ、あなたを王に返さなければならない。
イズー　解ってよ、あなたは私を嫌いになったのね。
トリスタン　それは余りに月並な科白だ。批評家が見つけると悪口を云うぜ。
イズー　恋人の科白は永久に同じものだわ。
トリスタン　ああ、イズー、私はあなたを愛している。
イズー　でもそれ以上に自分を愛しているのよ。
トリスタン　だが僕が英雄でなくなると、あなたは僕を愛さないだろう。
イズー　それはそうね。

トリスタン　だから私はあなたを王に返さなければならぬ。
イズー　そうしてどうするの。
トリスタン　武者修行。「旅への誘い」……
イズー　Là, tout n'est que désordre et danger, ……
トリスタン　そうかも知れない。
イズー　あの偽善的な合理主義を逃れて、私はあなたの無意識と意志とを愛しました。でも今では、英雄が共同生活の出来ないものだということを悟りましたわ。
トリスタン　英雄は反社会的なものだ。
イズー　そうね。孤独で、感傷的で、無意識的な英雄は。さようなら、トリスタン、愛し合っていた私たちの、別れなければならない時が、来たようよ。
トリスタン　何処へ行く？　イズー。王のもとへ？
イズー　いいえ、宮殿へ、よりかかれば何時でも快い長椅子へ。さようなら、トリスタン。
トリスタン　さようなら、イズー。
（『トリスタンとイゾルデ』の音楽聞え始める）
（離れかけたトリスタンとイズーとは駆け寄る）
トリスタン　おお、あの音楽は？
イズー　ワグナー！
トリスタン　イズーよ、我々の愛は永遠だ。

イズー　トリスタンよ。永遠なのは芸術です。
（二人黙って左右に別れ去る）（幕）

第四場

王とイズー姫との対話

王　帰って来たね、イズー。余は待っていたよ。
イズー　（皮肉に）又寛大ですか王様。有難うございます。
王　（それには答えないで）王立学士院の報告によると、お前たちの飲んだ媚薬の効果は丁度今年きれるそうだ。
イズー　まあ、そんな所ね。
王　今度こそ本当に寛大になるよ。宮殿も王位も捨てて、森の中のお前の様に自然へ還り、生れた儘の素直な心で、お前を迎えるよ。
イズー　ジャン・ジャックと共に。――でしょう？　王様は相変らず livresque ねえ。
王　いや、余は真面目だ。チャーリー・チャップリンよりも真面目に、呪われた文明を逃れ、人間の自然に還ることを、何よりも切望するのだ。
イズー　でも生れたままの人間は、余り有難くないわ。
王　余は余の合理主義に絶望したのだ。

イズー　私は英雄の非合理主義にも絶望したわ。

王　余は余の愛情の他にお前に与えるものを持ちたくない。

イズー　残念ね。愛情は王様の化学者の云う通り、何時か期限の切れるもの、いいえ、エピクロスもディオゲネスも口を揃えて申したように、はかない、頼りないものだわ。私は帰って来ました。王様、人の子のもとへではなく、宮殿へ、寝心地のよい長椅子へ、法律の守る栄耀と静寂と快楽とへ。

王　そんなものこそ儚いとディオゲネスも云ったではないか?

イズー　いいえ、法律と物質の文明は彼の頃よりも進歩したのよ。又歴史のなかで、進歩するものはそれだけだわ。

王　余は進歩よりも、永遠に美しい女性の肉体と魂とを望む。

イズー　あら、余り古代的 naiveté を発揮しないで頂戴。

王　余は今になって位と宮殿とを忘れたのだ。

イズー　私は今になって位と宮殿とを発見したのよ。

王　余はお前を愛している。

イズー　私は宮殿を愛しているわ。

王　余はお前の終った所からはじめたのだ。

イズー　私も王様の終った所からはじめたつもりよ。

王　何れにしても不幸なことだ。

イズー　幸福なのは、あの勇ましい英雄ばかりね。
王　なぁに、年中人の首を斬るのも退屈だろうよ。
イズー　嫉妬？
王　愚問だね。だがそれもあろう。
（ワグナーの音楽再び聞える）
王　あの音楽は？
イズー　後世よ。
王　後世とは？
イズー　ジャーナリズムの延長よ。もう私たちは永久に動きがとれないわ。あの日から、王様は永久に寛大で、トリスタンは英雄、私は何時までも不幸な恋に悩む他はなくなって了ったのよ。
王　ああ、人生は、ここでもとりかえしがつかないのか。（幕）

1946

天皇制を論ず

——問題は天皇制であって、天皇ではない——

1

天皇制は何故やめなければならないか、天皇制は何故速やかにやめなければならないか。

私は、ここで、この二つの問題に答える。その各々に就いて、先ず積極的理由を、その次に凡ての反対論の無意味なことを示す。

問題は天皇制であって、天皇ではない。多くの論者は、屢々之を混同した。例えば、戦争を起すために天皇の演じた役割と、天皇制の演じた役割とを混同して、天皇は戦争に反対だったから、天皇制をやめる必要はない等と云う。之は勿論区別しなければならない。

又私の問題は、政治的なものであって、歴史的なものではない。今日までに、天皇制に関する議論は沢山出て、云うべきことは殆ど言い尽された。天皇制をやめるかやめないかと云う点に関する限り、もはや何も加える所はないのであるが、私は、ひとつの論文のうちに、やめるべき凡ゆる論拠を列挙し、やめないと云う議論を尽く挙げて反駁したものを未だ見たことがない。私の試みようと思うのはそう云うことで、整理と概括とに過ぎないであろう。天皇制の政治的面には、未だ云われていない本質的問題は何も存在しないのである。

勿論、歴史的には非常に広い未開拓の分野がある。史学はそのためにどの位発達するか解らない。歴史家の仕事を我々は愉しみにしているが、今廃止すべきか否かが問題になっている天皇制は、明治維新以来のものであるから、それだけの歴史を考慮しても、当面の政治的問題は解決することが出来る。此処では、明治維新とそれ以後との天皇制の果した役割だけを顧みながら、議論を展開する。

2

天皇制は何故やめなければならないか。理由は簡単である。天皇制は戦争の原因であったし、やめなければ、又戦争の原因となるかも知れないからである。

では、戦争は如何にして起ったか。戦争は、日本が植民地を欲するから起った。第一に満州、第二にシナ、第三に南洋に、日本の独占資本が市場を得るために、帝国主義者を煽動し、軍閥を養成して、侵略戦争を計画したから起った。要するに、戦争は少くとも経済的には、日本資本主義の急な膨張の結果として、実に明快な過程を踏んで起った。その急な膨張が有名なソシアル・ダンピングに依るものであり、それは文字通り「万邦に比なき」低賃銀労働者の大群を俟ってはじめて可能であったことは、今更云うまでもない周知の事実であろう。低賃銀労働者は、一方では自ら物を買う力がないと共に、一方では資本主義生産のコストを下げる。

従って、その国の産業にとっては、国外市場の必要を大きくすると共に、その獲得を容易にする。

ダンピングと競争するために労働者の生活程度を切り下げることの不可能な先進国が、そう云う場合に、政治的手段に訴えたのは、事の成行きから当然である。それが「関税障壁」と云うもので、日本の資本家の代弁者たちが「生命線を脅す」経済的圧迫と称したものである。確かに資本家の生命線を脅したであろうが、彼等に搾取された労働者農民の生命線を脅したのではあるまい。

日本の資本家が世界最低の賃銀で搾取していた労働者の賃銀を引き上げ、搾取の手をゆるめて人民を取り扱うのにやや人間なみの方法を以てしさえすれば、国内市場は購買力を増したであろうし、従って国外市場の必要は少くなり、商品のダンピングの必要もなければ「関税障壁」を以て外国から迎えられることもなかったであろう。そうすることによって、日本の後進資本主義はあのように急に大きくなることは出来なかったにしても、決して行きづまるわけでも「生命線を脅される」わけでもなく、従って「関税障壁」を破るために、戦争をする必要もなかったにちがいない。

然るに、資本家は自らの利益をいささかでも制限し、労働者の賃銀を引き上げ、以上のような道をとる代りに、一方では未曾有の低賃銀で労働者を徹底的に搾取し、一方では様々の方法を用いて大衆に課税し、人民大衆の生活の苦しみを考えずに、赤字公債を無制限に発行し、軍備を拡張して「関税障壁」を破る機会を狙った。正に戦争は何時か起らねばならなかったし、事実あの馬鹿げた戦争が起ったのである。東条がいたから戦争が起ったのではない、東条がいたから一九四一年の一二月に戦争が起ったと云うに過ぎない。要するに、戦争の最も本質的な原因は、その基礎の上にのみ日本の資本主義が可能であり、その基礎の上にのみ日本の産業の殆どヒステリカルな膨張が可能であり、その基礎の上にのみ軍国主義と植民地獲得戦争とが可能であった貧しい農民労働者の存在そのものに他ならない。

それならば、その低賃銀労働者は何処から来たか。一八六八年以来急に大きくなった日本の工場に、無限に吸収された低賃銀労働者の大群は、一体何処から来たのであるか。

勿論、農村から、あの封建的小作料と地主制度とに搾取された貧しい農村から、或る有名な亡命建築家が古い日本の美術や建築に感心したあとで、一眼それを見るなり、もはやこの国で芸術を語る余裕は許されないと嘆じたあの悲惨な地上の地獄、東北の農村から、国体の精華と共に万邦に比なき世界最低の生活程度を以て有名な半農奴的小作人の、狭い耕地に溢れているあの日本の農村から来なくて、一体何処から来ることが出来たであろうか？　凡ゆる売春婦と凡ゆる兵隊も又其処から来た。要するに、国際場裡に日本を代表したし、又しているものは、尽く其処から来たのである。

それは、地主の息子から成る外交団ではなく、小作人の子供の大群に他ならない。戦前には彼等のつくった「メイド・イン・ジャパン」の商品に依って、戦争中には彼等の息子から成る野蛮な軍隊に依って、そして戦後には彼等の娘たちが身を売ると云うこと、ただそのことを通じてのみ、日本は外国に接し、自らを印象づけ、他に之と云って自らを説明する方法もなかったではないか。凡そ日本と云う時、封建的農村と云うことを考えるのは、すべての外国人の常識である。のみならず日本の地主資本家階級はこのことをよく知っている。我々も知ろうではないか。日本的とは封建的と云うに何等異らぬと云うことを。そしてそれは何故そうなり、之からどうしなければならないかと云うことを。

その農村と貧しい農民とを、小作料と封建的地主制度との圧制を一八六八年のブルジョア革命は故意に見落した。革命政府ははじめから反動的要素を含み、失業知識階級の群によって武装し、天皇を中心として結ばれた封建的勢力は上からの革命を行うことによって下からの革命を弾圧し、封建的支配を資本主義的支配に結合させることに依って、資本主義革命が民主主義化することを防いだ。廃藩置県は行われても、農地の実質的配分も小作料も、要するに農村の封建的搾取組織の本質的な何ものも変らず、封建的領主に対する奴隷的服従から解放されても、その代りに絶対王制が支配しては、人民の奴隷的服従そのものには何等の相違がない。現に新政府は五箇条御誓文のマニフェストの裡に、その封建的性格と軍国主義的帝国主義の野心と総てが天皇のためであると云う絶対王制の非人間的理想との、野蛮な正体を遺憾なく曝露したのである。

我々は決して忘れてはならない、日本的とは封建的と云うことに他ならず、日本の一切を代表したあの貧しい農民の存在は正に明治維新が予定し、実行した第一のプログラムであったと云うことを。そしてそれは絶対王制を中心としてのみ可能であり、資本主義社会の民主主義化を永久に妨げる封建主義をあのように強固に保存するためには天皇制が必要であり、天皇制のみが必要であったということを。嘗て中世宇宙の中心には地球があった如く、封建的農村の中心には最大の地主天皇があり軍国主義者の中心には大元帥陛下天皇があった。

そしてこの封建的性格とそれに由来する軍国主義的傾向とこそは、日本資本主義の好戦的二大特徴に他ならない。天皇制が地主制度を保証し、地主制度が貧農と低賃銀労働者とをつくり、それが日本の資本主義を急激に膨張させ、その膨張が植民地獲得戦争の本質そのものであったとすれば、天皇制は戦争の原因でなくて一体何であるか。コペルニクス Copernicus は来なければならぬ。宇宙の中心が地球でなく太陽にならなければルネサンスは不可能であった如く、日本の社会の中心が天皇でなく人民にならなければ、日本の好戦的性格は除き得ない。何故なら、天皇制こそは明治政府の反動的性格と日本資本主義の好戦的特徴とを要約する原理だからである。

しかし天皇制は単に地主を代表し、地主制度の中心としてのみ、軍国主義的帝国主義の基礎であったのではない。戦争を起し、又は必然的に起すべきであった明治維新以来の支配階級は、経済的に天皇を中心としたのみならず、又精神的にも天皇を中心として結束した。有名な教育勅語以来、巧みな教育が天皇の名に於て、又天皇の名に於てのみ、人民を愚かにし、無力にするために行われたかは、人の知る如くである。若し天皇制がなかったならば、あれ程極端な歴史の歪曲はあり得なかった。

若し天皇制がなかったならば、あれ程深刻な批判精神の麻痺はあり得なかった。若し天皇制がなかったならば、個人の自由意志を奪い、責任の観念を不可能にし、道徳を頽廃させ、愚劣にして奴隷的な沢山の兵隊の培養地をつくったあの陰鬱な封建的家族制度はあり得なかった(地主が天皇の雛型である如く、家長は天皇の雛型である!)。若し天皇制がなかったならば——数えれば全く限りがない、あれ程の搾取に労働者農民を屈従させることも、あれ程明らかな帝国主義政策を何等の批判なしに強行することも、あれ程不合理な、あれ程白痴的な無数の軍国的デマゴーグを国中に氾濫させることも、そして就中あれ程狂信的な、あれ程無責任な軍閥を何もかも破壊する程強大になるまで育てあげることも、不可能であったにちがいない。

二六〇〇年と云う荒唐無稽な年号、雑誌を発禁にし、作者を国賊と称する検閲、小学生から大臣に到るまで最敬礼を何度も繰り返す馬鹿げた儀式、世界最大の地主の賜る勲章と御内帑金(ごないどきん)、そして人民に対し凡ゆることをなし得る権利を具え、しかも人民に対し一片の責任も負わないと云う現神に、恐懼感激し、洩れ承り、感涙に咽(むせ)んでいる貴族とブルジョアと軍人の群、ああ天皇制よ、如何に多くの喜劇が汝の名に依って演じられたことであろう！　しかも、その喜劇こそは人民の理性を麻痺させ、人民の批判精神を沈黙させ、支配階級の独裁を容易にするために、又そのためにのみ役立ったのである。

光は東より来た如く、凡ゆる不合理主義は天皇制より来た。第一、支配者の世襲制度そのものが不合理であり、権利があって義務がないと云う存在そのものが不合理である。現神と云う思想は今年からなくなったが、昨年まで、二〇世紀の都会に、白昼堂々と現神が存在すると云う程突飛な不合理が、凡そ考え得られたであろうか(民族学によれば現神と云う思想自体は左程珍しいものではなく、勿論我国独特でも、万邦無比でもなく、オーストラリアやアフリカの土人には此の種の信仰の例が必ずしも少くない)。とにかく、こう云う天皇制そのものに係る不合理性は、その周囲に集る封建的支配階級の不合理性を端的に代表しているのみならず、支配階級に依って自らの搾取と専制政治とを維持するために、実に巧みに利用された。

そして凡ゆる理性と批判精神とを封じたその不合理主義と神秘主義とが、一切の文明の芽を摘みとり、人民の、延いては支配階級自体の精神から現実を認識する能力を奪ったのである。

侵略戦争の精神史的意義は、正に、現実を認識する能力と文明に対する敬意との欠如、要するに理性の喪失に依って起り、それに依って終ったという点にある。しかも若し日本の社会に理性を喪失させた最大の原因が、天皇制を口実とする不合理主義と神秘主義とであり、天皇制を口実とする軍人、官僚、反動的イデオローグの暴力的弾圧であったとすれば、この意味でも戦争の原因は天皇制であると云わなければならない。

確かに天皇制は戦争の原因であった。又確かに同じ原因は同じ結果を産むか、少くとも産み易いのである。故に天皇制はやめなければならない。戦争を必然的に、或は宿命的に起した封建的ブルジョア支配階級が退かねばならないと同じように、支配階級の中心であり、支配階級と密接不可分であった天皇制は、廃止されなければならない。人民と理性と平和とのために、再び宣戦の詔勅の出ることを防ぎ、人類の歴史に馬鹿げた残酷さの一頁を加える「聖戦」が「皇軍」に依って再び起り得る可能性を根絶するために。

3

国体護持と云うことを主張する者はあったし、今でもある。天皇制に関する議論は内外に多いが、之程奇怪な、之程日本的なものはない。主張する者は一体何に対して護ると云うのか？　占領軍に対してか、人民に対してか。無条件降伏しながら占領軍に対して何かを護ると云うことはナンセンスである。民主主義を称えながら、人民に対して何かを護ると云うことは矛盾である。天皇制反対論者に対して護ると云うかも知れないが反対論者が人民と共に在り人民のために発言しているのでないとすれば、何故に、そのような無力な言葉に対して、特に天皇制を「護ら」なければならないのか。

国体護持論者の根拠は何であるか？　曰く国民的感情、曰く天皇制は国民の血の中に流れている、曰く日本独自の民主主義を建設するために、等である。しかし支配階級と被支配階級との二つの感情があるので、国民的感情等と云うものは空想にすぎない。天皇制は一般に国民の血の中に流れているのではなく、地主共の血の中に流れているだけである。合理的な、又合理的であることを恐れる必要のない人民の血の中には当り前の赤血球と白血球と血小板との他には何も流れてはいない。又日本独自の民主主義と云う言葉は、日本独自の科学と云う言葉が無意味であるのみならず、論理的欠陥を蔽い隠すための口実にすぎない。日本独自の民主主義をつくるためにイギリスの制度を摸倣しようと云うに到っては反駁の価値さえもない滑稽な矛盾である。

天皇制をイギリス式皇帝の制度に変えよう。そうすれば害がないと真面目に云う者がある。しかしイギリスの制度がイギリスの民主主義のために害がないから、日本の民主主義のために害がないと云う証拠が何処にあるか。自ら進んでその制度をつくった者と、無条件降伏の結果外部から強制されてそれを摸倣しようとする者とはちがう。議会の運用と政治的才能とにかけては名実共に世界一優秀な者と、世界一劣等な者とはちがう。イギリスでは反動勢力の中心となり得ない皇帝制度は、日本では将来反動の源となるかも知れない。天皇制をイギリス式にすれば、天皇制が日本で無害になると云う証拠は何処にもないのである。

第一、天皇制をイギリスの皇帝式に変えようと主張する者が、害無きを云って、益有るを説かないのは奇怪である。イギリスの皇帝制度は民主主義に無害だから存在するのではなく、民主主義に無害であるのみならず多くの植民地を有する大帝国の資本活動に有益だから存在するのである。植民地のない国に、世界中で最も植民地の多い国の植民地のための制度を移して、一体何の役に立つと思っているのか。

天皇制は国民の大多数が支持するから、やめてはならぬと云う者がある。しかし国民は支配階級と被支配階級とから成る。既に繰り返した如く支配階級は勿論自己の利益のために支持する。被支配階級は支持すべき何等の理由を持たない。半世紀の教育と宣伝とは彼等を愚かにし、組織的陰謀は国民と云う言葉に依って支配階級の利益をあたかも人民の利益であるかの如く偽装した。支持すべき理由がなくても、現在反対する者は少いかも知れない、という事実を忽ち利用し、昨日までは凡ゆる反対者を捕えておきながら、今反対者の少いことを以て、「国民の大多数の支持」と称することが詭弁でなければ一体何が詭弁であるか。

人民が変らない裡に国民投票に依って問題を決定し、それが人民の意志だと主張することが陰謀でなければ、一体何が陰謀であるか。今日天皇制に反対しない人民は、明日反対するであろうし、又反対しなければならない。飢えと寒さとの中に打ち棄てられた人民にとって、封建的搾取の中心を破壊すること以外に一体なすべき何事が残されているであろうか。

天皇制を廃止しても、王制復古の運動が起るであろう。反動の中心となり得ることに変りはないと嘯(うそぶ)く者がある。そういう者は、病人を治療するために、全治させても再発の危険があるから病気は完全に癒さない方がよいと云うであろうか。私は責任の地位にある者がたとえ遁辞にしても之程愚劣なことを公言するのに唯呆れるばかりである。

要するにその数は多いが、天皇制を維持すると称する論者に嘗て正当な理由のあったことはない。又将来もないであろう。或る者は封建的支配を守るために、或る者は選挙運動に利用するために、或る者は反動的勢力の復活を怖れるために、或る者は奴隷根性の習性となって凡ての批判力を喪っているために、天皇制を支持した。今や人民にとって、天皇制は論者の反動的性格を知るバロメーターであると云う以外に何等の意味を持たない。

4

天皇制は何故速やかにやめなければならないか。何れやめなければならないとしても、何故速やかにやめなければならないか。

その理由は二つある。第一は対外的理由である。第二は国内的理由である。

第一に対外的理由とは何であるか？　馬鹿げた侵略戦争を世界中に仕掛けた以上、日本は世界に対してその責任をとらなければならない。天皇制と封建主義とが日本を好戦的にした根本的理由であるならば、その理由を除き、天皇制を廃し、封建的残滓を洗い、再び好戦的になり得ないことを実行を以て世界に示さなければならない。第一にそれは義務である。第二に日本の国際的信用を回復する道もその他にはない。何れにしても天皇制の廃止は速やかでなければならない。

第二に国内的理由とは何であるか？　我々は進行するインフレーションを防がねばならず、それには支配階級の利益と財産とを犠牲にしなければならず、その犠牲の実行を支配階級自体に期待することが荒唐無稽であるとすれば、要するに封建的支配階級は更迭をしなければならない。従って天皇制を廃しその中心を切り崩すことは目下の急務である。インフレーションの進行が餓死を意味する我々人民にとっては、成程インフレーションを防ぐのも大切だが、銀行のつぶれるのも迷惑だ、等と云っている暇はない。

5

天皇制を今廃止すれば混乱が起ると云う者がある。成程起るかも知れないが、戦争による混乱を我々人民は既に遺憾なく体験した。我々の兄弟は死に、我々の家は焼かれ、我々の娘は巷に媚を売って食を求めている。今更人民の生命に関しない混乱が支配階級の中に起ったら、一体それが何うしたと云うのであるか。戦争を迎えるのに沈黙を以てし、天皇制廃止を称うに混乱を以てする者は恥を知れと云いたい。

天皇制は戦争をやめる時に役立った。今でも役に立つから、役に立たなくなるまでやめない方がよいと云う者がある。しかし、戦争をはじめるために役立った制度が、やめるために役立ったのは、武器を持っている軍人を抑えるためであった。今や武器を持っている人間はいない。封建主義を打ち破るためには、封建勢力を利用するよりは廃止した方が容易に目的を達するであろう。

天皇制を今やめれば、代りを得ることが困難だと云うものがある。しかし誰も民主主義が容易なものだと考えて、天皇制を廃止せよと云っているわけではない。偶然に与えられた指導者に盲従するよりも、意識的に指導者を択ぶことの困難なのははじめから明らかであろう。人民の自由と権利とは当然人民の責任と義務とを意味するのである。

要するに天皇制を速やかにやめることに反対する者にも何等の根拠がない。

私は結論する、天皇制はやめなければならない、しかも出来るだけ速やかにやめなければならない、と。

私は封建主義の暗澹たる黄昏に人民と理性と平和との来るべき朝に向って叫ぶ、武器よ、天皇制よ、人民の一切の敵よ、さらば! と。

追記

私は天皇制について三度書いた。敗戦直後、天皇制をどうすべきかについて議論の盛んであった頃、『東大新聞』に意見を述べたのが、これである(一九四六年三月)。その後一〇年ばかり経ち、天皇制についてのいわゆる「国民感情」を分析しようとして、雑誌『知性』(一九五七年二月号)に書いたのが、「天皇制について」*である。最後に敗戦後三〇年、天皇訪米の間に、アメリカの新聞が天皇について書く記事を読んで、『ニューヨーク・タイムズ』(一九七五年一一月一九日号)に寄稿したのが、《On the Emperor》であり、その邦訳が「天皇について」**である。

「天皇制を論ず」には、当時の私の他の文章の場合と同じように、用語に不適当なところがあり(たとえば「封建的」の用法)、表現に不正確な部分がある(たとえば「世界最低の賃銀」、「世界最低の生活程度」など）。しかし文中に、もし天皇制がなかったならば、あれほど無責任で強大な軍閥を育てあげることは、不可能だったろう、というのは今でも私の意見である。

他方、天皇制がなくならなければ、日本の好戦的性格は除き得ないだろう、というのは、そのまま今日の私の意見ではない。将来の日本の好戦的性格を決定するのは、第一に、天皇制の性質の変化であり、第二、天皇制以外の諸条件だろう。第二の諸条件のなかで、大きなものの一つは、日本国外の政治・経済・軍事的な情勢である。もう一つは、日本国民の大多数の反軍国主義的感情である。第一の天皇制の性質の変化についていえば、敗戦後の変化の重要な点は、天皇の非神格化と法的な非政治化であろう。——過去三〇年の日本は、このような諸条件のために、天皇制を維持しながら、好戦的ではなかった。もし反軍国主義の国民感情が後退し、天皇の神格化または神秘化と、その法的権限の拡大が実現されるならば、しかるべき国際情勢のもとで、天皇制は日本を再び好戦的にするために役立つだろう。

「天皇制を論ず」を私が書いたときに、戦前の天皇制を経験しなかった読者はなかった。今では多くの読者が、戦前の天皇制を直接には経験していない。そこで一言ここに付け加えておきたい。一九四五年、敗戦が事実上決定した状況のもとで、降伏か抗戦かを考えた日本の支配者層の念頭にあったのは、降伏の場合の天皇の地位であって、抗戦の場合の少くとも何十万、あるいは何百万に達するかもしれない無益な人命の犠牲ではなかった。彼らにとっては、一人の天皇が日本の人民の全体よりも大切であった。その彼らが、降伏後、天皇制を廃止すれば、世の中に混乱がおこる、といったのである。そのとき彼らに向って、無名の日本人の一人として、私は「天皇制を論ず」を書き、「恥を知れ」

と書いた。日本国とは日本の人民である。日本の人民を馬鹿にし、その生命を軽んじる者に、怒りを覚えるのは、けだし愛国心の然らしめるところだろうと思う。

* 『知性』掲載時の原題は「天皇制と日本人の意識」。本自選集第二巻所収。『加藤周一著作集』第八巻に収録されている。なお、著者はそれ以前に「天皇制について」の表題で執筆しており、本巻に本稿の次に収録した。

** 本自選集第五巻所収。『加藤周一著作集』第八巻に収録されている。

天皇制について

1

真理を究めるためには、少くとも生涯に一度、すべてのものを、出来得る限り疑ってみなければならないと、今から三〇〇年前に、アムステルダムの哲学者はいった。これは有名な『哲学の原理』の第一行であるが、われわれ日本の人民も、われわれの歴史哲学、或は政治哲学の原理の第一行を同じ文句ではじめなければならない。生涯に一度来たこの機会に、天皇制を、半世紀以上も支配したタブーを疑うことを怖れたり、怠けたりしてはならない。それはながい間、われわれの生活を左右してきたものであり、思議を断じて許さなかったものである。今やわれわれは、われわれの財産や生活を左右し、生命さえも決定したもっとも重大な制度について疑うことが出来るし、考えることも出来る。考えることの故に人間は存在するのであるから、今こそ人間として存在するために考え、考えるために疑おうではないか。われわれは、親と子と財産とを、要するに自分の全世界を戦争によって失ったが、昔の詩人もいったように、失った世界のかわりに己の魂を得ようではないか。

天皇制に関する議論はすでに多いけれども、われわれは出来得る限りすべてを疑い、天皇制が何であり、また何であったかを、みずからの体験を通し、みずからの良識によって判断しなければならない。少数の例外を除けば、学者のいうことも、必ずしもあてになるとは限らない。彼らの多くはかつて戦争を支持し、或るものは博学を駆使して、或るものは浅学をごまかして、「大東亜共栄圏」の理論を基礎づけ、民族と血と土との哲学を発明し、日本の不敗なる所以を力説した。何故、どこで彼らが誤っていたかを指摘出来ない人はあっても、彼らの誤っていたことを知らぬ人はないし、彼らの用いる論理の巧拙を判じ得ない人はあっても、彼らに現実を理解する能力のないことを認めない人は今はないであろう。それで充分である。良識は万人に平等に与えられていると、デカルトもいった。われわれの判断には、良識だけが必要にして且つ充分な条件である。

人間の理性は葦のように弱いといった人がある。だが、人間の感情はさらに弱く、さらに不安定で、さらに判断を誤らせることが多い。人間の、或は犬でも同じであるが、感情はまったく偶然的なさまざまの条件、たとえば生理的条件によっても容易に左右される。或る食物や或る血液余剰アルカリ量は、犬の感情に影響して犬を吠えさせたり、嚙みつかせたりするとともに、軍国主義者に必勝の信念を持たせたり、本土決戦の興奮を起させたりするかも知れない。しかし、三角形の内角の和は、腹工合の如何にかかわらず、常に二直角である。理性がいかに弱いものであろうとも、理性のみが人間のなし得るもっともよき判断を可能にし、人間を犬から分つ唯一のものである。

東京都民は、誰しも神田駅の軍神の銅像とともに、渋谷駅の忠犬ハチ公の銅像をおぼえているにちがいない。忠の感情は、人間にある如く或は犬にもあるかも知れない。が、三段論法の理解は、人間のみにあって犬にはない。人間が、犬としてではなく、理性を持つものとして存在することがヒューマニズムの本義であり、デモクラシーの内容である。天皇制は忠の感情の対象としてではなく、理性の批評、良識の判断の対象として、まず考慮されなければならない。

それにもかかわらず、天皇制の国民的感情であることを説くものが多く、国民的理性であることをいうものの尠いのは、まことに奇怪なことといわなければならぬ。ポツダム宣言にいう如く、日本は理性の道に帰らなければならない。そして理性の道は、現実を正確に理解することから始まり、あらゆる日本の現実は天皇制を検討することから始まる。われわれには、みずからの体験と良識とによって、天皇制を理解し、国民的感情を追求して国民的理性と一致するかどうかを考える義務がある。義務を果すには、勇気をもってしなければならない。勇気とは、真実を求めて深くそれを追求することであると、五〇年前に演説した人民の教師、ジャン・ジョレスの美しい言葉を、今、ここに想い出そうではないか。

理性は唯一であり、食物の種類によって影響されない如く、男女、老幼、国民性の如何によっても影響されない。理性の道によって「江戸川の水はテムズに通じ」、天皇制の封建的性格は、外国人に理解せられる如く、日本人みずからに於て理解せられなければならない。われわれはそのような理解が国民的感情と一致することを望むが、もし一致しなければ、理性によって言論し、行動し、感情のやがてこれに従うのを待つよりほかにしかたがない。一般に理性と感情との乖離は、精神分裂病のひとつの徴候であって、放置することの危険は、今次の戦争によって誰にもわかった筈である。

2

天皇制とは何であるか。たといそれが何であるにせよ、決して国民の生活から遊離して存在するものでないことだけは確かである。天皇はただ雲の上にあるばかりではなく、政治と経済とのあらゆる組織の中心にあり、天皇制はただ条約や哲学の中に生きているばかりではなく、小作料や農業会や警察官の片言の中にも息吹（いぶき）している。畏れ多きことながら天皇は神でなくなることによって、国民にちかづき給うたと称するものは、自然神学の何たるかをわきまえないものというべきであろう。神は遍在し、人間は神の似姿（イマゴ・ディ）である。天皇制は国家機構の中に血として流れており、地主と家長とは天皇の雛型である。したがって、天皇制の何であるかを知るためには、実はわれわれ自身の周囲を見まわせば足りるのである。

世界中でいちばん高い小作料を払って、世界中でいちばん貧乏している農民たちは、村の地主の背後に、日本一の地主、天皇を仰ぎ見る筈である。世界中でいちばん安い商品を売って、世界中でいちばん速く海外市場を拡張した資本家たちは、自分たちの背後に、横浜正金銀行最大の株主、天皇のみいつを感じた筈である。世界中でいちばん安い商品は、もちろん世界中でいちばん貧乏な農民が、世界中でいちばん安く働く労働者となったからこそ出来たのである。世界中でいちばん速い海外市場の拡張は、そのために必要な軍国主義、悲惨な帝国主義戦争を前提とするからこそ出来たのである。そして自分の財産を管理する権利も与えられていないすべての日本の妻や、自分の子供を教育する権利も与えられていないすべての日本の母は、その夫や父の権利の背後に、義は君臣、情は父子という言葉の暗示している家族制度と天皇制度との本質的類似（アナロギア・エンティス）を感じた筈である。まことに、マルセイエーズが人民の自由と専制君主への反抗とを謳った如く、浪花節は家族制度の人情と天皇制の義理とを謳った。

参政権を与えられた日本の女性は、ここで遠くない自分たちの過去を回想しなければならぬ。アメリカやソヴィエットの婦人たちの如く、政治に参加し、高等教育の機会を有し、結婚と恋愛との自由を享受して、社会の中で男性と平等の権利を主張し得るかわりに、日本の女性はただ「家族制度の美風」の中で、嫁しては夫に従い、嫁さざれば親に従った何百年かの伝統を想い出さなければならぬ。それはまさにアジア的忍従の歴史であった。権力に対するかくの如き従順は、およそアジア的封建主義の中でしか考えられぬものであった。まず家長が支配する。その次に地主が来る。領主のかわりには、官僚の厖大な組織が君臨し、哀れな庶民は、ささやかな恩恵を、気まぐれに示される「親心」に俟つのほかはなかった。そして最後に、日本の巨大なピラミッドの頂上に、その資本主義的乃至封建主義的支配体系を要約する原理、「大家族国家の父」なる天皇が、全国民の忍従によって支えられ、崇拝によって神秘化されてそびえるのを見なければならなかった。天皇制とはこのような封建的支配体系そのものであって、天皇制とは何かという問題は、ただちに日本社会の封建的性格は何かという問題につながる。

母や、妻や、姉妹や、恋人たちは永久に忘れないであろう。天皇の名のもとに召集され、人を殺し、人に殺された息子を。天皇の名のもとに、南洋の島々に痩せ衰えて、木の根を食べながら餓死していった夫を。天皇の名のもとに、マラリアの高熱に喘ぎながら、大陸の涯に命を落していった兄弟を。天皇の名のもとに、民主主義の軍隊に挑戦することを強制され、絶望して死んでいった恋人を。要するにすべて天皇の名のもとに、空しく死んでいったあらゆる青春と希望と人間性との残酷な記憶を、日本の女性は、決して心から忘れ去ることは出来ないであろう。

それは天皇の意志ではなかったと人はいうかも知れない。われわれもまた、天皇とその責任とを問題にしているのではない。しかし天皇制とその封建的支配とは、低賃銀労働による後進資本主義の急激な膨張と、必然的にそれに伴う軍国主義とを可能にし、したがってまた戦争を避くべからざるものにした根本的な原因でなければならぬ。さればこそ、戦争は、天皇の名のもとに、「承詔必謹」の政策的宣伝のもとにはじめられ、つづけられ、惨敗せざるを得なかったのである。歴史は決して気まぐれではない。けだし、なるようになり、落ちつくべきところに落ちついたのである。

3

天皇制を支持する国民的感情は、いったい何に由来するか。一八六八年の制度は、僅か半世紀の間に、何によって国民的感情となったか。それは第一に、教育と宣伝の力によるものであった。天皇を中心に結束し、天皇制によって支えられ、農村の封建的搾取と軍国主義とが、その発展のために必要であることを知っていた支配階級は、今日にいたるまで、他のいかなる点において譲ろうとも、天皇支配の要点に関しては断じて譲ろうとはしなかった。政府が更迭し、政策が変り、学説や思想の流行がいかに変化しようとも、「万世一系の皇統」は自若として、ただひとつの言葉、「我(われ)に拶(さわ)ること勿れ」を繰りかえした。小学校から大学にいたるまでのあらゆる教育機関を通じ、また新聞を通じ、雑誌を通じ、後にはラジオを加え、国中の御用学者を動員して、教育し、宣伝し、説得してやむことのなかった厖大な組織、半世紀のたゆみなき努力は、いっさいを挙げて、支配階級の中心である天皇制を、国民の中に拡張するために用いられた。

まず荒唐無稽な日本歴史がつくられ、登場人物はすべて忠と不忠との二つの範疇に分けられ、教師はそれを天皇制道徳の宣伝の具に供した。日本の子供は、小学校の課程を、天皇の系譜を暗誦することからはじめ、教育勅語を暗誦することによって終った。祭日はことごとく天皇制の祭日であり、あらゆる銅像は軍国主義者の銅像であり、すべての道はローマに通ずる如く、二重橋か伊勢神宮に通じていた。「臣民」は「陛下の赤子」であり、「滅私奉公」するものであり、要するにみずからの生活を政治的手段によって決定する力のないものであることを覚悟するにいたったのである。

議会はあっても、動員や宣戦布告は諮られず、人民に一言の相談もなくて行い得る統帥権が、当然至極のものと信ぜられていたのである。内閣の首班を決定するものは、選挙でも議会でもないことが、これまた君臣主従の関係の当然の帰結としていささかも怪しまれなかった。そして遂に「国家総動員法」による議会の否定も、「一億玉砕」案も、もちろん無条件降伏も、それが天皇の名のもとに行われる限り、一言の反対にも遭遇せず、国民はただ新年の御製を拝誦するようにそれを拝誦するという状態におかれたのである。何故なら、明治以来、政府と支配階級との努力は空しからず、その時、すでに天皇制は国民的感情となっていたからである。国民的感情はかくしてつくられた。それはつくられたものではじめから存在したものではない。遍在する神は、確かに創造する神であったといわなければならぬ。

序（つい）でに、機械仕掛の神（デウス・エクス・マキナ）でもあったとつけ加える必要もあろうか。エウリピデスの芝居に、紛糾する事態を裁くために機械仕掛の神が降りて来た如く、日本の言論界にも、民主主義的言論を弾圧するための全能（オムニポテンス）の神が降りて来た。我に捫（さわ）ること勿れ。捫ればどうなったかはいうまでもあるまい。法律には不敬罪があり、行政には特高警察があった。人民を愛することは、国を愛することであろうに、人民の聞き得る言葉は、弾圧に援護された御用学者の詭弁ばかりであった。子供にも、大人にも、全国で、半世紀以上もこの状態がつづいたのである。

しかし、宣伝と教育とがいかに組織され、言論の力がいかに強く、且つこの国がいかに言霊の幸（さき）わう国であろうとも、ただそれだけでは国民的感情は生れない。国民的感情は確かに創られたもので、はじめから存在したものではないが、さればといって無（デ・ニヒル）から創造されたものではなく、あらかじめ準備されていたところに創られたものであった。徳川三百年の平和は、決して無駄ではなかったというべきであろう。

4

封建主義は久しきにわたって百姓と町人とを訓練した。人口の大部分は半農奴であり、殊に婦人は家庭内の奴隷であり、「徳川様」は完璧な封建的支配組織を通じて、彼らを無智と卑屈、忍従と勤勉とに向って極めて有効に教育した。西鶴を読んだものは、誰でも、徳川の支配が人民にとって何であったかを知っているであろう。幕府制は天皇制に移行するがそれは革命ではなかった。支配階級は交替しないし、封建的支配組織そのものも、高度の資本主義化にもかかわらず、決して破壊されはしなかった。幕府制は、美事に、且つ手落ちなく、絶対王制を準備したのである。文芸復興（ルネッサンス）の美しい歌声も、力強い叫びも、極東の島国に眠る人民の人間性をよび醒（さま）すことはなかったし、産業革命の機械のとどろきも、封建主義の中に窒息していた人民の理性を甦らせることはなかった。

鎖国と封建主義自給経済（アウタルキー）は、まさにその目的を果した。黒船が来て、日本の第一回無条件降伏が行われ、明治政府が出来ても、支配階級は、黒船から「理性の道」を学ぶかわりに機械文明を学び、ヒューマニズムに倣うかわりに天皇制を好戦的に武装した。やがて徳川様に対する武士の感情は、明治政府の官僚軍閥の中に受けつがれ、百姓町人は国民となり、百姓町人の徳川支配に対する感情は、遥かに巧妙に、意識的に組織され、強化されて、天皇制を支持する国民的感情となったのである。そして日本の国民は、何時までも封建的社会の中で、四這い（よつんば）になり、下を向いて相変らず自分の国の地面ばかりを見ながら、どこへ行くかわからぬ道を主人の命ずるままに歩み、遂に今日の惨敗と飢餓との終局に達したのである。

しかし、深淵（デ・プロフンディス）から、かえって道は展ける。今や、民主主義と市民革命との前夜に、日本の人民は過去の崩れ去る轟音を聞いている。われわれは、「メタモルフォージス」にいわゆる「面を起して星に対し」（エレクトゥス・アド・シーデラ・トルレレ・ウルトゥス）なければならぬ。その星こそは、ピュタゴラスが仰いで音楽を聞いた理性の星であり、カントが道徳律とともに永遠を謳った理想の星であり、人間を犬から分ち、人間をして人間たらしめる、オヴィディウスの神が見ることを命じた星である。されば、面を起そう、日本の女性よ。面を起して人間性の星に対そう。粉黛(ふんたい)は決してあなた方を美しくはしない。あなた方を真に美しくするものは、理性と勇気、時と場合によっては、屈せざる反抗の精神でもあろう。

新しき星菫派に就いて

戦争の世代は、星菫派である。

詳しく云えば、一九三〇年代、満州事変以後に、更に詳しく云えば、南京陥落の旗行列と人民戦線大検挙とに依って戦争の影響が凡ゆる方面に決定的となった後に、二〇歳に達した知識階級は、その情操を星菫派と称ぶに適しい精神と教養との特徴を具えている。

先ず例をあげることからはじめよう。私は戦争の終る二年程前に偶然彼を知った。彼はその時二五、六の医学生であり良家の子弟に相応しい上品さを言語挙動服装に具えていた。専門の学業に熱心であり、若干の運動競技にも通じ、俳句をよくし、カリカチュールを巧みに描くと共に、セザール・フランク César Franck の音楽を愛し『冬の旅』の楽譜をどうにか歌うことが出来る。書棚には、秋桜子の数冊、ハンス・カロッサ Hans Carossa の全集、又ヘルマン・ヘッセ Hermann Hesse とライナー・マリア・リルケ Rainer Maria Rilke との小説や詩集、『万葉集』の評釈と中河与一と『仏蘭西通信』と、——何も皆覚えているわけではないが、そう云う本が手際よく書棚にならんでいて、私が彼の部屋へ行ったときに、彼はその一冊を何となく抽いて、手の上に弄びながら、本の装幀に就いて、良き趣味の批判を加えたり、又彼が撮ったと云う「芸術写真」を見せてくれたりした。その写真の中では、流行の洋服を鮮かに着こなした若く美しい婦人が、白樺の幹に片手を置き、心持ち首を傾けて、嫣然と、――古風な云い方だが正に嫣然と笑っているのである。何でもないんだが、誤解されてね、と、実に可愛らしく微笑みながら、彼は云った。私は返事を省略して話題を転じた。それは、サイパンで何度目かの決戦が行われていた頃である。何度目かの決戦は何度目かの惨敗に終るであろう、その責任は追及しなければならず、その追及は当然明治維新以来の封建的軍国主義政府とそれを許して何等の見るべき抵抗を示さなかった知識階級とに及ぶべきであろう、我々の仲間、又我々自身が徒らに死ぬことは実に堪え難いと私は云った。彼は黙って聞いていて、最後に、君の云う所は理路整然としているが、敗戦主義である。自分は敗けるとは思わない。若し万一敗けたら我々には玉砕あるのみだ、と容を更め、声を励して、毎日の新聞に書いてある通りのことを云った。

勿論、敗ける時に玉砕などと云う華々しいことはなかったから、彼は今でも生きているし、生きているのみならず、云い落したが、その頃は罪人のように刈っていた髪の毛を伸し、毛の生える念仏のように、日に三度は、小さな声で、平和日本とか民主主義とか、矢張、新聞に書いてある通りに唱えている。しかし、之は重要な点であるが、彼は決して機会主義者ではない。髪の毛の長さはもとより便宜の問題である。思想と信念とは、彼の如き場合には、新聞紙と共に、全く誠実に、何等政策的意味を含まずに、変り得るものである。

此処に、寸毫の良心の呵責を感じることなしに、最も狂信的な好戦主義から平和主義に変り得る青年、殆ど総てのよき芸術にかなり深い理解を示しながら、その教養が彼の父親の戦時利得を待っては じめて可能であったと云うことを理解しない青年、かなりの本を読み、相当洗煉された感覚と論理とを持ちながら、凡そ重大な歴史的社会的現象に対し新聞記事を繰り返す以外一片の批判もなし得ない青年、充分に上品であり、誠実であり、私の如き友人に対してさえ遺憾なく親切でありながら（私も又彼との接触には出来るだけの親切を以て答えよう）、例えば彼の父の如き軍国の支配階級の犬共が搾取し、殺戮し、侮辱した罪なき民衆に対しては、全く無感覚な青年がいる。しかもこの青年は決して例外でない。

　彼を産んだのは戦争の世代である。新しき星菫派は時代の流行病である。一九三〇年代、殊にその後半に二〇代に達した都会の青年の多くは、多少とも此の様な傾向を示している。

　詩と哲学との時代は、かなり突然、軍国主義的時代のただ中に、彼等と共に、誕生した。一世代の知的イニシエイションは、ナチス・ドイツの抒情詩的作品と京都哲学の観念弁証法に依ってなされる。狂信的日本主義者の怒号、軍閥の独裁、テロリズム、弾圧、迎合、宣伝、全く絶望的な経済的、精神的混乱と来るべきカタストロフへの絶えざる恐怖との彼方に、若き世代は、静けさと永遠とを詩と形而上学との世界に求める。大正時代の都会文明は既に滅び、社会は秩序と礼節とを失い、芸術のメチエは忘れられ、批判精神はマルキストたちの退陣と共に地を払っていた。小説家は沈黙し、更(かわ)りにルポルタージュ作家が軍国主義を歌う。批評家は最早小説作法を講ぜず、文章の如何を問わない。凡ゆる文芸はプロパガンダに組織され、凡ゆる論理は「皇国」の信念によって置き換えられる。多少とも論理が残されているのは京都の哲学者たちが発明した民族学説や共栄圏の理論の中だけであり、文芸が命脈を保っているのはカロッサの翻訳全集の中だけであったかも知れない。其処に赴くか、特攻隊となって軍国主義に投じるか、当年の青春はこの二者択一に直面せざるを得なかったし、事実、又彼等の多くはその一つを撰んだのである。哲学の本がこの時程売れたことはないと本屋は云う。我々は電車の中で、若い女事務員が詩集を読んでいるのを見かけないことはなかった。インフレーションは相対的に哲学の本を安い商品にし、公衆の娯楽機関の喪失は女事務員をして詩集を読ませたかも知れない。しかしそれだけではない。この世代を代表する知識階級は、やがて、一斉に、詩人として登場するであろう。又一斉に、絶対矛盾の自己同一に就いて語るであろう。そして、彼等がつくる詩と哲学との時代は、みそぎと玉砕と竹槍との時代の中に包まれながら、却てその野蛮な時代よりもながく生き延び、戦後の世界に、芸術と精神との代表者として、殆ど戦争の間を通じて営まれた唯一つの文明の伝統として、華々しく誇らかに復活するであろう。

彼等は狂信家の騒動から面を背けて静けさと孤独とを求め、転変する政治と歴史とを去って永遠の詩と哲学とを求め、就中ほろびた都会文明と日を追って野蛮化する社会とを捨てて、自然の中に純粋な愛と死との人生を求めた。二〇世紀のアイヒェンドルフ Eichendorff＝リルケは、彼等を花束や北国の小川や星の下の古い村へ誘う。カロッサとの「大いなるめぐりあい」は運命や旅や瞑想を「祝祭」する。ヘッセの物語は菫(すみれ)の咲くシュティフターの森に、幼年時代の「想い出」を甦らせる。グンドルフ Gundolf の『ゲーテ』は学問を代表し、ベルトラム Bertram の『ニーチェ』は情熱を代表してこの輪舞に加る。そして、軍国主義者がドイツ人を摸倣しながら、日本は神国であると唱えたのと全く同じように、時代の星菫派は、ドイツ人の教師を崇めながら、又屢々(しばしば)『万葉』や『新古今』の裡に青春の歌を求める。「日本浪曼派」の少部分、柳田国男と折口信夫の一部分はそれを援けるであろう。そして最後に京都哲学が論理を提供するであろう。又時にはカトリック的気分が彼等の「祝祭」を飾るために利用されることもあるであろう。詩と哲学との孤独な祝祭！　星の運命と菫の愛！　何と云う上品な、優雅な、繊細な営みで、それはあることであろう！　或る詩人は、「夕方私は発熱する」と云う句をテーマとする自由詩をつくった。勿論微熱であって、微熱をテーマとする詩をつくる程、新しき星菫派の詩人は繊細微妙な感覚を備えているのである。熱と云えば、プロメテウスの反逆の火を思い、ヴェスヴィオ火口の、或は発疹チフス初期の高熱を連想するが如きは、野蛮人の慣いにすぎない。熱は宜しく微熱でなければならない。芸術は微熱の少女の頰の如く薔薇色でなければならず、思想は下熱剤で癒る微熱の如く安全なものでなければならない。今や、良家の父兄が、安心して、子女の玩弄に供し得る芸術と思想とは危険思想の祝福すべき退却の後に、精神の焼跡から、果して生き延びた飼犬の如く、尾を振って現れたと云うべきであろう。遂に星菫派は来た！　或はむしろ、微熱派は来た！　しかし恐らくおそすぎたのである。人間の飢えている時に、飼犬を殺して、飢えた人間に与えることを人間主義 humanism と云う。人間主義の時代に尾を振って現れた犬は、幸福な運命を辿ることが出来ない。

軍国主義を脱れ(のが)ながら、軍国主義政府とその弾圧とを間接に利用し、資本主義社会を呪いながら不労所得に依って生活し、自由なる個人を装いながら、明らかに封建的支配階級のために、人民を戦争と飢餓とに駆り立てた宣伝に対して、旗幟を鮮明にしなかった星菫派は、今や、軍国主義が崩壊し、封建的支配階級がその弱点を曝露しながら自由な批判の対象となり、その凡ゆる支柱を失った時に、自ら自己を守り、自らその口を養い、その真価を示すであろうか。星菫派は惨憺たる社会と飢えたる人民と更めてその中から起ち上ろうとする人間主義とに向って、一体何を語るであろうか。如何なる詩と如何なる哲学とを「祝祭」するであろうか。

我々は、今や、安全な哲学が哲学でないことを知っている。危険思想でない思想は御用学者の妄想の裡にしか存在せず、論理を操縦して矛盾を綜合し、東亜共栄と日本の神国説、又は民主主義と絶対王制の如き絶対矛盾を同時に肯定する精神的サーカスは、断じて思想ではないことを知っている。『方法叙説』の著者が云ったように、危険な「人生を確実に歩むために真を偽から区別する」ことを教えるのが哲学である、『ドイツ・イデオロギー』の著者が云ったように、「解釈するのではなく、改造する」ことを目的とするものが思想であることを知っている。現実に対して無力な哲学、歴史を判断することの出来ない思想、――要するに星菫派の持っているものはそれだけであり、良家の子弟は、安心して「不安の哲学」や「危機の神学」の噂話をしていたにすぎない。不安な所は何処にもなく、危機は予め避けられてあり、高文に通過すれば結婚をし、兵隊にとられなければ何もかも目出度く、日本はそのうち戦争に勝つだろうと白痴のように空想していた。哲学の本が売れたのはその客間の装飾のためにすぎない。『マルテの手記』の流行は、其処に甘ったるい所を探せば探せたばかりでなく、好奇心と知識人の自尊心とに媚びる好都合な「苦悩」を見出すことが出来たからにすぎない。

リルケが流行したのではなく、徹底的に誤解されたリルケが、翻訳を通して、合言葉となったのである。星菫派の摸倣したリルケはアイヒェンドルフ的放浪者でなければシュトルム Storm 的小児病患者であった。人間と社会とに関する知識の完全な欠如以外に大した特徴はないものである。避暑地の孤独遊戯と、ミュゾットの有名な孤独との間には何の類似もないし、私は夕方発熱すると云う愚劣な気分的抒情詩と『ドゥイノの悲歌』の悲劇的な象徴主義との間には寸毫の関係もない。元来、リルケを口にしない青年は殆どなかったが、リルケを読んだ青年も殆どなかった。試みに、最近リルケに就いて書いた星菫派の詩人乃至は詩論家の任意の一〇名をとって『悲歌』を与え、解釈の答案をつくらせれば、抑々リルケの流行が何であり、星菫派のドイツ文学理解が何の程度のものであるか忽ち明白になるであろう。例えば、一〇中の五人は全くドイツ語を解しない。三人はドイツ語を解するが、『悲歌』は読んでいないと白状する。多くて二人が読んだこともあり、翻訳も出来ると云うにすぎないであろう。しかも恐らく彼等二人ともフランスの象徴派に通ぜず、従って決定的にその影響の下にある『悲歌』もリルケも正当に理解することは不可能である。

要するに星菫派は無力であるのみならず無学である。人間に関する知識に乏しく、社会的歴史的問題に関しては小児の判断力も有せず、その故に哲学と詩とを唱えて、恰も芸術の擁護者の如く自ら称しながら、その哲学と詩とに就いても、『悲歌』を読み、『存在と時間』を読むものさえ甚だ少い。微熱派は、社会的立場に熱情を有しないのみならず、哲学に、芸術に、詩の形式に、文学的教養そのものにさえも熱情を有しない。従ってその何れをも自分のものとしていない。彼等が狂信家の騒動から面を背けたのは、意識的な孤独の追求でなく、動物的な逃避反射である。彼等が歴史的社会的現実を去ったのは、詩や哲学に対する熱情のためではなく(その熱情は本来現実の中に実現さるべきであり、又事実幾度も実現されたのであるが)、歴史的感覚の欠如のためである。そして大正時代につくられた都会の生ぬるい秩序、いささかの礼節や感覚の洗煉がほろびたのは、日本資本主義の急激な膨脹によって、農村人口の都会集中が起りつつあったからで、例えばそれは一八三〇年当時のマンチェスターに起ったのと本質的に同じ現象であり、日本の一九三〇年代の具体的条件の下では、正に必然的であった中産階級の没落の当然至極な結果にすぎない。しかも星菫派はこの簡単な事態を理解せず、粗雑な都会を捨てることに、哀れにも知識人の矜持を見出している。知識階級の無力と没落とを糊塗するために、自然へ還れと云う古い文句を想い出し、ヘッセの田園詩を携えて高原を散歩している。その間に、士官学校出身の青年は政治と権力とを強奪し、絶望的戦争を開始し、無数の人間を虐殺し、凡ゆる都会、工場、道徳、経済の一切を破壊し、今日の飢餓と没落とを我々のために用意していたのである。自ら穴に追いこまれ、飢えに瀕し、街を脱れ、辛うじて「自然」の中に露命をつなぎながら、尚、且つ、小川のせせらぎと少年少女の愛、星の運命と花束の抒情詩を唱って飽きないに到っては、まことに天晴れの道化振りと云う他はない。カロッサを携えて音楽会に集った都会の星菫派を見よ。彼等が形のよい唇を綻ばせてベートーフェン Beethoven は荘厳ですねと云う時の、勿体振った表情を見よ。安全な文化を享楽し、序でに自尊心を満足させている青年の愚劣さと、自己の社会的役割を理解せず、支配階級の方を――それが軍人であろうと地主であろうと、彼等のために自ら苦しみながら、しかも彼等の方を向いて尾を振っている青年の卑屈さと、要するに、フォックステリアの如く小綺麗で低能な都会の星菫派の悲惨な喜劇が、遺憾なく、歴然と、見るも無惨に生々しく、現れているであろう。

一九三〇年の世代、没落する中産階級のエリート、星菫派の詩的、哲学的、殊に音楽的青春は、精神の荒野、――B29が都会を焼き払う前に軍国主義者が道徳と芸術と理性とを見事に一掃した日本の荒野に、力弱い葦の如く、激しい風に揺られながら、逆わないことに依って折れるのを防ぎ、目立たずに迎合することに依って支えを得、辛うじて生長を続けて来た。

葦笛は孤独と星と運命とを唱う。又菫咲く花園への憧れと童話的な愛と死とを讃美する。曳かれ者の小唄は、西洋渡来の旋律に託されて、到る処に流れるであろう。しかしこの葦は断じて考えない。之はポール・ロワイヤルの葦ではなく、レーナウ Lenau が住んでいたドイツの沼の葦である。一種の抒情を歌うけれども、その「葦の歌」は人間の詩ではない。人生にも、哲学にも、思想にも、勿論、何等の関係がない。人民と理性とにとっては無用の長物であり、ジャンセニストにとっては、恐らく宗教の気分的装飾的利用者、浅薄極まる冒瀆者であろう。要するに新しき星菫派は小児病患者の芸術的思想的遊戯にすぎないが、流行は全く嘔気を催させるものであり、筆者は衷心からその流行の中絶と、彼等が理性の道へかえることを希望している。

1947

ポール・ヴァレリー

死者の棺に花を撒くのは、ヨーロッパ古代の慣しである。

一九四五年七月、私は、花を撒こうと欲した。あの残忍な喜劇は漸く終幕にちかづき、日本の軍国主義の最後はありありと予感されたが、その将（まさ）に息を引きとろうとする軍国主義の上にではなく、遠い海を隔てて、地中海の文明の都に、七五年の生涯を終った一詩人の柩の上に、再び開くことのない見者（ヴォアイヤン）の眼、再び語ることのない智者（サヴァン）の唇、嘗てこの世における最も美しい詩句を書いたその詩人の手の上に、私は、とどかない言葉の花を撒こうと念じた。

棺を蓋うて後定る、とはシナ古代の諺言である。

私は、いまさらのように、彼の魅惑、彼の理知、否、むしろ彼の精神の営みに何か思考の「方法」の秘義を探ろうとして、一途に過した私の青春の日々を想った。わが国には知られざる詩人、——しかし、私には、その詩人の運命が地上の一帝国の運命よりも重大に思われた。やがて、クリオが私とその意見を同じくする日も来るであろう。一八七一年、パリ・コミューンの年の一〇月、第三共和国の誕生と共に生れ、一九四五年七月、共和国を滅ぼした世界戦争の最後の一月に死んだ詩人は、その生涯を共和国と一にしているが、幾世紀の後に、今日我々がウェルギリウス Vergilius によってアウグストゥス Augustus の治世を想い出す如く、人は彼の名によってフランス第三共和国を想い出すに到るかもしれない。何時の日か、『若きパルク』は、第二の『エネイド』となり、ラテン文明が産んだ最大の抒情詩と叙事詩とは、ホメロス Homeros のうたった「紫の潮路」を隔てて、相対するに到るかもしれない。私は、私のひそかな空想を書きつづって、頌を捧げるつもりであった。

しかるに、果さずして、いたずらに時を過し、今日におよんだのは、ひとり私の怠惰によるばかりではない、事の行い難きが故である。

名声は、死後を待たず、ローマ皇帝の手ずから授ける月桂冠のかわりに、グーテンベルク Gutenberg の発明した機械が製造する、無数の書物、新聞、雑誌をもって彼の額を飾った。愛情も、尊敬も、論争も、誤解も、何ひとつとして、この翰林院会員、国際文化会議の議長、コレージュ・ドゥ・フランスの講壇の思想家には、欠けていない。詩人に就いていえば、たった一冊の薄い詩集のために、全世界はその何百倍もの頁を、まだ詩人の生きているうちに書き尽してしまった。いうべきことは、残されていないように見える。しかしそれが事の困難さの極まる所ではない。一詩人に就いて語ることは、宇宙に就いて語ることに等しいであろう。個性の数だけ語り方があり、批評家の数だけ批評がある。語り尽され、批評し尽されるということはない。ただ、最大の批評家である詩人自身に匹敵することが困難なのである。

その困難さは、超え難い。私が彼に就いて頌を書くとすれば、この困難さに就いて語ることになろう。

難解な詩人であるとはいわれるが、『若きパルク』も、『魅惑』も、明快を極めている。意を解くに必ずしも難くはない。詩句の存在の理由を理解することが困難なのである。いかにしてこの韻はここにおかれたか、何故にここで海辺の日は黄昏れなければならないか。しかし、それは、創造する精神に参与することである。秘かな情熱、希望、悔恨、また凡ゆる知的領域におけるもろもろの関心と連想と推量の形式とが、その韻をそこにおき、その黄昏をそこに描いた。つくられたものは、再びつくり出すことによってしか、その存在の理由を問うことが出来ない。

そして、かく問い、かく再び創造の過程をみずからの中に繰り返すことの他に、詩を理解する方法がないとすれば、この詩に到る抵抗は、詩人の精神の高さと共に増し、知的領域の拡りと共に大きくなる。難解とは、要するに匹敵することの困難であろう。あるいは、単に表現の欠陥にすぎまい。

＊

詩は、限りなく美しいものである。恐らくインド・ゲルマン語が、嘗てこれほど美しく、流動し、たゆたい、響き合ったことはない。その音楽的効果の複雑微妙と、しかも整然たる設計において、例えば、『蛇の素描』に較べ得るものが、シナの詩を措いて他にあろうか。しかも、シナの詩と言語とは、この論理的明晰を欠いている。

嘗て地上に存在した最も大規模な文明が、遂に数学を産みえず、したがって自然学を近代的に組織しえず、世界史における近代の勝利と共に没落したにも拘らず、その詩の中に、不正確な文法と類なき韻律の秩序とを結合し、言葉の音楽を完成したことは、独立の興味ある問題である。しかし、『蛇の素描』は、禹域の芸術の「繊細な精神」を想い出させると共に、オランダの哲学者の「倫理学」と、その「幾何学的精神」を想い出させる。韻律の秩序は、汎神論的宇宙の秩序に似ている。既にデカルト Descartes の座標と、ル・ノートゥル Le Nôtre の庭園と、ボワロー Boileau の美学と言語とがあった。この伝統は、この詩人に、全浪漫主義は一行のマラルメ Mallarmé に若かずという宣言を可能にしたのである。

マラルメは、未曾有の解説者を得た。解説者は、徹底的に分析し、説明し、その方法を更に組織的に、更に厳密に実行し、『エロディアード』の方向に、抒情詩の凡ゆる問題を極限まで追求することによって、殊に詩の音楽的効果の可能性を探求することによって、『若きパルク』を組みたて、『蛇の素描』を計算した。附け加えるべきことは何もない。嘗て第二帝政治下、フランスの中学校の一英語教師マラルメが、個人的感情の浪漫的告白のかわりに、人間精神を支える一切の基本的要素を言葉の諧和のうちに捉えようと試みた抒情詩という形式を、世界戦争の世紀の吹きまくる歴史的嵐の中で、アヴァス通信の一社員は、組織的方法によって発展させ、精密な美学と完璧な作品とを産み、一挙に浪漫主義の影響の一切を葬ったのである。

されば、象徴主義を定義する有名な言葉、「音楽からその富を奪う」の「音楽」を、浪漫主義的に理解してはならない。勿論、それは、ヴァークナー Wagner であった。しかし、詩人がバイロイトへ行ったということが問題なのではなく、バイロイトで何を見たかが問題であろう。「歴史の観察し得るすべてのことに、意味はない」。

音楽は、第一に抽象的であり、反自然的という意味で、純粋な芸術である(自然には決して存在しない素材、楽音と、自然には決して存在しない形式、例えば、フーガやソナタ形式)。自然には、存在しないものの根拠は、精神の中にある他はなく、芸術（アルス）とは、語源的意味において、まさに技術（アルス）であり、技術とは自然を征服する精神のはたらきである。詩人がみずからの自然、気まぐれな感情や感傷的な不安や不機嫌や熱狂を征服する手つづきは、『情念論』のモラリストが人生における態度に通じる。

「何ものよりも先ず音楽」というヴェルレーヌ Verlaine の一行と、「詩は言葉でつくられる」というマラルメの一句とは、「音楽からその富を奪う」という最後の象徴主義詩論の裡に結合された。音楽は形式(フォルマ)であり、言葉は実質(マテリヤ)であり、詩は形式を得た実質、いわば一つの動かすべからざる実在である。音楽は、形式的に、言葉は、即物的に理解されなければならない。

しかし、この詩論は、単に形式論にとどまらないことによって、みずからを超越し、単なる即物主義にとどまらないことによって、形而上学に到る。言葉の音楽の追求は、宇宙的秩序の反映を言葉の調和と排列とに捉えようとする、いわば自然神学的探求の模型に他ならない。詩人は、バイロイトの劇場に音楽を聞いたのではなく、シラクサの夜の空に、古代の幾何学者、神秘家の聞いたあの天体の音楽を聞いたのである。やがて、一個の詩論は、能く、永遠の夜空の沈黙に戦慄するジャンセニストを攻撃するために、充分な武器を提供するであろう。嘗て、そのような例はない。マラルメは、抒情詩を、精神世界の根源においたが、少くともその作品は、多産ではなかった。しかるに、この詩人は多くを産み、この象徴主義は一切を批判する。詩の音楽の秩序は、精神と宇宙との秩序であり、凡そ批評の基準はその他には、ありえない。武器は、ひとり、ジャンセニストを攻むるに足るばかりではない。

オルフェウスの歌は、石を動かした。『若きパルク』の音楽は、遂にヨーロッパ文明の殆どすべてのものを動かすであろう。

＊

そこには、コルネーユ Corneille の悲劇の次第に昂る波のような修辞や、マラルメの凡ゆる情熱と官能とを隻語に要約する影像の照応があるばかりでなく、古代ローマの詩人が美神を描く壮麗な比喩がきらめき、清朝の閨秀が孤独な夜に歌う哀愁さえも響いている。しかも、それは、単なる修飾にすぎない。

言葉と言葉、影像と影像との照応と諧調と均衡とは、精神そのもの、理性そのもの、文明そのものの秩序の反映であり、ゲーテ Goethe 的にいえば、思想の原型（ウルティープ）、スコラ的にいえば、宇宙の似姿（イマゴー）である。アラン Alain がいみじくも指摘したように、この詩は、「思想の裏側」を辿る。あるいは、思想をその誕生の瞬間に捉える。文明批評の最後の形式、批評の批評として、認識手段として、詩のありうる最も本質的なあり方。そして、詩人の分析と推理と、敢えていえば、予言者的洞察との対象を発見しえない如何なる精神の領域も、如何なる現実も存在しないのである。音楽、建築、舞踏、絵画、経済政策やヴェルダン攻防の戦術さえも……。

博学というものではない。博学は、世界を蔽うことは出来ない。しかるに、人間精神の或る本質的な知識は、凡ゆる問題をみずからの裡にもたらし、思想と現実との複雑な構造を少数の要素に分解しながら、要素間の基本的な関係として全世界を理解することが出来る。化学者は、周期律表と若干の法則とをもっている。詩人は、『レオナルド・ダ・ヴィンチの方法叙説』とその限られた観念とをもっている。化学者は、法則を実験によって験(ため)す。詩人は詩学を『若きパルク』によって実現する。この方法は、力強い。何故なら、それはつくり出すからである。凡ゆる仮説は覆されても、ドーマクDomagk のつくり出した薬品は、いつまでも人類を肺炎双球菌からまもるであろう。詩論の流行は変遷しても、『若きパルク』の音楽は、人の心を永久に動かすであろう。そして世界を認識するとは、世界をつくり出すことに他ならない。批評の最後の形式である詩は、また創造の場である。認識手段としての詩は、必然的に創造の原理としての詩である。

芸術家(アルティスト)が工人(アルティザン)であり、詩(ポエジー)が創造(ポイエシス)であることの、これほど深い意味において、これほど広く豊かに真実であった例を、私は他に知らない。

*

一九一七年は、homo faber という観念の勝利の年であった。「解釈することが目的ではなく改造することが目的であろうに」という思想は、一〇月革命の裡に凱歌を奏し、「深淵を前にして戦慄することが目的ではなく橋を架することが目的であろうに」という思想は、『若きパルク』の裡に結実した。資本主義は打倒され、浪漫主義は粉砕される。労働が価値を決定し、構成が詩作を支配する。何れにとっても、知性とはものをつくり出す精神のはたらきであり、人間存在の最も基礎的な条件とは生産以外のものではないように見える。一方では、無階級社会と商品の、一方では純粋自我とアレクサンドゥランの。何れにしても、歴史のあるいは抒情詩のムーサイは、homo faber であるアポロンの双手をとり、人間革命の舞踏を踊った……。

理性の双手につながれた二つの精神と二つの現実、ものをつくり出す人間のこの両面の相関を追求することは、決して無駄な仕事ではない。類似はいくらでも発展させることが出来る。対照はいくらでも多くの思想を引き出すように導くことが出来る。しかし、恐らく、双方の陣営を苛立せることは、私の本意でないと白状しなければならぬ。

＊

この詩人を理解するために、彼のなしたことを見るのは、なさなかったことを見るに若かないであろう。彼は、選択した。この選択が偶然でなく、多くの可能性の拋棄が意識的であったとすれば、詩人はその一切を己の詩業の裡に見出した筈である。哲学者、物理学者、建築家、踊手、画家、「余り容易なために興味は少い」が小説家……。

しかし、一切を抽象し、要素に還元し、法則に到るまで単純化する、思考の思考としての詩的表現の世界は、現実を支配するために現実を離れざるをえない。詩人は己自身の裡に、なさなかったすべての役割を包む。しかるに、小説家は己自身を延長し、なさなかったすべての役割を生きる。もし私がジュリアン・ソレルであったらという点から出発した小説の歴史は、失われた時をもとめるという私がジュリアン・ソレルでなかった根拠の探究によって、完結するのである。人格は、なさなかったこと、要するに拋棄した無数の可能性に分割されてしか、存在することが出来ない。『悪の華』の詩人は、行きずりの女に、「私の愛したかもしれない女」を認めた時、最も小説家にちかづいていた。

『ユーパリノス』に、「私のなりえたかもしれない建築家」を認める時、ソクラテス Sokrates もまた小説家にちかづくであろう。のみならず、詩人にとって可能な人格は、潮の香と海の風と、渚の砂の逸楽的な感触と、凡そ背景の実に見事な描写の中に、生き、歩み、語っている。しかし、『魂と舞踏』、あるいは更に『固定観念』と共に、この対話篇の作者、二〇世紀のプラトン Platon は、現象の影（エイドス）の背後に、本質の観念（イデア）を見る。彼は、微妙なところで、小説家を抛棄し、他の何ものも必要としない宇宙的詩人であり、詩人のみであることをやめないのである。

*

凡そ或る精神の形成にとっては、生涯に決定的な時期がある。伝記を軽蔑した詩人の伝記を問題とするのは、愚かな所業であるが、彼の生涯の最初の三〇年が、一九世紀の末、ティボーデ Thibaudet がいわゆる「巨人の世紀」の最後の三〇年であったことは、注意に値しよう。『世紀の伝説』の詩人が生きて歩み、ルナン Renan の唇が未だ呟くことをやめなかった時代、——彼は、「ヴェルレーヌの通行」を目撃し、ベルト・モリゾ Berthe Morisot を通じてドガ Degas の画室に、ピエル・ルイス Pierre Louÿs を通じてマラルメの客間に出入した。モンペリエでは、オーギュスト・コント Auguste Comte の生家で書き、パリでは音楽会でヴァークナーの新作を聞いた。神々の黄昏の中で、ミネルヴァの梟は、その翼を養ったのである。

ラテン街の主人公の片言隻句、ヴァークナーの歌劇のただひとつの和絃が、ドレフュス事件よりも大きな波紋を、詩人の精神に投じなかったと誰が保証しよう。この青春は、決定的であった。二五歳の青年は、或る晩、レオナルド Leonardo に就いて書く。半世紀の後、世界的名声の絶頂にある今は七〇歳の思想家は、熟練した手で、その同じ粗描の上に、さまざまの色彩を点じる。我々の世紀の散文をそれによって権威あらしめ、魅力あらしめた『ヴァリエテ』四巻は、要するに、渺たる『方法叙説』一篇の主題の変奏にすぎない。あるいは、むしろヴァークネリアン・詩人にとって、思想の歌劇は、生涯のはじめに導入されたライト・モティーフに最後まで貫かれている、というべきであろう。進歩は、ない。しかし、このはじめは、多産な未来を約束し、予言し、決定するのである。

レオナルドを通じて、パスカルに対決し、つくり出す人間の像を、みずからの中に打ちたてることが問題であった。再び語源的な意味において、詩論(ラール・ポエティック)——創造(ポエシス)の技術(アルス)を獲得することが、敢えて『方法叙説』を自負する青春の念願であった。

しかし、彼は、念願の成就をいそがない。このアテネの使者は、慎重であった。翼を養いえた梟は、イカロスであるためには、余りに多く太陽とみずからの翼との関係を知っている。翼は熟練を、詩は言葉を、精神は肉体を獲得しなければならない。すべて橋を架する場合には、みずからその力学を実験によって確めておかなければならない。彼は、待った。今や、伝説に化そうとしているあの二〇年の沈黙。それが何であるにしても、二五歳の青年の発明した方法に彼自身の肉体を与えるために、精神と思想との試みる何か実験の如きものがそこにあったことは、確実である。あるいは、精神の亡命生活、芸術の地下運動、一撃をもって一切を手中に収める秘かな準備。

一九一七年に、何がおこったかを、我々は知っている。遂にマレルブ Malherbe は来た。神々の黄昏に翼を養ったミネルヴァの梟は、二〇年の努力の成果を携え、フランスの詩法を一新する。否、観察する人間のかわりに創造する人間を、搾取する人間のかわりに生産する人間を打ちたてる人間像の革命を成就し、精神の危機、存在の不安、戦争と破壊と絶望との人工地獄（アンフェール・アルティフィシェル）の空高く飛翔する。その時、そしてその時以来今日に到るまで、「失われた世代」又しても「再び失われた世代」は、彼の精神の高みの到底およびえないものであることを、彼を決定した青春と戦争の青春とは異ることを感じた。かくの如き人物が再び現れる可能性はない。何故ならかくの如き人物を可能にした時代は、再び来ないからである。

我々の同時代は、彼に負うところ、測り知れず、彼の影響の射程は、殆ど全世界、凡ゆる傾向の文学的精神におよんでいる。しかし、彼を決定した青春が神々の黄昏であった如く、彼もまた黄昏に、一時代、一社会、一生産様式、要するに一文明の黄昏に飛ぶ梟であったということを感じない者はない。そして、黄昏の後には夜があっても朝はいつか来るであろうことを、古き神々は死に絶えてもいつか新しい神々が生れるのであろうことを感じない者はいない。

一文明の後に、一文明は、革命的に、しかしその継承者としておこる。そして、今、我々の手には、homo faber の観念がある。我々は、それによって、彼のつくったものではなく、我々のつくるものをつくり出すであろう。

*

この詩人に就いて語れば、尽きることがない。私は、私が彼に負うところを明らかにするために、私の青春の精神的閲歴のすべてを描いても、まだ足りない。しかし、既に、我国には知られざる、

——全く知られざる海彼岸の一詩人に就いて、私は余りにながく言葉を費した。我々は我々の現実にもどらなければならない。そこには焼跡がひろがっている。焼跡にまずつくり出さなければならないものは、詩人とその時代とがつくり出したものではないだろう。

金槐集に就いて

「以歌鞠為業。武芸似廃。以女性為宗。勇士如無之」とは、『吾妻鏡』が実朝に加えたその時代の批評であった。

人も知る如く、真淵の批評は、一見、逆である。鞠は彼の実朝の業でなく、女性は宗とする所でないのみならず、『金槐集』の作者は最早定家の弟子でさえもなかった。「この大まうち君の歌は、定家のまうち君に習ひ給へりと云へど」、「そは云ふに足ら」ず、むしろ「藤原奈良の宮のはじめつ方を師とし、万葉集の善き悪しきを分きて、詞もとるべきをとりしらべも習ふべきを習」ったのである。

箱根路をわが越えくれば伊豆の海や沖の小島に波の寄る見ゆ*

山はさけ海はあせなん世なりとも君にふた心われあらめやも

真淵は、このような歌を挙げて、ますらおぶりである、万葉の男々しさであると云った。

この二つの批評の趣旨には、誤解の余地がない。しかも、同時代より今日に到るまで、凡(あら)ゆる実朝論は、その何れかに属している。『愚管抄』の実朝は、無能の征夷大将軍であり、『歌よみに与ふる書』の実朝は、人麿以後の最も力強い歌人であった。之は、一見、逆であり、一見、矛盾しているが、真実、逆で、矛盾したものであるか。

現代の国文学の教授は、実朝の歌には、新古今的なものと、万葉的なものとがあり、事実はそのどちらでもなく、私はその間に本当の所があるのではないかと思う、等と退屈な科白を吐いているが、この論法で行くと、実朝は、『吾妻鏡』や『愚管抄』にある如く、全く武芸を廃したのでもないが、真淵や子規の云う如く、ますらおぶりの化身と云うわけでもない。その間に本当の所があるのではないかと思うことになるであろう。惨めな俗説である。

実朝は一人しかいない、全く無能の大将軍があり、『金槐集』の歌人の天才があった。『吾妻鏡』は政治家を批評し、真淵は芸術家を批評し、毫も誤らなかったのであろう。一見矛盾した二つの条件は愚かな折衷を試みる俗物の頭を苦しめるだけで、政治的無能と芸術的天才との間に、詩人の在り方を理解しようとする我々の努力を、却て逆に励すものである。力強い歌人は、必ずしも力強い行動人ではない。無能の将軍は、必ずしも有能の詩人たることを妨げない。このような場合は、精神の現実に対する一つの態度を、明示するものだ。

例えば、こう云う歌がある。

とにかくにあな定めなき世の中や喜ぶものあればわぶるものあり
世の中は常にもがもな渚こぐあまのをぶねのつなでかなしも

之が万葉の調べであるか、ますらおぶりであるか、そんなことは、問題ではない。問題は世の中に対する詩人の態度であり、現実に対する精神の態度である。伝説に依れば、八幡宮の暗殺には、もろもろの前兆があった。伝説の真偽は、明らかでなく、前兆はなかったかも知れないが、実朝が前兆を認めたと云うことは確実である。彼の世の中とは、この前兆に他ならず、彼の現実とは、政治的陰謀にとりかこまれた権力の地位に他ならない。暗殺の危険は、はじめから予期されないものではなかった。恐らく彼は明らかに予期し、危険を前にして、危険を避けることを考える代りに、危険を前にした人間を歌おうと試みたのである。

かくてのみありてはかなき世の中を憂しとやいはむ哀れとやいはむ
現とも夢ともしらぬ世にしあれば有りとてありと頼むべき身か

この思想は、行動の原理にはならぬ。行動するためには、目的に向って現実を整理し、動かし得ないすべての要因を捨て、手を下し得る要因のみを抽象して、それを動かすために全力を集中しなければならない。与えられた条件を変えるために、政治的手段をとる場合には、世の中一般に関する如何なる瞑想も、形而上学的考察も、憂しと云い、哀れと云う感慨も、不用であるのみならず、有害である。そんなものは捨てなければならない。反対党には、買収か弾圧を以て、可及的速かに応じなければならない。それを行わなかった征夷大将軍は、無能であった。

しかし、彼が何事も為し得なかったと云うことは、彼が何事も理解しなかったと云うこと、況(いわん)や何事も感じなかったと云うことではない。彼は、歌い、表現するために、一切を感じ、一切を理解した。彼が「世の中」を歌ったことを忘れてはならぬ。「とびたちかねる」世の中、「ありてはかなき」世の中、要するに逃れ難い必然と、抗し難い運命との下で、人間の小さな弱い葦が、永遠を希っている、てはならぬ。

悲劇的な世の中、行動人の眼には見えない現実の他の側面が、彼の表現の中にあると云うことを忘れてはならぬ。

逃避の計画は、あったかも知れないし、なかったかも知れない。シナへ渡るために、唐船を建造したが、由比浜の進水式に失敗したと云う『吾妻鏡』の記事は、簡単で、前後の事情を詳かにしない。しかし、失敗したことは確かで、又恐らく失敗するはずであった。死の前兆を到る所に見た人間が、世の中を逃避出来るものだと考えていたはずはあるまい。彼は、政治的現実から逃避したのではなく、却て、それを直視した。ただ死の相の下に直視したので、政治的行動の相の下に分析しなかっただけである。彼の現実に対する態度からは、何等の行動も、逃避と云う行動さえも、出て来ることが出来なかった。

出て来たのは『金槐集』である。別の言葉で云えば、この世の中へ、詩人の孤独な魂を繋ぐものは、『金槐集』の他にはなかった。一切の現実をその中心に在る己の悲劇的存在に要約し、詩人はその自覚と表現と云う唯一の道を通じて、世の中と交渉した。彼は、逃避しなかったが、世の中を観察したのでもなければ、況や写生とか客観描写とか云う呑気な仕事を引き受けたのでもない。現実認識の方法を、己の悲劇的存在の自覚以外には持ち得なかったのだ。彼は、其処に行為の場を見出さなかったが、世の中を逃避したのでもなければ、逃避出来ると考えたのでもない。行為の場を、詩と表現との領域にしか持ち得なかったのだ。

　ゆひそめてなれしたぶさの濃紫思はず今も浅かりきとは

政治的陰謀の網の目の中で、京都の貴族の娘の華奢な肉体を愛撫している一箇の青春を想像せよ。そのとき彼の耳が聞いたのは、唐船の夢を泛べる由比浜の海の潮騒ばかりではない。必ずや、二八歳の彼の生命を呑む歴史の海嘯の次第に強くなる轟きであったにちがいない。歌の調べには、深い哀感が張りつめている。安逸は此処にはない。勿論怯懦の片鱗もない。

鎌倉右大臣は、『吾妻鏡』に依って代表される当代世間の眼に、王朝文化の、不幸にも又一人の亜流として、映った。事実、彼は、未だ見ぬ、そして遂に見果てなかった芸術の桃源境を歌うように、「吉野の春」を、「住江の岸の松吹く秋風」を、頻りに歌っている。恋さえも彼は、「淡路島かよふ千鳥」に、又「難波がた」、「あふ坂の関屋」に、就中「すまの浦」に、託さなければならなかった。

　すまの浦にあまのともせる漁火のほのかに人を見るよしもがな
　君により我とはなしに須磨の浦に藻塩たれつつ年を経ぬらん

ますらおぶりではないかも知れぬ。しかし力強くないことはあるまい。この世界は、如何なる歴史の怒濤も呑み得ず、如何なる世の中の外的現実も破壊し得なかった。

　ほととぎす聞けども飽かず橘の花散る里のさみだれの頃

小道具と衣裳とのために、役者の肉体を見失ってはならぬ。此処に、単なる王朝文化の亜流を認める美学は、浅薄である。此処に、単なる政治的現実からの逃避を認める人間学は貧弱である。惨憺たる現実、呪われた宿命の桎梏の下にあって、「昔の人の袖の香」のする橘の想い出に、過ぎ去った文明の饗宴を探りあてようと云う、この奇怪な念願を理解しない者は、遂に詩人の一切を理解しないであろう。この世界は、多くの時代と多くの批評精神とを乗り超えて生き延びたものである。この世界は、永遠の相の下に、外的現実を詩人の内的現実に還元し、歴史の中にあって、或る完璧な存在の影を映すものである。無能の将軍が、力強い歌人であったのは矛盾ではない。行動を放棄する過程が、詩的認識の過程に他ならず、外的現実を相対化する過程が、内的現実を抜き差しならぬ所で成熟させる過程に他ならないと云う、現実に対して精神がとり得る一つの究極的な態度の裡に、実朝と云う歌人の本質がある。その本質の破り難く見えるのは、それが究極的なものだからであり、その詩が力強く見えるのは、それが全人生を代償として得られたものだからである。

鎌倉右大臣実朝は、死を前にして己の悲劇的存在とその祈念とを歌いあげることの他に、一切を顧慮せず、一個の人間の裡の永遠を、紙の上に定着するために、死に到るまで全力を傾倒し尽した断乎たる詩人であった。彼にとって唯一の行為は、詩作であり、唯一の事業はかけ換えのない観念に形式を与えることである。『金槐集』は、かくして言葉と形式との実験室に化さざるを得ない。そこでは、古今体が歌われ、万葉体が試みられ、ありとあらゆる歌の形式が実験されている。かくも多様な実験を、かくも激しく追求した、驚く可き情熱は、古来、『金槐集』の読者を打たずには置かなかった。批評家は大抵『金槐集』には本歌取りが多いと云うことに気がついた。しかし、誰も、生命の危険の中で、本歌取りに没頭する驚くべき情熱の由来には、気がつかなかったようである。

問題は、孤独である。世の中にある人間精神の孤独、死と共に在る絶対の孤独、――そこでは、夕暮の時間の流れが、悲劇的な意識の流れに反映する。

萩の花くれぐれまでも有りつるが月いでて見るになきがはかなき

又そこでは、失われた時が、現在する時よりも貴重である。

はかなくて今宵あけなば行く年の思出もなき春にやあはなむ

又、更に我々は、『金槐集』の中に、次のような歌を見出す。

老いぬれば年の暮れゆくたび毎にわが身ひとつと思ほゆるかな

我いくそ見し世のことを想出のあくるほどなき夜の寝覚に

実に手のこんだ発想である。二〇歳を幾らも出ない青年が、遥かな老境に於て振り返った昔の想い出を歌うのである。頗る複雑な仕掛だが、実朝の情熱は、ここに行きつかざるを得ない性質のものであった。彼は、未来に於る過去を歌う。彼は、烈しい孤独の底で、己の悲劇的存在を見つめ、全身の情熱をこめて自らの現在の永遠を、捉えようと試み、その他の何事も、全く何一つとして試みなかった。

遂に、彼の孤独と、彼の世の中とが交り、八幡宮の日附に、死の十字架が録された時、勿論、彼は、公暁お前もか！ 等と云う科白は吐かなかった。彼は、死ぬ時にも、孤独に死んだ。しかも、「跡もなく失せけるなり」と考えたのは、政治家の常識にすぎない。詩神は、直ちに、無能の大将軍源実朝を、刺客の手から奪回したのである。今、我々の手には『金槐集』がある。

＊　以下、和歌の表記は本稿の最新の版である講談社文芸文庫『１９４６・文学的考察』（二〇〇六年）に拠った。

オルダス・ハクスリーの回心
――TO DR. JOHN P. LOGE――

オルダス・ハクスリー Aldous Huxley は、『永遠の哲学』(一九四五年)に依って、従来の懐疑主義とエロティシズムとから、神秘主義への回心を行った、と同じ年の秋に、『タイム』誌は書いた。面白すぎる話題だが、同時に、ジャーナリズムの上で面白がるためには、複雑すぎる問題であろう。回心は、左様に手軽な、左様に面白可笑しい仕事ではあるまい。元来、ハクスリーの精神が、はじめからかなり手のこんだ仕組であった。――しかし、それにしても、『永遠の哲学』は、果して、回心の書であろうか。

『対位法』の小説家は、既に有名である。『アンティック・ヘイ』の序に、作者を論じて、「此処に戦後の時代を通じ、最高の否定主義 negativism がある」と云ったルイス・ガネット Louis Ganett の言葉は、最も普及した見解である。俗説は、無駄にはつくられない。ジャーナリストとして出発した二〇世紀のガリヴァーは、シニシズムに依って武装し、未曾有の博学と鋭敏な時代感覚とに依って養われながら、ラテン詩法から精神分析に到り、株式市場から一二世紀日本の宮廷に到る文明のありとあらゆる領域に、破壊的な筆を揮って、秩序を分析し、権威を批判した。小説と共に、エッセイを書き、喜劇と共に、旅行記を書いて、常に文明批評を行い、その幻想やタブーや固定観念を否定することに、全力を注いでいるように見えた。しかし、俗説は、常に、めだたない要点を、見落すものである。このガリヴァーは、バッハ Bach を聞き、このアナトール・フランス Anatole France は、エピクロス Epikuros の園に自ら娯むどころか、恐らくは、パスカル Pascal の死面に刻まれた同じ苦悩の皺を額に刻んでいる。否定主義は単なる否定主義に止り得ず、懐疑主義は単なる懐疑主義に止り得ない。

人間の歴史と我とわが身の愚かしさに絶望はしても、バッハを聞けば、一人のバッハのある限り、人類が地上に発生したのも全く無意味ではないと考える。短篇小説『若きアルキメデス』の「私」なる人物を想起しつつ、我々は、『汝の欲する所をなせ』(一九二九年)の中に、当年のハクスリーがジャンセニスト哲学との対決を、読もう。

彼の立場は、この時既に、ピロニスムではなかった。「ピロニスムの武器を磨き、それに毒を塗った」のは、むしろ「モンテーニュの兵器庫」を利用したパスカルである。ピロニスムに依ってパスカルを料理出来ないことは明白であって、パスカルを攻撃する立場は、とにかく相手の立場を含むものでなければならない。ハクスリーは、この時、しばらく、生の讃美者 worshipper of life の塁に拠って、敵に当ったのである。「人間存在の相争うすべての事実を受けいれ、それに従って、己の人生の道と、必然的に不定の道であり、現実的に自己矛盾を避け難い一箇の哲学とを工夫しようと努める」立場。その原理は、過剰の平衡 balanced excess であり、その聖者は、概ね芸術家である。例えば、モーツァルト Mozart, ブレーク Blake, ルーベンス Rubens, シェークスピア Shakespeare, トルストイ Tolstoi, チョーサー Chaucer, ラブレー Rabelais, モンテーニュ Montaigne……之に、イギリス文芸復興期を代表する多くの人格が加わる、エセックス Essex, マーロー Marlowe, ダン Donne, エリザベス

Elizabeth, ローレイ Raleigh……嘗て否定主義(ネガティヴィズム)が、バッハの芸術を否定しなかった如く、今や、それは拡張されて、ピロニスムに依ってではなく、生の讃美者の積極的立場から、パスカルの死の讃美に、立ち向う。しかし、この立場から、パスカルは否定されるか。「人間存在の相争うすべての事実」は正にパスカルを含むものであり、従ってパスカルに打ち破られない防塁であるが、正にその故に、パスカルを打ち破ることも出来ない。生の讃美者にとって、生はその具体的多様さに於て、そのまま受け容れられる以上、その多様さを統一する原理ではあり得ない。即ち論理的には相対主義的循環がパスカルの論理に対置されているので、パスカルの終った所からはじめたと云うことが可能ならば、パスカルも相手の終った所からはじめたと云うことが出来る。神秘主義は、否定されず、凡(あら)ゆる立場に対する保留が、この場合にも、為されているにすぎない。「私も亦絶対を追求した」とハクスリーは書いている。しかし「アブラハムの神、ニルヴァーナ、アラー、その他を説明するもろもろの仮説の間には、何等択ぶべきものがなく、所詮達し得ない真理であると主張し、知り得ない絶対に関する知識を仮定している限り、その総てが同様に根拠薄弱 ill-founded である」。正に根拠薄弱を指摘しているが、決して否定しているのではない。この恐らくは余儀なくされた慎重さに、我々は、最大の注意を払わなければならぬ。

この文章を書いた精神は、一六年の後、『永遠の哲学』を編むであろう。「自ら賢者でも聖人でもないならば形而上学の領域に於てなし得る最上のことは、そうであった人々の作品を研究することである」。この賢者乃至聖人とは、「神の神秘を見る道徳的観測儀 the moral astrolabe of God's mysteries」を備えた人々であって、その観測は、もはや、根拠薄弱ではない。

か。

「パスカル論」と『永遠の哲学』との間には、明白なちがいがある。このちがいは回心を示すものか。いや、それよりも、このちがいは、何に由来し、その間に横たわる一六年間は、何を意味するのか。

第一に、『ガザに盲いて』（一九三六年）があり、第二に、『時間は停らなければならぬ』（一九四四年）があった。遺憾ながら之等の輝かしい作品に就いて、詳しく語ることは出来ないが、既に『ガザに盲いて』のフィナーレに、主人公アンソニー・ベヴィスのトルストイアン・ミラー博士に依る救いは、生の讃美者が相対主義的立場を捨て、一方の血路を見出さんとし、過剰の平衡を破って、一方の重量に傾かんとする傾向を、明白に予告するものであり、『時間は停らなければならぬ』に到っては、例えば第一〇章、反ファシスト・カトリック・ブルーノーがイギリス人の懐疑的な芸術愛好家バーナックと相携えて、戦争直前の、しかし平和で美しいフィエゾーレの街を行く自動車の中の対話、「ある不思議なことsomething strange」がバーナックの心中に起り、「ヴェネツィア風の窓のブラインドが突然開け、太陽の光と夏の空の拡りとが部屋に入って来るような」「巨大な、至福の輝きが、彼自身の内部を貫流する」条は、更に明らかに神秘的体験を暗示するものである。

『永遠の哲学』は、突然来たのではない。一六年間、徐ろ（おもむ）に予感され、育まれ、形成されたのである。

嘗て、生の讃美者の立場と過剰の平衡の原理とは、論理的には相対主義に帰せざるを得ず、すべてを受け容れ、その中に包むことを強調しながら、何ものをも否定せず、その故に、何ものも肯定しない宿命を負っていた。パスカルは、根拠薄弱であった。しかし、その根拠は、論理的根拠であって、肯定か否定かの二者択一が、最後的に要求せられる深淵を前にしては、論理は、役立たない。論理的根拠が問題ではなく、論理の根拠が問題になるパスカル的瞬間が人生にはあるものだ。生の讃美者の立場と、過剰の平衡の原理とは、この瞬間、この深淵を前にして、破られなければならぬ。肯定か否定か Ja-oder-nein-sagen を必要としない日常的立場と原理とは、それを必要とする人間存在の危機的立場乃至原理とは、なり得ない。

しからば、「パスカル論」と『永遠の哲学』との間に横たわる一六年間は、この二〇世紀を代表する未曾有の博学と鋭敏な時代感覚とに対して、肯定か否定かの形而上学的問いを以て迫ったはずである。そして、正にその時、海峡の彼方、ルナン Renan の最後の弟子を、ルナンから決定的に切りはなし、はじめて、真に深く二〇世紀の人間にしたはずである。その一六年間には、何があったか。

勿論、戦争、ファシズムとその野蛮な結果との他には、何もなかった。『ガザに盲いて』の主人公が、十字架の聖ヨハネ Juan de la Cruz を読んでいたことを、想い出そう。一六世紀スペイン神秘主義の「暗い夜」も、修道院の平和な生活から生れたのではなく、青年宗教改革者が反対派に捕えられた牢獄の、生命を脅す悲惨の底から生れた、云わばドストイェフスキー Dostoevskii 的体験の象徴であった。戦争は、外的事件としてではなく内面的問題として、受け容れられる時、人間の罪の意識として、又人間理性の限界の自覚として、如何に生くべきかの問題を、死の相の下に sub specie mortis 呈出する。如何に生くべきか、歴史的現実の中に於て、超歴史的意志の場に於て。ハクスリーの戦争は、十字架の聖ヨハネの牢獄ではない。『時間は停らなければならぬ』は「精神の頌歌 Cantico espiritual」でもなければ、『永遠の哲学』は「カルメル山の登攀 Subida del Monte Carmelo」でもないが、それにも拘らず、それらの道を行くものであり、それらの「基督のまねび」の意味に於けるまねび imitatio である。之を回心と称ぶべきか、否か。

『永遠の哲学』は神秘家の言葉ではなく、神秘家の言葉の研究である。研究の立場は、勿論合理的であるが、歴史主義ではないし、況や相対主義ではない。心理学的に出発し、社会学的、民族学的、比較宗教学的方法を駆使しているが、その絶対の探求である点に於て形而上学的であり、神秘的体験の根拠にたつ点に於て、神学的である。之を回心と称ぶとすれば、永遠の哲学は可能であるかと云う問いに対する肯定 Ja-sagen にそれを見るべきであろう。恐らく戦争は、彼を、肯定か否定かの関頭に置いたのである。

戦争と云うのも、或は、当らぬ。実は二〇世紀の宿命の集中的表現が、戦争であったにすぎまい。片山敏彦先生が鮮かに指摘された如く、「ヴァレリーの知性が、神秘主義と隣り合せである」世紀、アラン Alain が、ベルグソン Bergson の中でただ一つ時代と共に古びた観念は進化 évolution と云う一九世紀的観念であると云った超歴史主義の世紀、ヒトラー Hitler の暴力に「余は終末論的に eschatologish に生きる」の一句を以て応じたバルト Barth と、人間存在の超歴史的構造を嘗てない深さで探求したハイデッガー Heidegger との世紀、今や、その世紀は、己の最も典型的な表現を、『永遠の哲学』の著者の裡に見出した。之は必然的帰結である。

機械的な歴史主義の立場から、之を攻撃するのは、問題の所在を理解しない自己の浅薄さを曝露することにすぎない。知識人の非政治主義の立場から、之を利用するのは、自己弁護の陰謀の卑劣さを自ら証明することにすぎない。そう云う性質の卑劣さは、天下に充満しているから、敢えて蛇足を加えれば、ハクスリーは、度々の国際作家大会にイギリスを代表した最も戦闘的な反ファシストであり、勿論今日と雖もその態度に寸毫の「転向」もない。現に『永遠の哲学』は、神秘主義の誤れる社会的拡充の例として、ファシズムを挙げ、厳しく批判している。今日、社会的、政治的責任のない知識人があり得るのは、天晴れ万邦無比の国柄に限られた話であろう。

象徴主義的風土

文学史的な流派、あるいは運動、あるいは少くとも傾向を同じくする詩人の一団として、かなり明らかに定義される象徴主義は、第一次世界大戦によって葬られた。一九〇六年から一九一四年までつづいた『方陣 *Phalange*』誌は多くの史家によって、象徴派の最後におかれるが、人々は最早その雑誌と幾人かの詩人たち、例えばジャン・ロワイエール Jean Royère の名を想い出さない。才能のあるギリシア人ジャン・モレアス Jean Moréas, 繊細な抒情家アルベール・サマン Albert Samain,『仏蘭西譚詩曲』の器用な唄手ポール・フォール Paul Fort は、エミール・ヴェルアーラン Emile Verharen やフランシス・ジャム Francis Jammes やまたピエル・ルイス Pierre Louÿs の散文詩と共に、今でも屢々(しばしば)想い出され、読まれるにふさわしいそれぞれの価値をもち、象徴派の黄昏を美しく飾っている。しかし彼らも詩と芸術との世界に、新たな次元を発見し、次の時代を用意する人々ではなかった。象徴派は既に、ポーヴル・レリアンの冒険も、ヴォアイヤン〔見者〕の革命的情熱も、ラテン街の予言者の宇宙も失い、圭角がとれ、無害なものとなり、『感情旅行』のイギリス人が一八世紀のフランス人を評したように、「多くの人々の手のなかですりへった銀貨の如く」なめらかになり、やがて、一方では僧院派のユマニストたちにより、他方ではシュルレアリストたちにより、要するに決定的には第一次大戦により、その生命を終った。

しかし、文学史の上で象徴派がその生命を終ったときに、象徴主義の真の光栄ははじまるのである。象徴派最大の詩人は戦のさなかに『若きパルク』をもって活動を開始し、その圧倒的な影響力をふるいはじめた。ヴァレリー Valéry の孤独な存在は、象徴主義の歴史を逆説的にする。彼の影響を直接に受けた者はなかった。彼の周囲にはユゴー Hugo をめぐるネルヴァル Nerval やゴーティエ Gautier, マラルメ Mallarmé をめぐるカテュール・マンデス Catulle Mendès やルネ・ギル René Ghil の如きものはなかった。狭い意味の象徴派はすぎ去り、戦争と戦後と再び戦争とのなかに、反動的なひとりの詩人が、すぎ去った流派の古い原理を固執する……問題はこの反動的な詩人が、過去の流派の代表者のように見え、彼を除いては象徴派を考えることがそもそも不可能だという点にある。二〇世紀に現代の問題として象徴派を論じる者は、文学史家の整理をいくらか混乱させるようにポー Poe, ボードレール Baudelaire, マラルメ、ヴァレリーの純粋詩の発展の過程として象徴主義の歴史を理解する者が多い。それは流派でも世代でも、単純な影響の連鎖でもない。単に抒情詩の世界に限らず、一般に、精神の現実にたいする態度、認識と表現とのある方法、美学の一体系を暗示する何ものかによって他から区別される精神の系譜である。象徴主義という言葉は、純粋に文学史的な観点をはなれる瞬間に、忽ち多くの解釈を許すものとなり、あの多くの文芸批評上の概念と同じように、あらためて定義することなしに用いることの不可能なものとなる。しかし、象徴主義は文学史的な狭い意味を拡張されることによって、豊かになり、多産なものとなり、多くの解釈のなかからただ一つの本質を抽きだされることによって、歴史的概念としてではなく、美学的概念として新たな正確さを獲得するであろう。

二〇世紀精神の美学的態度の本質は、広い意味の象徴主義であるということができる。それは、一方で浪漫主義に対立し、他方で高踏派と自然主義に対立し、要するに一九世紀の美学のすべてに対立して、二〇世紀の可能性を指示するものであるが、その源は一九世紀のなかにあり、最も狭い意味での象徴派のなかにあり、就中一人のカトリック詩人、ボードレールのなかにあると思われる。抽象的な定義を試み、広い意味の象徴主義を広いまま眺める前に、具体的にまずただひとりのボードレールに注目しよう。

*

一九世紀は、ルソー Rousseau のプロテスタンティスムにはじまって、ルナン Renan の自由神学に終ったということができる。浪漫主義はルソーの影響の下に出発し、自然主義はルナンとテーヌ Taine との君臨の下に終った。浪漫主義をプロテスタンティスムの美学的表現であるとすれば、高踏派と自然主義と印象派とは、自由神学と実証主義との詩と散文と絵画とにおける表現である。カトリックの詩人ボードレールは、プロテスタンティスムの朝にも、自由神学の夕暮にも、浪漫主義にも自然主義にもはげしく対立する他はない。

ジャック・マリタン Jacques Maritain は『三人の改革者』としてルター Luther, デカルト Descartes, ルソーを並べ、ルターが宗教の問題について信仰の改革を行ったと同じように、デカルトは哲学の問題について理性の、ルソーは人生の問題について感情の改革を行ったという。三つの階段において行われた改革の内容は、彼に従えば人間中心主義である。人間中心主義は、主観主義への道を開く。ルターとデカルトとはしばらくおくが、少くとも、ルソーと浪漫主義とに関する限り、マリタンのプロテスタンティスムに向けて放った攻撃の矢は、正確に的を射ている。自然神学の否定と、律法の権威にたいする内在的価値の強調とは、浪漫派最大の特徴であり、古典主義の美学とその理性的秩序にたいする浪漫的反抗は他にその原理を持っているわけではない。浪漫派の方法には、理性の代りに霊感があり、詩法の代りに告白があり、ただ無制限な主観的感情の解放がある。浪漫派の対象には自然と律法との客観的現実がなく、自己の魂と感情、漠とした憂鬱や、感傷的な悲哀や、空想的な英雄主義への憧れがある。要するに浪漫主義の美学においては、多かれ少かれ、その方法が非合理的であり、その対象が自己の内部へ向けられている。その内部へ眼を転じ、その感情の微妙な移り行きを鋭い感受性に映し、道徳律を良心の問題に帰着させた限りにおいて、人は信仰によって義とされるというルターの宣言が近代的人間の宣言であったと同じように、浪漫主義は明らかに近代の個人主義的美学の基礎をうち建てた。しかし、鋭い感受性も、感受性である限り、それだけでは、現実を認識する力を人間に与えない。精神の知的緊張のない所には、如何なる現実の認識もないのである。たとい内部の、己自身の感情の、魂の現実であっても。浪漫派は、自然神学に反抗するのみならず、あらゆる種類の知的操作を放棄し、従って、人間の外部にある自然のみならず、また内部にある自然、魂の世界の現実もまた、認識することができなかった。要するに浪漫派には、如何なる意味でも、正確な現実認識がない。例をあげるまでもないが、例えば、ジョルジュ・サンド George Sand の二人の恋人がつくりだした浪漫派芸術の両極端は、対照の妙によって、問題の本質を明らかに示しているということができるであろう。『世紀児の告白』は、最も無秩序に行われた告白であり、『二四の前奏曲』は、最も秩序ある告白である。小説と音楽という一方は本来浪漫的であり、他方は本来古典的であらざるを得ない二つの形式が、必然的に、その世界の深さを決定しているのであって、浪漫的告白は、理性の協力を俟ってはじめて深く、数学的秩序を通じてはじめて美しい。一方は今日全く読むに堪えないが、一方は今も我々の喜びの尽きない泉である。ミュッセ Musset の『喜劇と格言劇』がその中間にあるのは、舞台の制約が小説の放縦にまさるからである。

しかし遂に『ボヴァリー夫人』が来るべき実証主義の決定的勝利を予告する。外光派は、アングル Ingres の線とドラクロワ Delacroix の色彩とから、フランスの画廊を解放し、印象派の栄光を準備しはじめる。マネ Manet の友人ゾラ Zola はフロベール Flaubert の観察と分析と写実主義とを、遺伝学や社会学の方法を用いて組織化し、実証主義的現実の上に『ルーゴン・マカール』の叙事詩を建設する。テーヌは、その理論を提供し、モーパッサン Maupassant は新聞記事のように簡潔な文体を操りその決定論的現実を器用に小説化する。そして、散文の世界では、自由神学から犬儒的な懐疑主義に到るルナンと、その最後にして最大の弟子アナトール・フランス Anatole France とが来る。そのとき詩壇を支配するのは、ルコント・ドゥ・リール Leconte de Lisle, 高踏派の不感性は浪漫派の霊感と心情の吐露、本来スイスに由来し、更にラインの彼方に由来する Herzergiessungen の方法にとって代った。内部へ向けられた眼は外部へ転じ、ルソーの『告白』の影響の下に出発した世紀は、クロード・ベルナール Claude Bernard の『実験医学序説』の影響の下に終る。若し、浪漫主義がプロテスタント的主観主義の文学的表現であるとすれば、同様に、高踏派と自然主義と一般に印象主義的傾向とは、自由神学的・実証主義的精神の詩と散文と芸術とにおける表現であろう。浪漫主義には魂があって現実認識がなく、自然主義には現実認識があって魂がない。

しかし、プロテスタント的・自由神学的一九世紀のなかばに、カトリックの詩人、ボードレールは、魂の現実の認識のために不朽の方法を確立した。一八五七年は『ボヴァリー夫人』の年であると共に『悪の華』の年として記憶されているのである。

『悪の華』の風景は、詩人の内部にあり、浪漫派における如く、否しばしば浪漫派以上に、印象主義的自然と自然主義的社会とからはなれ、自己の魂のなかに、一つの世界が築かれている。のみならず「旅への誘い」に現れる「異邦の匂い」は、ネルヴァルやユゴーの東邦を思わせ『巴里の憂鬱』はゴーティエやサント・ブーヴ Sainte-Beuve(殊に『快楽』と『ジョゼフ・ドゥロルムの生活、詩、思想』)の雰囲気に通じ、その憂鬱の涯に日常的風景のなかから現れる死の観念と深淵のよび声とは、ラマルティーヌ Lamartine のすべてに、またシャトーブリアン Chateaubriand のある部分に共通である。しかし、それにも拘らず『悪の華』は浪漫主義に重大なあるものを附け加えているのであり、カトリックの詩人は浪漫的主観主義にたいし、鋭くその自然神学を対立させているのである。ボードレールは、浪漫主義に強烈な現実感覚を与え、本質類比 analogia entis の論理により実在の認識が可能であることを信じ、象徴主義を一つの現実主義として確実な基礎の上においた。ボードレールにおける象徴主義は、決して浪漫主義の一変奏曲ではなく、むしろ自然主義と共に、現実主義を感情的な主観主義に対立させるものである。暗喩も、比較も、形容も「現在の状況のなかで数学的に精確に適用」されるものであり、「宇宙的類比 l'universelle analogie の尽きざる奥底」に汲まれるものである。『悪の華』の象徴主義をそのあらゆる外見にも拘らず、カトリック―自然神学の美学的表現として、浪漫派のプロテスタント的美学から本質的に区別し、象徴主義をまず現実主義の一形式として理解することは、必ずしも不当であるまい。

しかし、勿論ボードレールの現実主義は、フロベールやゾラの現実主義とも本質的に異る。フロベールの観察が捉える経験的現実、ゾラの実験的方法が捉える科学的現実の背後、より高次の段階に――宇宙秩序の段階的構造そのものがカトリック的であるが――ボードレールの真の現実がある。それが詩人の内部にあり、浪漫派の注意した魂の現実であることは既にいったが、その現実はまた決して内在的なものにとどまらない。同時に超越的な宇宙の秩序として精神の外部に実在する。ボードレールの現実は、第一に魂の現実であるが、第二に宇宙秩序の現実であるといわなければならない。この時、この論理は、宇宙の秩序と人間精神との合一の体験としての神秘主義に到る。「暗く深い唯一性のなかにDans une ténébreuse et profonde unité」人は「象徴の森 des forêts de symboles」を横切るが、それらの象徴は「親しげな眼差し des regards familiers」をもって人を見るであろう。カトリックの詩人は、プロテスタンティスムに自然神学を、自由神学に神秘主義を対立させる。『悪の華』は、その現実主義によって全浪漫派から自らを区別し、その魂の現実主義によって全自然主義から袂を分つ。

そして、一八五七年に発売禁止となった一巻の詩集は、後来の象徴派のあらゆる詩人を生み、彼らを生むことによって、ヨーロッパの二〇世紀精神に決定的な影響を与えたが、今日ヨーロッパの詩と芸術とを前世紀のすべてから区別する精神的風土は、その影響から切りはなすことができない。カトリシスムは甦る……いや、その前に象徴派が来るであろう。

その神秘主義を通じて、既にボードレールの「緑の闇」は十字架の聖ヨハネ Juan de la Cruz の「暗い夜」に通じていた。

＊

暗い夜の間
不安にみちた愛に抱かれ、……

しかし、この不安は、ヴェルレーヌ Verlaine の牢獄において、類いまれな音楽となった。原罪の意識は「何ものよりも先ず音楽」という美学と共に、流浪の神秘家の魂を充している。秋の風に散りゆく「病葉の如き」人間は、自然のなかに神の手の痕を見るよりも、神そのものに直面し、もし神の面を見なかったとすれば、少くとも己が罪の深さを見た。「わが心のそこを見た」、と浪漫派もまたいうことができたであろう。しかし、浪漫派においては、わが心は、わが感情であり、わが理想であり、殊にわが個性であった。しかるに、『智慧』の詩人の心のそこには、個性的な何ものかではなく、却て普遍的な人間の罪と超越的な神の恩寵とがあった。祈り、神とする孤独な対話、うち慄える魂の微妙な息づかいが、ヴェルレーヌの「音楽」であり、神秘主義的な体験の形式である。そうして、「雄弁をとらえ、その頸をひねった詩人」は、ボードレールが「新たな戦慄を創造」した後に、敬虔な魅惑を創造したのである。

しかし、ヴェルレーヌがボードレールの神秘主義、殊にその原罪の意識の上に、己が抒情詩を建設したとすれば、ランボー Rimbaud は、ボードレールの自然神学をその極限まで追求して、詩を書き、詩を捨てた。ランボーの「見た」現実は物の現実であり、ランボーの人間は、物としての人間である。ヴォアイヤンは、「エデン」のなかに、「場と形」とをつくる物の間に、「太陽の子」としての、物としての自己を、見る。この物は、実証的な物、つまり諸性質の集合としての物ではなく、実体的な物、実存する物である。ボードレールがプロテスタント的浪漫的主観主義にたいして、また自由神学的実証主義にたいして、経験的世界の背後に宇宙的秩序を認識する「数学的に精確」な方法、――象徴主義は、ランボーにおいては、現実認識の革命というよりも、むしろ直接に感覚の革命となって現れた。『地獄の季節』を見よ、クローデル Claudel の所謂「シャトーブリアンから、モーリス・ドゥ・ゲランを通じて」遂にフランスの散文が達した「言葉の錬金術」を見よ。ランボーのもっとも偉大な精神的息子、クローデルの言葉はランボーという存在の本質を、見事に指摘している。「ほとんど物質的な感受性の状態」――その感受性の革命的意味は、ほとんど半世紀の後、第一次大戦後に起ったシュルレアリストたちの運動をまってはじめて明らかとなる。ヴェルレーヌの抒情的な詩が、狭い意味の象徴派、例えばアルベール・サマンの裡にその反映を見出したのとは、大きな相違である。

しかし、真のヴェルレーヌの影響は、フランシス・ジャムの裡にあり、ランボーの影響は、ポール・クローデルの裡にあるのであろう。ジャムとクローデルとの二つのカトリシスムの相違及び類似は、正しく、ヴェルレーヌとランボーとの関係に、比例的である。一方にとって、詩は、自己の原罪の意識が神と交す対話であり、他方にとって、詩は、直観的意識が、自然神学的物の世界を見る、自然認識の方法である。ボードレールにはじまる象徴主義は、一九世紀の時代思潮から遠くはなれたところで、かくの如く発展した。

そして最後に、ボードレールの与えた可能性のなかから第三の要素が生長する。ラテン街の異教徒は、遂に来り、宇宙論的象徴主義を綿密に設計する。マラルメは、『悪の華』の作者の如きダンディーではなく、『智慧』の詩人の如き酔いどれではなく、『地獄の季節』の天才児の如き放浪の人ではない。彼は黒い、あるいは白いヴェニュスに入れあげたり、友だちに拳銃を放ったり、アフリカの行商人になったりする代りに、生涯パリの大学街で英語の教師をしていた。宇宙を認識するためには、それで沢山だと心得ていたように思われる。その態度は、いくらか、ライン彼岸の講壇の哲学者に似ていないこともない。殊にヘーゲル Hegel 自ら発明した論理が歴史の秩序そのものに他ならぬと考えたヘーゲル、彼自身の人生を自ら創造した精神的世界そのものに化せしめたヘーゲルに。――マラルメは、ボードレール的照応をヴェルレーヌの如く神との対話には翻訳せず、ランボーの如く物(自然)を見る手段とは考えず、自己と対話し、自己を見る方法に変化させた。しかし、ヘーゲルの場合と同じように、そして多くの浪漫派とは明らかに異り、自己と対話し、自己を見る、その自己とは、それ自身宇宙的であり、精神の秩序とは、他ならぬ宇宙の秩序であった。ヴェルレーヌの神秘主義的体験と、ランボーの自然神学的認識とは、ボードレールのカトリシスムの裡に、互いに区別されたものとして、それぞれの萌芽をもっているが、マラルメにおいては、合一して、ただ一つの詩的世界となる。アラン Alain の所謂「宇宙的諸関係」は、ヴェルレーヌにおける如く実在との交感の体験のなかに閃くのみならず、またランボーにおける如く単に「見られる」のみならず、絶えざる体験として詩的世界を充し、精神と合一してもはや見られるものとしての対象性を失う。マラルメにとっては、詩は、大宇宙に正確に類比的な小宇宙である。ボードレールの予見したこの小宇宙を経営するために、ボードレールよりも、いや、人類が嘗て抒情詩のために注いだ如何なる努力よりも、遥かにながい、遥かに綿密な、遥かに執拗で飽くことを知らない努力を、マラルメは、生涯を賭けて傾倒した。象徴主義は、彼によってはじめて方法的となり、詩の詩としてその極限に到ったのである。ボードレールの風景も、ヴェルレーヌの罪も、ランボーの自然も、もはや宇宙的秩序そのものに他ならぬ詩をうたう詩の世界には登場しない。マラルメ詩集一巻を見よ、初期の詩篇にボードレールの影響の跡は歴然としているが、既に『海の微風』も詩法以外のものではない。『エロディアード』において、『牧神の午後』において、況や後期の一四行詩において、あらゆるイマージュは、ある根源的な精神のはたらき、宇宙のはたらきに他ならぬ精神のはたらきそのものに奉仕し、要するに詩法の象徴として互いに交響しているであろう。

*

ボードレールの魂の現実主義から、ヴェルレーヌとランボーとを通じ、マラルメの宇宙的現実主義に到る、象徴主義の発展は、要するにヨーロッパの文学が、新たな現実を発見する過程であり、ジョルジュ・デュアメル Georges Duhamel の表現に従えば、「世界の所有 possession du monde」を実現する過程である。マラルメは、明らかにその極限に到ったが、少くとも作品に関する限り、詩の世界にのみ彼の宇宙があり、美学の領域にのみ彼の世界があった。

しかし、「宇宙的諸関係」の反映である詩は、詩句の外にも多くの可能性をもち、宇宙的原理は、美学の領域を越えて、およそ人間精神の活動のすべての領域に通用しなければならない。象徴主義は、その極限において、一つの美学から、一つの普遍的な精神現象学に変化し、詩は、精神のはたらきの根源的あるいは要素的把握として、批評と一致する必然性を含んでいる。その必然性は、文学史上の象徴派末流が去った第一次世界戦争の間に、ポール・ヴァレリーの天才的知性によって、実現された。彼は一九一七年に『若きパルク』を発表したが、その同じ方法を用いて『ヴァリエテ』のなかにあらゆる問題を論じたのである。ラ・フォンテーヌ La Fontaine の美学、ヨーロッパ文明の精神史的考察、ドイツ資本主義の市場獲得とヴェルダン攻防の戦術、パスカルの攻撃とアインシュタイン Einstein の讃美とフロイト Freud を揶揄しながら鮮かに語る夢の心理学……マラルメにとっては、詩がすべてであったが、ヴァレリーにとっては詩はその一部にすぎない。彼はすべてである彼自身にのみ関心をもち、彼自身をすべてに適用しようと試みる。なぜなら彼自身の精神の秩序こそは、宇宙の秩序に他ならず、内部をみつめることは、外部を洞察することに他ならないからである。

しかし、ヴァレリーにおける象徴主義は、彼自身の定義に従えば、周知の如く、「音楽からその富を奪回する reprendre à la Musique leur bien」意図であった。文章の前後を読む者には、誤解の余地のない言葉であるが、有名な言葉というものは、前後を読まれないために、有名になるようである。音楽の富とは何かという日本の詩人のスコラ的な議論を、私はきいたことがある。念の入った話だが、音楽の富とは、無論、耳に響きがよいということにすぎまい。耳に響きがよいということは、感覚的現象であり、感覚的現象をひきおこすのは、空気の振動、すなわち物理的現象である。詩が音楽から奪う富は、一定の物理的刺戟によって一定の感覚を生ぜしめる確実で正確な方法に他ならず、具体的には言葉を音として、つまり物理的現象として扱うことである。しかし、それだけでは、問題が片づかない。言葉には、意味がある。意味は、物理的現象ではないし、物理的現象のようにうけとる人の主観から独立に存在するものではない。同じ言葉によって人はちがうものを理解する。ある考えをある言葉で表現しても、その言葉は、その考えとはちがう何ものかを人につたえる。しかし、全くちがうものをつたえるのではなく、おなじ概念的な内容をつたえるのであり、従って言葉による意志の疎通乃至思想の交換が可能になるのである。そのように通用する言葉の意味は、理解する人の主観に係らない。すなわち、言葉が用いる人の主観に係りなくもっている客観的な性質は、第一にその響きあるいは音、第二にその概念的内容あるいは多くの人が理解する多くの意味の最大公約数、更に第三に、言葉の歴史がそれに附け加えるニュアンスであろう。考えの概念的内容だけをつたえたいと望む場合には、第二の性質だけを利用して、言葉を論理的に排列すればよい。これは散文である。しかし、概念的内容に満足せず、考えをその具体的な形で全体として表現したいと望む場合には、すべての性質を利用して言葉を単に論理的ではない適当な秩序に排列しなければならぬ。これは詩である。従って、詩をつくるための第一の条件は、考えと言葉との距離をはかり、言葉を厳密に客観的なものとして扱うことであり、第二の条件はその言葉と言葉との間に論理的でない全く新しい連関を見出すことである。言葉を厳密に客観的なものとして扱う態度は、もっとも典型的には、「音楽からその富を奪う」態度に現れるが、より一般的には、ヴァレリーが好んで引用したマラルメの句、「詩は言葉でつくるものだ」に要約される。ここでいう「言葉」は、客観的なものであり、彫刻家の鑿に抵抗する大理石のように、詩人の精神に抵抗するものである。詩をつくるとは、素材の抵抗にうちかって素材を支配し、言葉と言葉との間に新たな連関をうちたてることに他ならない。かくて、ヴァレリーの象徴主義における詩作の原理は、三つの基本的な観念によって成りたつということができるであろう。第一は、言葉あるいは素材。第二は、考えあるいは精神。第三は、製作 production. 製作は、精神が素材のなかに自己を実現し、肉体を獲得するはたらきである。そして、この三つの観念は、単に詩作の原理を説明するばかりでなく、人間精神のはたらきの一切に通じる原理を説明する。詩人は『ヴァリエテ』のなかに宇宙のあらゆる問題を論じることができる。

詩 poésie が製作 poiēsis であるということを知らないものはなかろうが、おそらくヴァレリーのように知っていた者もあるまい。「人はつくることを知っている者しか知らない」のである。「深淵に橋をかける」かけ方を知ることはできるが、深淵をのぞいて、その底に何があるかを知ることはできない。電流計の針のうごくように電解質と金属板とをくみあわせる、くみあわせ方を知ることはできるが、電池の原理を充分に説明しつくすことはできない。詩人は詩をつくる者であり、建築家は橋をつくる者であり、物理学者は装置をつくる者であって、つくり方を確実に知っているが、その他の何事も確実には知り得ない者である。なぜなら、精神があるものをつくるとは、精神が肉体を獲得するということであり、「精神が肉体をはなれる」とき、そのような精神ほど無力なものはないからである。「考えるということを考えるほど無益なことはない」と彼はいったが、誰がこれほど決定的に思弁的観想的な哲学を否定し、誰がこれほど決定的につくる者 producteur としての人間を主張したであろうか。

ある中国の詩人は、最近の雑誌に、マルセーユでヴァレリーに会った想い出を書いている。その文章によれば、ヴァレリーは、デカルトの“Cogito ergo sum”を中国語に翻訳してみたまえといい、あまり容易ではないので、相手が考えこんでいるのを見てとると、こういったという。

——いいですか、わたしが、「わたしは考える、故にわたしはある」といいます。わたしがそういう間に、わたしは、わたしがそういっている、つまり、わたしが考える、故にわたしがあるとわたしが考えていると考えます、……これは無限につづく。あげくの果てに、「わたしが」は消えてしまいます。だから、「わたし」というものはない、「わたしが」は言葉の約束か、言葉の錯覚の一つにすぎません(“Il n'y a donc pas de moi, et le je est une convention de langage ou, plutôt, une de ses illusions”)。中国語には翻訳できないでしょう。

中国の詩人は、この言葉がヴァレリーの理解のために、意味深く、決定的なものだと書いているが、正にそのとおりである。ヴァレリーは、肉体をはなれた精神について語っていたのだ。ヴァレリーの象徴主義の最後の言葉が、ここにある。

しかし、問題は、象徴主義からそれ、まして象徴主義を私がそこから導きだそうとしたカトリシスムからはいよいよ遠ざかったように見える。もし偉大な精神の間に究極の一致がないとすれば、またもしすべての道がローマへ通じていないとすれば、——しかし、教会もまた、「肉体を失った魂ほどあわれなものはない」というのである——「この魂はほとんどただ存在するだけである」。能力も、意志も、おそらくは知恵もない魂に、のこっているのは「自律の名誉」ぐらいのもので、死後の生活は、地上の肉体を失った魂が死後の「新たな肉体」を獲得するときにはじまると。ヴァレリーは、『レオナルド・ダ・ヴィンチの方法叙説』のなかで、聖トマス Thomas の死後の魂に関する教説を引用し、教会の神学に触れながら、彼の詩作の原理が、死後の世界においても妥当するという発見に、ほとんど凱歌を奏している。聖トマスにおいても肉体をはなれた精神は無力であり、死後の生活でさえも、それが生活である限り肉体なしにはすまされない。「この教理が、明白に、教会をその他のキリスト教の信仰告白の大部分から、区別している」かどうかを私は知らないし、聖トマスが何を考えていたかも知らないが、二〇世紀の詩人が、詩人の精神の言葉にたいする関係を、厳密に検討することによって、到達した結論が、一三世紀の神学者がおそらく他の道をとおって到達した精神の本質に関する見解と、密接につながっているということは、認めなければならないと思う。

*

しかし、ヴァレリーの凱歌にも拘らず、また象徴主義のこの完璧な形式が明らかにマラルメを延長する一直線上にあるにも拘らず、『若きパルク』の詩人が、マラルメの影響の二〇世紀におけるただ一人の代表者ではない。ヴァレリーが詩からはじめたように、アンドレ・ジード André Gide は散文からはじめた。『アンドレ・ワルテルの手記』から『ユリアンの旅』を経て『パリュード』に到るジードの初期の作品は、『パリの憂鬱』や『人工楽園』にはじまりマラルメの『逍遥遊』に及ぶ象徴派の詩的散文の一系統に属している。狭義の象徴派が好んだあらゆる主題、あらゆるイマージュ、あらゆる連想の形式がそこにある。ナルシスの神話も、ヴァークナー Wagner の音楽も、またスピノザ Spinoza の汎神論的世界さえも。ユリアンの舟は、何処やらに秘教的東方の薫りが漂う海にのり出し、「象徴の森」ならぬ象徴の島々の間を縫ってゆく。しかし、今『ナルシス論』にジードが自ら名づけた象徴の理論の生れた文学史的環境を、詳しく回想する必要もなかろう。既に周知の事がらでもあるし、わが国における解説者も少くはなかった。むしろ、ここでは、彼の象徴の島々がボードレールの象徴の森よりも観念的であり、初期の象徴主義的散文には、作者の夢想はあっても、体験はなかったということを指摘すれば足りる。本来象徴主義の本質は、体験的なものである(体験的な現実の直接の把握は、実証主義的現実認識の方法からも、浪漫主義的夢想からも決定的に区別されるであろう)。ジードの初期の散文は、その主題やイマージュが極めて象徴派的であるにも拘らず、ヴァレリーの初期(『若きパルク』以前)の詩篇と同じように、真に象徴主義的ではない。そういう作品は、象徴派と共に、カテュール・マンデスやピエル・ルイスと共に、すなわち学者・芸術家の一群がつくった必ずしも耳に不快ではないあの一九世紀末の合唱と共に、消え去るべきであり、また事実消え去ったのである。問題は、そこにはなく、その先にある。

アンドレ・ジードこそは、言葉の全き意味において、プロテスタンであった。カトリック教会にたいする反抗(プロテスタンの家庭)。ブルジョア道徳にたいする反抗(『背徳者』)。更にブルジョア国家の政策にたいする反抗(『コンゴ紀行』)。しかしそのような反抗(プロテスト)は、彼自身にたいする反抗にはじまった。己の夢想、己の心象風景、己の内部の世界をみつめること、そのことにたいする、ナルシスの、ナルシスであることにたいする反抗。初期の象徴派的散文の一切にたいする、その美学と理想とイマージュとにたいする『地の糧』の作者のまさに決定的な反抗。

「何処からでもかまわない、君の住み慣れた市、君の生れた家、君の居心地のいゝ部屋、君の日頃の思いから飛び出すのだ、——と『地の糧』の作者はナタナエルによびかけた、……僕の願いは、僕のこの本が君に教えることだ、先ずこの本よりも君自身に君が興味をもち、次いで君自身よりもその余のあらゆることに君が興味をもつことを」。(『地の糧』の献詞、堀口大学訳)

本よりも君自身に、君自身よりもその余のあらゆることに、——という原理は、ナルシスの原理ではない。知的な、内面的な人生ではなく、感覚的な、熱情的な、人生の可能性 le plus possible d'humanité を、己の外の世界にもとめる新しい原理、いわば生の哲学の原理。ジードがこの場合に意味した「本」が象徴派の本であり、「彼自身」が象徴派の世界に住んできた彼自身であることは、いうまでもない。「本」や「彼自身」からの脱出のねがいは、象徴派からの脱出のねがいに他ならなかった。そのねがいが、『地の糧』において実現されていないとしても、『背徳者』において実現されていることは、誰の眼にも明らかであろう。象徴主義的散文と内面的独白の時代は終り、小説家の客観的手法と描写の時代が来る。こうしてジードのなかの象徴派が、死ぬ。世間も二度とジードを象徴主義にむすびつけては、考えなくなる。しかし、私見によれば、彼のなかの象徴派的要素が死んだまさにその時、真に象徴主義的なものが彼のなかに育ちはじめるのである。批評家としてのアンドレ・ジードは、二〇世紀の美学を決定した。

第二次世界戦争後には、事情がちがうということはできないかもしれない。しかし、少くとも、『プレテクスト』の批評家は、最後のブルジョア文化にその美学を与えた。美学以上の美学を。——正確にいえば、文芸批評を美学の領域からひきだし、生き方の問題として、より普遍的な、同時により体験的な批評の形式を創造することに成功した。二〇世紀の批評精神のすべてが、直接に、ジードの影響をうけたわけではないが、二〇世紀の小説のすべてが、その何処かにプルースト Proust の片影をとどめているように、二〇世紀の批評家のすべては、ジードがつくりだした空気のなかに呼吸している。ジャック・リヴィエール Jacques Rivière と『*N*・*R*・*F*』とだけが彼の影響の下にあったのではなく、全世界が彼の影響の下にあった。そして、ジードにあっては、小説もまた批評の一形式に他ならない。いや、これこそもっとも重要な点であるが、彼自身の人生、生き方そのものが批評の一形式に他ならない。『背徳者』の主人公ミシェルは、ヨーロッパ社会を分析することによってではなく、アフリカへゆき、太陽と砂と黒人の少年との間に生きることによって、ブルジョア文化とその道徳とを「批評」する。批評 critique は、まさにその語源的意味において、慣習のなかで硬化した文化の負担の下で衰えてゆく生命力の危機 crise に際し、反抗する生命の、冒険として、感覚として、直接の体験として行われる。およそ道徳の、また文化の出発点には、その基礎的な体験があるが、旧い道徳と文化にたいし、あらたな体験を提出することのなかにジードの批評の最後の根拠があるといえるであろう。マラルメにとって、その世界が、決して夢想の世界ではなく、まさに現実的な体験的世界であり、決して浪漫主義的異国趣味の逃避の場ではなく、まさに唯一の宇宙に他ならなかったように。体験的なものの直接の把握、世界の本質の感覚的且つ知的な直感。明らかに実証主義的、また歴史主義的方法とは異る、このような精神的態度が、象徴主義的であるとすれば、ジードがそれを直接マラルメにのみ負うものではないとしても、その批評精神はすぐれて象徴主義的だといわなければならない。ヴァレリーは、象徴主義を「純粋」にし、詩作の原理を精神と肉体との一般的な関係にまで掘りさげることによって、単なる美学を超え、普遍的な立場を見出したが、ジードは、象徴主義に「反抗(プロテスト)」し、詩的世界における体験を人生的体験にまで拡張することによって、同様に美学的立場を超え、生き方そのものを批評の最後の形式とする批評精神をうちたてた。この詩人・思想家と、小説家・批評家とは、同様に象徴主義的であり、同様に二〇世紀的精神を形づくるために大きな意味をもったのである。しかし、ジードの場合に、大切なことはその影響がヴァレリーの場合よりも遠く、広く及んでいるということ、またそのことと密接であるが、彼の思想が多くの要素から成り、動揺してやまなかったということであろう。批評家は、度々ジードの「発展」について語った(誰も、ヴァレリーの発展について語った者はない。彼の思想の重要なもので、そのエスキスを、『レオナルド・ダ・ヴィンチの方法叙説』のなかに見出せないものは、一つもない。二〇歳をいくらもでないヴァレリーは、既にヴァレリーであった。そして死ぬ時には、棺に「終り」という字を書かせたという。ジードの場合は、全く逆であり、昨日のジードは今日のジードではない。ジードの『日記』はいつか永久に中断されるだろうが、決して「終り」には達しないだろう)。しかし、今、ジードの発展を年代的に跡づけるのが当面の目的ではない。当面の目的は、彼の批評が如何なる点でヨーロッパの若い世代に影響し、如何なる点で時代精神の形成に役立ったかという知識である。

ジードの批評は、その人生にたいする誠実さによって、アナトール・フランスの印象批評から、その芸術にたいする繊細さによって、フェルディナン・ブリュンティエール Ferdinand Brunetière の独断的客観主義から、己を区別する。その第一の本質が、直接的な生の体験にあることは、既に指摘したが、彼が文芸批評を拡大して、文明批評に及んだのは、人生の基礎的体験が文学と表現との領域に本来限定することのできないものだからである。例えば、ラモン・フェルナンデス Ramon Fernandez

は、そのようなジード的個人主義的な「誠実」を主として倫理的、実践的な面において論理化した。フェルナンデスは、おそらく、正面から「個人」を擁護し、個人の擁護に一切を賭けることのできた最後の批評家である。しかし、ジードの、もしそう呼ぶことが許されるならば、生の哲学は、文芸批評固有の領域において、作品を外から、その社会的環境や作家の遺伝要素から説明するのではなく、作品を内から、作品を生む精神の創造の秘密を通じて直接に把握する方法を生みだした。批評の場は、実証主義的方法を適用することのできない領域(実証主義的な意味ではデータをあつめることも、まして何らかの意味づけを行うこともできない領域)に移る。すなわちテーヌ Taine の時代は終るが、同時に印象批評の時代も終るのである。実証主義的に証明できない判断が、すべて主観的印象にすぎないのではないということ、まさにそのことこそジードの主張したただ一つのことであり、二〇世紀が信じたただ一つのことでもあった(作家の行状をしらみつぶしにしらべあげると、作品の説明がつくだろうという妄想は、地を払ったようである)。テーヌの『文学史の方法』と、アルベール・ティボーデ Albert Thibaudet の方法を比較せよ。テーヌも、『英国文学史』では彼自身の方法にあまり忠実ではなかったが、その結果、歴史は列伝の趣を呈した。列伝そのものは、実に光彩に富み、平易明快なフランス語で各作家の個性を活き活きと描いている。ながい作品の内容も巧みに要約されているが、すぐれた列伝がすぐれた歴史であるということはできない。『文学史の方法』は、周知の如く、文学史を人種、環境、時代の三要素によって説明し、組みたてるはずのものであった。「時代」がなければ、歴史は成りたたない。しかし、この時代が、作家の人種(内的条件)、環境(外的条件)から成りたつという考えは、まちがいではないにしても(だからテーヌは権威をもった)、実際にはあまりに抽象的であり、具体的な文学的体験については、ほとんど何ものも説明しない(だからテーヌは「方法」に忠実でなかった)。ティボーデは具体的な文学体験から出発し、作品と作家の精神との分析を通じ、多くの精神の間に時代的な(殊に世代的な)照応を見出す。この場合の「時代」はテーヌが人種と環境との相互作用として理解した「時代」の実証主義的概念ではない。また同時に、一時代の精神をつなぐもの、あるいは多くの時代の精神を関係づけるものは、ブリュンティエールが作品の様式に指摘する影響の関係でもない。ティボーデの時代は、精神の「創造的進化」の段階であり、精神と精神との照応する象徴的関係を通じてのみ認めることのできるつながりである。『フランス文学史』は、機智と連想とによって多くの思いがけない精神を、例えば、ボナパルト Bonaparte とヴィクトル・ユゴーとをむすびつけているが、それは決して単なる思いつきではなく、微妙な、いわば生の基礎体験とでも名づくべきものの相似がボナパルトとユゴーとの間に見出されるからである。二つの精神のそのようなつながりは、詩人の精神と自然とのボードレール的照応を想わせる。ジードが個々の作家についてなした所を、ティボーデは文学史についてなした。ジードが自ら小説をつくりながら得たものを、ティボーデはベルグソン Bergson に学んだ。もし彼らの批評の象徴主義的性格を見究めようとのぞむならば、彼らのマラルメにたいする評価(ティボーデにはそのために有名な一著がある)を見るよりも、ベルグソンの哲学を見た方がよいかもしれない。

しかし、ジードの批評についていえば、モラリストであり文明批評家であったジードが、その同じ立場において、諸芸術を同時に、本質的に、一つのものとして問題としたということにも、注意しておかなければならぬ。彼にとっての音楽や絵画は、文芸批評家にとっての音楽や絵画ではなかった。

その意味は、アナトール・フランスの博学やレミ・ドゥ・グールモン Remy de Gourmont の趣味とは明らかにちがう。一八九二年の『アンドレ・ワルテルの手記』のもっとも重要なモチーフの一つは、ショパン Chopin の夜想曲に係っていたが、一九三九年戦争のはじまった年の暮の『日記』がもっとも熱心に語っているのもショパンの夜想曲である。道楽にしては念が入りすぎているが、そういうことは、一九世紀にも、その前にもなくはなかった。しかし、音楽や造形美術や文学を、本質的に同等の意味で問題とすることのできる美学的＝批評的立場は、ジード以前にはほとんど全くなかったのであり、ジード以後にはほとんど例外のないほど普遍的なのである。ロラン Rolland やシュアレス Suarès, またヴァレリーやアランの如き同じ世代の巨大な精神を例外としても、シャルル・デュ・ボス Charles du Bos やジャック・リヴィエールは、その意味で、代表的な批評家であろう。デュ・ボスは、その『日記』のなかに、古今の一流の芸術として、キーツ Keats の詩、ヘンリー・ジェームズ Henry James の小説、ヴァレリーの思想、マラルメの談話等を列挙し、「頂上には詩篇とバッハ」とあると書いている。バッハ Bach について書いた部分で、このような評価の根拠については、前後に何らの説明がないが、それにも拘らず、これは、個人的な好悪の表現ではない。時代の精神的風土が、評価の妥当性を保証しているのである。別の言葉でいえば、一時代前には、おそらく空想的に見えたにちがいないこのような評価の仕方が、第一次大戦後のヨーロッパでは、奇抜でなくなった。なくなったのは何故か？　あたらしい精神的風土がつくられたからである。あたらしい風土とは何か？　象徴主義的風土である。もし象徴主義が拡げた感受性の領域、象徴主義が深めた魂の底においてでなければ、誰が旧約の詩篇とバッハの音楽とをならべて怪しまないであろうか。

先ず美の体験、あるいは生の体験が来る。分析はその後に来るか、いつになっても来ないかであろう。――アンドレ・ジードが、二〇世紀に向って宣言し、強調し、自ら率先して示したことは、そういうことである。おそらくそれが象徴主義の最後の遺産であろう。

＊

ボードレールからマラルメを経て、ヴァレリーに到る象徴主義の発展と、ジードの反抗を通じて、その遺産が普遍化される過程。――二〇世紀フランス文学における象徴主義的精神の意味と背景とは、そこに要約される。しかし、作品については、多くの個性が同じ風土に、無限に異る花を咲かせている。個々の場合に触れることはもとより不可能であり、要約を試みることさえも困難であろう。私は、ただ二つの示唆を与えたいと思う。すなわち、小説のプルーストと、劇のクローデル（詩人ヴァレリーと批評家ジードとについては既に言葉を費した）。

＊

しかし、プルーストの象徴主義については、何も附け加えることがない。既にクルティウス Curtius はプルーストの文体を詳細に分析し、その構造と意味を明らかにしている（『現代ヨーロッパにおけるフランス精神』大野俊一訳）。「Le temps des lilas approchait de sa fin …… リラの季節は終りにちかづいていた……」の二拍子ではじまるあの有名な一節。文章のリズムそのものが花の形と季節の流れとを象徴し、また暗喩は暗喩に照応する。――例えばボードレールが、

Vous êtes un beau ciel d'automne clair et rose,（Causerie）

あなたは、澄んだ、ばら色の、美しい秋の空だ

という時、「あなた」と「美しい秋の空」との間には照応がある。「あなたは美しい秋の空である」は、「あなたは美しい秋の空のようである Comme un beau ciel」とは等しくない。美しい空のようという時に、美しい空は「あなた」を説明する言葉として、説明する限りでの意味しかもたないが、美しい空であるという時には、「あなた」と「美しい空」とは、独立の（概念的にはかけはなれた）、二つのイマージュであり、そのむすびつきには、概念的な形容のあらわすものとは本質的に異る何ものかがあり、詩人の発見と創造とがある。

プルーストの文体の特徴の一つは、「Comme ……のよう」によって、文章をつづけながら、その節または句に独立の、それ自身の意味を与え、単純な説明以上の役割を果させていることだ。例はいくらでもあるが、例えば有名なマドレーヌの挿話を見よう。マドレーヌの味と共に急に甦る想い出は、日本の水中華のようであるが、紙きれを水に浸すとさまざまのイマージュが相次いで現れるというただそのことにおいてのみ、想い出は水中華のようなのではない。水中華は、水中華で、ボードレールの「美しい空」と同じように、独立の、それ自身の世界をもつイマージュであり、一定の概念的内容によって想い出とむすばれているのではなく、具体的なそれ自身として、「美しい空」が「あなた」と照応するように、マドレーヌの想い出と照応している。

Et comme dans ce jeu où les Japonais s'amusent à tremper dans un bol de porcelaine rempli d'eau, de petits morceaux de papier jusque-là indistincts qui, à peine y sont-ils plongés s'étirent, se contournent, se colorent, se différencient, deviennent des fleurs, des maisons, des personnages consistants et reconnaissables, de même maintenant toutes les fleurs de notre jardin et celles du parc de M. Swann, et les nymphéas de la Vivonne, et les bonnes gens du village et leurs petits logis et l'église et tout Combray et ses environs, tout cela qui prend forme et solidité, est sorti ville et jardins, de ma tasse de thé.

さうして宛(あたか)も、水を満たした陶器の鉢に、小さい紙切れを一寸漬けると、それまではつきりしなかつたその紙切れが、たちまち延び、ふくらみ、色づき、分れ、ちやんとした、紛れもない、花となり家となり人となる、あの日本人の水中華遊びに見るやうに、いまや、家の庭のすべての花も、スワン氏の庭園の花も、ヴィヴォンヌ川の睡蓮も、村の善良な人達もその人達のささやかな住家も、教会堂も、全コンブレエもその近郷も、それらすべてが、形をそなへ、根を据ゑて、町も庭ももろともに、私の茶碗から出てきたのだつた。(井上究一郎訳)

プルーストは、このような象徴主義的方法を用いて、人間の魂のなかに前人未到の領域を探った。彼の探しあてたものは、非意志的な記憶 la mémoire involontaire だといわれる。多くの人がそれを論じてきたし、またこれからも論じることであろう。論じ方、説明のし方、意味のつけ方には、さまざまの方法があるはずだが、さしあたって私の問題はそこにはない。問題は、プルーストがはじめて注意し、はじめて表現を与えた体験は、その体験の意味づけの如何に拘らず、彼以後のすべての小説家の体験であったということである。古い逆説を用いれば、まさに人生が彼の芸術を摸倣したのだ。ジードの、モリアック Mauriac の、ジュリアン・グリーン Julien Green の人生が。――いや、二〇世紀小説の読者の人生が、ということさえもできるであろう。プルーストを読むことによって、人は、己の人生の体験を拡げられる。読む人が少いということと、そのことの重要さとは、また自ら別の問題でなければならない。小説は、彼によって変った。そのような意味で、すなわち人間精神のなかに全く新たな領域を照しだすことによって、小説の世界を決定的に変えることのできた作家は、バルザック Balzac の後、プルーストの現れるまで、フランス文学史のなかにおそらく一人もいなかった。バルザック以後の小説家で、バルザックの知らなかった感情を描いた者はいないし、プルースト以後の小説家でプルーストの知らなかった領域を精神のなかに見出した者はいないように思われる。彼以後にも倫理は変ったし、まして背景は変ったが、死病の床をはなれることのできなかった『失われし時を求めて』の作者にしてみれば、そんなことはどうでもよかったにちがいない。プルーストに欠けているのは神だけだ、という言葉があるが、まさにそのとおりであろう。

しかし、クローデルには、神があった。

「プルースト論」において、その文体を綿密に分析したクルティウスは、「クローデル論」(『現代フランスの文学開拓者』大野俊一訳)においては、散文詩集『東方の認識 *Connaissance de l'Est*』の一節を引用して、その象徴的表現を指摘している。「クローデルがその観照を象徴的に表現すること、例えば人間を樹として見たり又は樹を人間として見たりすること、……その最も深い魂的基礎は、詩人が具象的形姿に満足しないという点に存する。各々の事物は、彼にとつて、同時に又、それ自身よりも以上のものである。個々の形態の世界を包含するものである樹は人に似ているし、人は神に似ている。この象徴主義は、いわば感性的な自然神学の上に、極めて意志的になりたつている。その意味では、ボードレールにはじまる象徴主義的自然は、クローデルにもつともよくうけつがれているということもできるであろう。またある意味では、個々の形態のなかに世界をみるランボーの眼が、ランボー自身はアフリカの物と個々の形態それ自身との世界へ去つたが、クローデルにおいて最も豊かな表現を見出しているということもできるであろう。しかし、いずれにしても、プルーストの象徴主義とは異なる原理の上になりたつ世界である。プルーストの世界は自己の内部にあり、クローデルの世界は自己の外部にある。プルーストにおいて、本質的に内在的なものは、クローデルにおいては、本質的に外在的である。概念的に要約すれば、究極するところプルーストの哲学は、人間中心主義であり、その意味で近代的であるが、クローデルの哲学は、人間的現実を本来神に属するものとし、神のために存在する限りにおいてのみ、人間に価値をみとめる点で、すなわち人間を超越者との関係において捉えるという点で、近代的ではない。人は、プルーストの小説を、近代ブルジョワ文化の最後の光栄であるというだろうが、クローデルの劇を、同じように近代とブルジョワジーとに帰することはできないであろう。中世的な「反動」と称することは容易なはずだが、少くとも、コンミュニスト、ジャン・リシャール・ブロックは、そうは呼ばなかつた。中世よりも、近代が、近代よりも現代が「進歩」しているので、古いものほどよろしくないという判断は、少くとも芸術については簡単にいえないし、余り簡単にいわない方がよいと、ブロックは考えたのであろう」。(「演劇の運命」)

クローデルが劇において果した仕事の歴史的意味は、彼の作品がながい間極めて稀にしか上演されなかったにも拘らず、プルーストが小説においてなしとげた仕事の意味に勝るとも劣らない。近代劇の原則は彼によって徹底的にうち破られ、舞台芸術の概念は彼によって一新されたのである。

近代劇は、人間と人間との間の葛藤によって成りたつ。別の言葉でいえば、近代劇における人物は、人間として独立し、自足し、自分自身のなかに目的と手段との一切を備えた存在であり、そのような存在と存在との交渉の面に生きる。しかるに、クローデルにあっては、人間が超越者との関係においてのみ、深く、現実的に現れるので、劇の本質的中心は、人間と人間との葛藤ではなく、人間と超越者との関係である。人間観のちがいは、劇の概念そのものの根本的なちがいに到らざるを得ないし、劇の概念の根本的なちがいは、劇のあらゆる表現手段の一般的なちがいに到らざるを得ない。イプセン Ibsen に典型的な近代劇の、写実的な構成、科白、動作、舞台装置の一切は否定される。劇の本質は、人間と超越者との関係の動揺発展にあるから、原則としては、二人以上の登場人物の間に心理的葛藤を設定する必要はなく、もっとも純粋な場合には、日本の能におけるように、主人公は一人であってよい。またその主人公の超越者にたいする関係は、日常生活の写実によっては、捉えられないから、必然的に科白と動作との象徴的表現を必要とするであろう。科白は、日常的会話の摸倣ではなく、詩として、詩の表現力をもつべきであり、動作も、日常生活の摸倣ではなく、高度に様式化された象徴的表現力をもつべきである。能のように、またギリシアの古典劇のように。舞台も額縁のなかに写実の一齣を再現するよりも、空間を象徴的秩序によって劃すべきであろう。合唱と一人の主人公、詩と舞踏的表現、音楽と装置のない単純な舞台、——これらの要素、近代劇がとった方向とはまさに反対の方向に洗煉されたこれらの手段によって、ソフォクレス Sophokles は運命にうちひしがれる人間の姿を、世阿弥は愛する人の心が怨霊に変じる人間の魂のメタモルフォーシスを、現実的に、表現した。そこに真の劇があり、真の人間的現実があるということを、クローデルは宣言したのであり、その宣言の重大さこそ今日の劇の運命にとって、強調されすぎるということはないのである。ギリシア古典劇に特殊の関心を示したジロドゥー Giraudoux やコクトー Cocteau の劇は、おそらくクローデルが行った劇の概念の変革を除外しては考えられない。プルーストを除外しては、マルロー Malraux も、モリアックも、彼らがあり得たようにはあり得なかったにちがいないが、ほとんど同じことが、クローデル以後の劇作家についてもいえるであろう。ただ多少ちがうところは、プルーストの準備した時代よりも、クローデルの準備した時代がおくれてきたということである。真実のクローデルの時代は、第二次世界戦争と抵抗(レジスタンス)との後にきた。カミュ Camus, サルトル Sartre, アヌイ Anouilh, サラクルー Salacrou の時代は、フランス演劇のまさに語源的な意味におけるルネサンスである。一八世紀以後、一〇〇年以上もねむっていた劇は、突如呪縛を解かれ、嘗てモリエール Molière やヴォルテール Voltaire やボーマルシェ Beaumarchais の時代にそうであったように、フランスの文学と芸術、また思想と文化の、第一線に、その輝かしい、もっとも尖鋭な担い手として現れた。その呪縛を解き、写実主義の森のなかのながい眠りから近代劇をはじめて眼覚めさせたのは、ほとんど作品の上演されることのなかった劇作家ポール・クローデルに他ならない。

今(一九四七年)、『繻子の靴』は、パリで上演されている。人々は、辛抱してあのながい芝居を見ているらしい。その一六世紀スペインの舞台には、一人の日本人が登場するが、日本では、劇作家は勿論、劇場の外にいるどんな人間も、このもっとも現代的な象徴主義者の方を向いてはいないようである。

*

象徴主義の遺産は、フランスに、いや、私はリルケ Rilke についても、フランシス・トムソン Francis Thompson についても語らなかったが、フランスの国境を越えて、全ヨーロッパに、実り豊かな一つの精神的風土をつくっている。——あるいは、むしろつくっていたというべきであろうか。確かにそのあるものは、ほろびた。殊にその個人主義的な背景は、複雑な意味で、今や決定的な危機にのぞんでいる。しかし、人間について発見された真実の如何なるものでも、それが真実である限り、永久に人間の所有でないものはない。もう一度「世界の所有」というデュアメルの表現を繰り返せば、一度所有した「世界」を、人類が全く手放してしまうことはないであろう。

追記

戦時中の読書の感想を整理して、私がこれを書いたのも、一九四七年である。「象徴主義」のこのような解釈については、片山敏彦氏に負うところが大きい。

四つの四行詩

淋しさの極みにたへて天地に寄する命をつくづくと思ふ
——伊藤左千夫

I

野の径の尽きる彼方に
山裾に　白壁かげる
村は視る　西空の国
夕暮に希望の熟れる……

II

想出は　何故　あの径で囁いた？
夏の日の末　雲は死に　花咲いた

野に　ひとり　悲しみは風にはこばれ
人の世は　遥かな空に　匂っていた……

Ⅲ

ああ　青い　空の底に
花びらの　流れる　時
径とおく　慄える　鐘に
古い日の　綻ぶ時

Ⅳ

私は夢に白鳥を見た
私は真昼寂しさを見た
白壁かげる山裾の村
流れる空に　泛ぶのを見た！

愛の歌

Cueillez dès aujourd'hui la rose de la vie
——Ronsard

紫の潮を口に含み
漂う　二つの島のあわい
波白き方　風に逆らい
かなしき心を沈める海

流れゆく時を　むなしく汲み
ながき夢のさめる日を歌い
眺める　岸にはきらめく貝
髪は砂にほそき影を生み

1947

なだらかに眠る二つの丘
何故ひとは愛をためらうのか
海は鳴り　海に投げた心

死をねがう　お前のなかに　今
熟れる実の甘く誘う処
おお　降りそそぐ愛を吸う島

1948

さくら横ちょう

春の宵　さくらが咲くと
花ばかり　さくら横ちょう
想出す　恋の昨日
君はもうここにいないと

ああ　いつも　花の女王
ほほえんだ夢のふるさと
春の宵　さくらが咲くと
花ばかり　さくら横ちょう

1948

会い見るの時はなかろう
「その後どう」「しばらくねえ」と
言ったってはじまらないと
心得て花でも見よう
春の宵　さくらが咲くと
花ばかり　さくら横ちょう

定家『拾遺愚草』の象徴主義

現代フランスのある詩人は、その戦争中の詩集の巻頭に、『アエネーイス』の第一行、「私は戦いと人々とを歌うArma virumque cano」の一句を引用し、厳密を極めた定型詩の韻律の枠のなかで、恋人の眼と共に、ファッシスムに対する「抵抗」の戦いを謳った。その詩集は、敗戦二年ののちにようやく我々の眼にふれたのであるが、謳うべき抵抗をファッシスムに対して組織し得なかった我々の無力をあらためて思いしらすと同時に、拠るべき抒情詩の伝統をみずからのなかに感じ得ない我々の貧しさを、彼我の対照の裡に明示するものであった。ファッシスムに対する抵抗は、厳密な詩型の抵抗を通じてのみ、詩になることが出来る。抒情詩は、詩人の精神の独立が保証される伝統を通じてのみ、砲火によってほろぼされず、如何なる人生のなかにも生きつづけることが出来る。古代ローマの叙事詩にあらわれる戦いと、現代フランスの抒情詩にあらわれる戦いとは、本質的に異なり、叙事詩は、集団的感情の表現として、本来集団的な戦争を歌うが、抒情詩は、戦争という社会的事件を詩人の内部の世界にもち越さなければ、成立しないものである。戦争の抒情詩が生み出されるためには、詩人をして、抒情詩を歴史に対立させ、みずからの魂を全世界に比較させ、あらゆるものを自我の内部の問題とさせる精神の、ある文化の伝統が、詩人のなかに生きていなければならない。そのような伝統が、ヨーロッパの近代の本質であり、一冊の詩集も実に多くのものをそこに負うているのだが、我々には、その伝統がなかったのであり、我々にも、ファッシスムがあったのである。日本の詩人がファッシスムに対する戦いを歌い得なかったということは、フランスにおける如く戦いが行われなかったということにのみよるのではない。「抵抗」の戦線にあってもおそらくは抒情詩の可能性を疑わなかったであろうフランスの詩人とは異なり、我々はまことに消極的な、しかし徹底的に孤独な「抵抗」をつづけた四年間に、抒情詩は如何にして可能であるかということを、みずからに問う他はなかった。孤独な人間にとって詩は如何なる意味をもつか、崩壊した文化の荒野に、あるいは既に「蛮族の眼の下に」ただ一人の詩人は、いかにして詩をつくることが出来るか。

我々をとりまいていた多くの滑稽な悲惨にくらべれば、いわゆる詩人たちの所行などは問題ではなかったし、彼等は良心がない如く、彼等に美学も技術もないことは、ただ黙殺するに便利なだけであった。シンガポール陥落や配給のさつまいもをたたえる愚鈍な歌を、つくらせる者、つくる者、有難そうに読む者の世界を、私は、ホッテントットの風俗を眺めるように、時々眺めていたにすぎない。私は、文化の没落する速かな過程のなかで、私自身の精神が、全く過去に属することを感じた。そして、過去にさかのぼりはじめた。トマス・マンがナチス・ドイツではなく、ゲーテとベートーヴェンとのもう一つのドイツについてしばしば語ったように、私もまた私の愛する祖国が失われたのではなく、私自身の裡に生きているということを確めるために、もう一つの日本を見出そうと考えた。成島柳北や江戸末期の漢詩人を読んだのはその時である。しかし、彼等の新しい時代に対する反発は、何よりもまず趣味的な嫌悪であり、江戸文化最後の代表者たちには、ほろぶべき頽廃の色が既に濃かった。彼等の趣味、彼等の逃避的生活、彼等の詩は、歴史に対して自己を主張するために十分なほど、内面の世界の豊かさに裏付けられてはいない。私は、化政の江戸を捨てて、『新古今集』の時代と、その時代のなかで綺語を弄び悔いることのなかった幾人かの歌人とに、赴いた。彼等は、没落する貴族階級から抒情詩の伝統を承けつぎ、回顧的に旧来の形式を保存する代りに、同じ形式を危機的時代の風雪に鍛え、如何なる悪条件によっても破られない、新たな生命の器としたのである。兵火と飢えと社会秩序の一般的崩壊と、凡そ人間の条件の最悪の場合に堪えられない如何なる美学も道徳も、私には、全く興味がなかった。私は必ずしも戦いの歌をもとめなかったが、「すべての人々に反対する一人 un contre tous」の精神のよりどころを、道徳にも美学にも、私自身のなかにも、見出したいと望んでいた。

『平家物語』は、「戦いと人々とを歌」ったが、我々は同じように戦の歌を歌うことは出来ない。『アエネーイス』の一句を引用した現代フランスの詩人が、ウェルギリウスの叙事詩を再びつくり得ない如く、民衆の広場の吟遊詩人と宮廷の桂冠詩人との時代は、過ぎ去って久しい。我々は、孤独な部屋で自己との対話をつづける他はないし、己ひとりのために歌う抒情詩に歴史のなかへ投げ出された存在の一切を賭ける他はない。例えば、『建礼門院右京大夫集』はその意味で、『平家物語』よりも、はるかに近代的な魂の告白である。長くつづいた平和が、突然足もとから崩れる。平家の没落は、宮廷の一人の女性にとって、その親類縁者の没落であり、そのなかに生きて来たただ一つの世界、交際社会の壊滅であり、人生の有為転変の集中的表現である。『枕草子』を生み、多くの日記や物語を生み、いくつかの勅撰集とその背景とを生んだ文明に、育くまれ、洗練された、繊細な心が、僧房の夜、孤檠(こけい)の下、青春を回想し、「失われた時」をもとめる。既に亡き平家の貴公子の嘗ての面影、殺されたあるいは自害した人々の歌合せ、蹴鞠、管弦の合奏、殊に感覚の洗練と機智の豊富とが支配した社会の片隅に、生々と甦える己が若き日の姿……『平家物語』の作者にとって唯一の現実であった戦いは、この抒情的な回想録の作者にとっては、同じ時代を扱いながら、「夢の中の夢」にすぎない。しかし、戦いは夢でなかったはずであるし、夢ではないものを夢としか見られない精神は、薄弱である。『建礼門院右京大夫集』に典型的な貴族の態度は、『平家物語』よりも、個人的な告白であるという点で近代的であるが、新たな現実に対して自己を主張することが出来ず、単に回顧的詠歎をくりかえしているという点で十分に近代的ではない。

然るに、藤原定家の日記『明月記』は、頼朝挙兵の年にはじまるが、その時既に、「紅旗征戎非㆓吾事㆒」という有名な一行に、詩人の態度を要約している。「世上乱逆追討」のことは「耳に満」ちていたのであり、「故郷寂而不㆑聞㆓車馬之声㆒」という夜半の空に「光物」を見、不穏の空気が既に濃く、やがて維盛が坂東より逃げ帰り、『明月記』はその次第を、冷静に要を尽して録した。「紅旗征戎」が定家にとって、「夢の中の夢」でなかったことは、言うまでもない。戦いは、夢ではなく、まさに現実であったが、しかも、「吾事」ではなかったのである。このように明白な「吾事」の意識は、定家以前にも、以後にもない。以前になかったのは、詩人の精神が宮廷の秩序に従属していたからであり、以後になかったのは、詩人が、「紅旗征戎」を自己の問題として考慮せず、あらかじめそこから遠い所に身を置いて、「吾事」の何であるかを根底から問おうとはしなかったからである。定家は、あの惨澹たる時代に、その生涯の出発にあたって、詩人とは何であるかを、自らに問い、自ら答えた。私は、戦争の間、一巻の『拾遺愚草』とその背景との裡に、もっとも多く、私自身と私の周囲とを見出したのである。

勿論鎌倉幕府の成立は、日本資本主義の途上にあらわれた軍国主義の支配とは本質的に異なり、頼朝の権力を奪取する過程は、平安朝の貴族的専制主義が、必然的に封建社会へ移行する過程である。軍国主義政府の失敗は、鎌倉幕府の成功に比較さるべきではなく、承久の乱や建武中興における貴族の側からの反動政策の失敗に比較されなければならない。しかし、そのことは、頼朝の挙兵から、木曾義仲のクー・デターや、平家の没落にはじまり、承久の乱に至る四〇年間の社会秩序の混乱のなかに投げだされた一人の貴族の詩業が、軍国主義日本のなかに生きていた我々の魂に呼応することを、毫も妨げなかった。『拾遺愚草』のみならず、『新古今集』の華やかなる饗宴は、ことごとく業火と群盗との街で、戦乱と飢えと寒さとに脅かされ、予防する手段のない流行病にしばしば生命の危険を感じた生活のなかから生まれ、野蛮な権力の下で何よりも文化の急速な低下としてあらわれる社会的変動から眼を背け、己が内面の世界を築こうとした反時代的精神によって営まれた。

『明月記』はその間の事情を余すところなく語っている。兵戦は相次ぎ、しかもそのすべてが平家あるいは公卿の側の敗北であり、過失または放火による大火は、都を幾回となく焼いた。例えば、「夜半許西方有レ火望レ之煙甚細高朱雀門焼亡」と、承元二年(一二〇八)九月二七日の『明月記』はいう。「末代滅亡慟哭而有レ余、依二所労一久籠居不二出門一」――爆撃の下を逃げまどった我々に、それほど東京を惜しむ気持はなかったが、「幣日見二大宮大路一只有二灰燼之跡一無二人家一」という光景は、我々の焼跡を思わせる。そして、戦争の結果は、今も昔も飢えと寒さとである。もともと一二世紀の日本の貴族は、家屋の構造から見ても、貧しい煖房で冬を忍んでいたにちがいないし、幼稚な生産様式は戦争よりも天候によって忽ち飢餓を招いたにちがいないが、いずれにせよ、「連夜寒風心神無二為方一」といい、「今日使三家僕掘二棄前栽一為二麦壠一、雖二少分為二支二凶年之飢一也」という惨めな生活は、また我々の生活に他ならない。定家のために庭を掘って麦畑をつくった家僕は、浮腫を病んだ。脚気であるかいわゆる栄養失調症であるか、とにかく、凶年のもっとも悲惨な影響が労働力の搾取のもっとも激しい所に現われたということにまちがいはない。そういう家僕の一部は、集まって富家を襲い、遂に宮廷の饗宴に乱入して食物を奪うに至った。必ずしも凶年に限らず、墓はあばかれ、寺院や貴族の家の倉は盗まれ、路上の人は夜昼となく殺され、『明月記』の形容するところに依れば、天下は「夜討場」と化したのである。『拾遺愚草』は、かくの如き環境のなかで書かれたのであり、かくの如き環境の理解をはなれて、正当に理解されることは困難だと思われる。藤原定家は、その歌を軽蔑した明治以来の歌人たちの如く、資本主義の生産力の恩恵にあずかり、強盗からは警察官によって、伝染病からは防疫制度によって保護され、概して安楽な生活を愉しんでいたのではない。彼は、彼らとは異なり、しばしば衣食足りず、予報されない颱風の被害を財産にこうむり、予防接種されない肉体に天然痘の脅威を感じ、加うるに政治的権力が自己の周囲から遠ざかるのを暗然と眺めていた。要するに、彼は、彼らとは異なり、歌以外の何ものも持っていなかった。『拾遺愚草』は、歌以外、詩以外あるいは抒情詩以外の何ものも持ち得ないところへ追いつめられた人間に対してのみ、永遠に正しく話しかける。そして、その他の幸福な人々、危機に臨まず、嘗て深淵を覗かなかった人々に対しては、永久に何ごとも語らないであろう。

作品と作家の生活との関係、いわんや作家のおかれた時代との関係は、単純に平行しない。のみならず、その関係が、「実証的」批評家に便利なほど密接であるかどうかさえも疑わしい。定家の歌が、その歌をつくられた環境を除外しては正当に理解せられないであろうという意味は、象徴的であり、『明月記』の資料が『拾遺愚草』のある部分を解釈するために直接役立つというようなことではない。

*

日記のなかの定家は、惨めな時代を語りながら、彼自身の不遇を歎いている、「衰齢卅八毎望ニ傍人栄貴一預ニ運命一」。また例えば寂蓮の死を悼んでいる、「浮世無常雖レ不レ可レ驚」「哀慟之思難レ禁」。『拾遺愚草』の定家は、無常を歌っている。例えば、

ながめても定めなき世の悲しきは時雨にくもるありあけのそら
おしなべて世はかりそめの草まくら結ぶ袂に消ゆるしらつゆ

「初学百首」、定家二〇歳の作から無常と題する二首を選ばずに引用したのであるが、日記の無常と歌集の無常とのちがいは、明白であろう。そのちがいは、日記と歌集との間に、何らかの関係を仮定するよりも、無関係を仮定する方が自然であるようなちがいである。一方には、運命と無常との痛烈な現実感があり、一方には、世俗化した仏教的通念の比喩がある。しかし、「時雨にくもるありあけのそら」は、「定めなき世」の、「袂に消ゆるしらつゆ」は、「かりそめの世」の比喩にすぎないであろうか。私には、むしろ逆に思われる。仏教的通念は、自然を解説するための比喩にすぎず、定めな

きかりそめの世は、そらやしらつゆの印象を説明する言葉にすぎない。仏教的人生観から自然を眺めるのではなく、自然のなかの無常感が時代的な通念に出会うのではないか。日記と歌集と、二つの無常感のあきらかなちがいは、一方が人生の有為転変に対する人間的態度から生まれて来るのに反し、一方は自然への共感から生まれて来るという点にあろう。一方は、自然の外で、自然に対して自己を主張する精神の問題であり、一方は自然の中で自然に順う感情の問題である。例は、必ずしも、無常と題する歌に限らない。

見渡せば花ももみぢもなかりけり浦のとまやの秋のゆふぐれ
これやさは空にみつなる恋ならむおもひ立つよりくゆる煙よ

季節の歌といい、恋の歌といい、無常の歌でないものはない。またその無常感が自然のなかに融け、いわば「有心体」の「心」が、季節感と離れがたく結びついていないものはない。今、かりにこのような無常感を自然的無常感と称べば、自然的無常感は、「初学百首」にはじまる『拾遺愚草』の前半を、一貫する基調である。定家の初期の抒情は、この自然的感情の基調の上に営まれた。のみならず、平安朝の文化一般についても、多少とも支配的な傾向は、同じ自然的感情であり、殊に室町時代の芸術、そのなかでも茶室の建築においては、もっとも典型的な自然的美学が見られる。地中海文明の本質を、大理石の神殿が象徴するように、日本列島の一部に小規模に洗練された文化の特徴を、木と竹と紙との茶室はまさしく暗示する。ギリシャの神殿は材料の恒久性によって時間的に、構造の直線を主とした幾何学的合法則性によって空間的に、周囲の自然に、対立し、反抗し、文明の秩序が自然の秩序と異なることを示している。然るに、日本の茶室は、材料の変化しやすい性質により時間的に、構造の曲線を主とし非幾何学的であることにより空間的に、周囲の自然に、順い、融けこみ、文化の秩序が自然の秩序との一致の上に築かれていることを、明らかにする。文芸の領域に、また抒情詩の世界に、この対照を追求することは、困難ではない。ラテン的近代の詩人が、「季節よ、城よ」と歌った自然と人間との決定的な対立は、少くとも明白な意識としては、今日に至るまで、遂に日本の文芸のなかには現われなかった。一二世紀の宮廷詩人、定家の無常感が、かくの如き意味で、自然的であったのは、まことに当然である。いわば即自的無常感は、初期の『拾遺愚草』を必然的に自然的なものとした。いわば対自的無常観によって、生々しく人間的な『明月記』と本質的に異なるのは、そのためである。しかし、彼はそこに止らない。彼が単なる宮廷詩人として伝統のなかに安住しなかった如く、彼の無常感は、単に自然的なものにとどまらず、人間的なものに転生した。『拾遺愚草』前半における無常感即自は、後半における無常感対自に移行し、詩人はみずからの人生の有為転変と直接に向きあうに至る。そしてまさにそのことから、歴史的に言えば、日本の文学史にはじめて、芸術家の個性があらゆる集団的意識から独立に打ちたてられるのである。

玉きはる命をだにも知らぬ世にいふにもたへぬ身をば嘆かず
返らぬもとまりがたきも世の中は水行く川に落つるもみぢ葉
見しはみな夢のただちにまがひつつ昔はとほく人はかへらず

世のはかなさという仏教的人生観の単純な反映はどこにもない。もみじ葉の自然の印象は、「初学百首」の時代とは異なり、ここでこそ、「昔はとほく人はかへら」ざるながい生涯の体験の象徴である。『明月記』の詳細に語る困難な時代と内的曲折に富む人生。半世紀の歴史は、嘗ての宮廷詩人から、その階級的地盤を奪うことによって、彼自身の人生との孤独な対決を強いた。無常の自然的感情は、ただ一つの人生の体験そのものに変わらなければならない。『拾遺愚草』後半の基調は、もはや自然的無常感ではなく、敢えて言葉を弄すれば、人生的無常感とでもいうべきものに、移行しなければならない。私は、今引用を繰り返す煩に堪えないが、年代を追って定家の家集を通読すれば、目立たぬが確実なその移行に何人も気がつくはずである。この詩人は、確かに成長した、あるいはほとんど進歩したと言いたいくらいである。なぜなら、その生涯は、自我との対話の上に抒情詩の世界を拡げ、己の内面に小宇宙を築こうとする詩人の究極の願いをおもむろに実現してゆく過程のように思われるからである。人生の無常とは、この場合に、永遠の今の意識に他ならず、自我の内部の発見、その実現の手段としての言葉の発見、あるいは再発見に他ならない。人生的無常感は、ただちに、一種の美学的態度を生む。詩人はその人生を捨てて、詩を摑む。かくの如き詩は、いかなる時代をも貫き、いかなる人生にも堪え、あらゆる環境において一個の魂を支えるに足りるものである。

かくて定家における無常の観念は、自然的なものから、人間的なものへ移行し、まぼろしの如き人生の否定的契機を媒介として、美意識のなかに精神の独立が自覚される。『拾遺愚草』とその作者とが、日本の抒情詩の歴史に画期的なゆえんであるが、同時にそれが日本のものであり、決してインド・ヨーロッパ的なものではないゆえんでもある。定家にとって、世は、まぼろしの如きものであるが、まぼろしそのものではない。歴史と人生との無常は、相対的な否定的契機であるが、絶対的な否定的契機ではない。否定は、超越的立場からなされたのではないからである。その意味では、最後まで、他のあらゆる歌人と同じように、定家もまた、自然的、現世的、感覚的芸術家であった。彼の立場は、純粋に美学的であり、それ以下でも、それ以上でもない。

『詠歌大概』に、「情以⌐新為⌐先、詞以⌐旧可⌐用」といい、『近代秀歌』に、「ことばはふるきをしたい、こころはあたらしきをもとめ」という。文字に即した意味はしばらくおき、この言葉ほど、象徴的なものはない。あたらしきこころは、無常の世から独立を自覚した精神であり、ふるきことばは、無常の世にただ一つの常に変らない不朽の存在である。ことばの世界に生涯を賭ける詩人の原理は、この他にはあるまい。

*

宮中で人と口論し、「忿怒に堪へず。脂燭を以つて」相手を打った、二四歳の侍従定家の強情は、「道に達し」「左右なき」歌人定家の歌の道における強情に通ずる。彼は一切をあげてその道に投じ、いかなる権威にも屈しなかった。例えば、後鳥羽院の批評に対しても、しばしば、「腹立の気色」を示したという。院の『御口伝』は、定家の「傍若無人」を責め、「種々の過言」を遺恨なりとしているが、阿諛（あゆ）になれた王者の人間観察は、あてにならないようである。宮廷で、そう見えずに、詩人の精神が独立することは、出来なかったであろう。定家が、強情に、執拗に、半世紀の間万事を投げうって追求したものは、社会の秩序でも、宮廷の秩序でもなく、言葉の秩序であった。

そして、彼が、「心有様なるをば庶幾せず。ただことばすがたのえんにやさしきを本体と」したという時、『後鳥羽院御口伝』は、再び誤っている。「定家は生得の上手」だが、人物は「傍若無人」だという考えは、俗説にすぎず、人間に対する批評が浅薄ならば、芸術に対する批評も浅薄である。言葉の秩序の追求は心の秩序の追求に他ならない。何ものよりもまず音楽をということは、そこはかとなきものをもとめんということと同じである。「ことばすがたのえんにやさしきを本体と」することの他に、えんにやさしき心を歌として具象化する方法はないということの自覚、材料の抵抗に打ち勝ちながら言葉のなかに己が観念を形象化する方法の自覚、そして自覚された方法の類いなく強情な追求こそは、藤原定家を同時代の多くの天才から区別する本質的な点ではないか。『毎月抄』を見よ。私には、定家の歌論に他の解釈が可能であるとは、信じられない。

第一に、歌は、「能々(よくよく)詠吟して、こしらへて出すべき」ものである。即興を試み、霊感に期待し、要するに偶然に賭ける「疎忽(そこつ)の事は、かならず、後難」を招く。意識的にこしらえ、注意深く構成し、従って、精密に計算する知的作業の結果だけが、「後難」を免れ、ながく読むに堪える。——この原理が、誰の眼にも明らかな形であらわれているのは、『拾遺愚草』の歌題であり、その抽象的排列であろう。例えば、「水無瀬殿恋十五首歌合」には、春夏秋冬の恋、暁の恋、暮の恋というような恋の十五の場合について各一首がつくられている。子規以来の浪漫的歌人は、恋をして恋の歌をつくるのを理想としたから、かくの如き題詠を攻撃したが、少なくとも定家の場合に、歌題はやむを得ず与えられたものではなく、創作の方法にむしろ必然的な要素であった。歌作の方法を霊感から解放し、知性に委ねる理論は、歌作の主題を経験から解放し、想像に委ねるものでなければならない。想像は、無より有を生ぜしめる、あるいは、少なくとも類概念から出発して抒情詩の特殊な世界を、「こしらへる」。

従って、第二に、「歌の大事は、詞の用捨」であろう。抽象的に歌をこしらえる精神は、素白の紙を前にして、まず言葉という歌の素材そのものと向きあわなければならない。脳裡に仏像を描きながら、石塊に対する彫刻師の如く。石塊はかたいほどよく、のみの抵抗は大きいほどよい。言葉は、「ふるきをもとめ」、その響きは、ながき歴史を負うものほど詩人の心を誘うのである。『拾遺愚草』の大部分を、本歌取りの占める理由の一つは、言葉の歴史的重みに対する作者の関心である。『古来風体抄』に父俊成の示した歴史的知識を、もっとも密接に創作とむすびつけたのは、その子定家である。歌はこしらえるものだといった作家は、歌を学んだ作家であり、歌を学んだ作家はその言葉を古典にとる作家であった。しかし、「詞の用捨」が「歌の大事」であるのは、語彙の選択、あるいは、用うべき言葉の範囲の限定ということにとどまらない。

『毎月抄』は、第三に、「詞の用捨」の問題が詞と詞との関係の問題に他ならないことを指摘している。「たゞつゞけがらにて、歌詞の勝劣侍べし」。歌をこしらえる精神が素白の紙の上にもとめるのは、このつづけがら以外のものではない。言葉と言葉との交響、その交響のなかに反映する複雑な影像との照応、要するに言葉のなかに見出される新たな秩序。この秩序の追求が、空虚な形式の追求でないことは、いうまでもなかろう。なぜなら、言葉の秩序は、詩人の内部に存在する小宇宙の秩序に他ならないからである。

かくして、定家の歌論の第四の要点は、言葉の秩序の発見が、思想の発見そのものであるという、単純だが深い詩作の最後の原理に係わる。「心をさきにせよと教ふれば、詞を次にせよと申ににたり。

こと葉をこそ詮とすべけれといはば、また、心はなくともといふにて侍り。所詮、心と詞とかねたらんを、よき歌と申すべし。心詞の二は、鳥の左右の翅のごとく……」二つの要素の双方を考慮した方がよろしかろうということではなく、二つの要素は同じことの両面にすぎず、概念的には分離して考えざるを得ないが、歌をこしらえる方法は一つしかないという。ここにあるのは、いわば創造の秘義であり、いわば実作者の体験の最後のものである。一言の暗示によって理解する者はすべてを理解し、理解しない者はいかなる証明によっても遂に理解しないであろう。すべての詩論はここに終るべきであり、定家は歌作を論じて、行き着くべき所へ行き着いた。

およそ詩的創造の過程を分析し、かくも明晰な論理が、他にあろうか。また、かくも正確な方法の自覚にもとづき、生涯の努力をただ言葉の錬金術に捧げた精神が、他にあろうか。八〇年の間に、この人物の内部に熟した世界は、何ものも抜き難い。一文明の崩壊する血なまぐさい歴史は流れたが、大火も、疫病も、群盗も、ことごとく、彼にとって「吾事」ではなかった。二〇歳の青春の耳に満ちた乱逆追討の噂の如く。またおそらくは、七〇歳の老骨にもたらされた悲しい隠岐の消息の如く。言葉は比類なく磨かれ、美意識は未曾有の洗練に達し、彼の小宇宙、歌を支配する秩序は、大宇宙の秩序にちかづきはじめる。……

風の上に星のひかりはさえながらわざともふらぬ霰をぞ聞く
床の上にふるき枕も朽ちはててかよはぬ夢ぞ遠ざかりゆく

今や、秋は「こころの秋」であり、冬は「つげの枕のしたさえ」る微妙に感覚的な冬であろう。自然的感情ではなく、人間的感情に浸透された自然である。あるいは、むしろ、精神と自然との照応が、極度に洗練された感覚を通じて、捉えられたといわなければならない。「人あくがらす春」の漠とした感情が、「移り香の身にしむ」「あふぎの風」の夏の繊細な物語的感覚となり、遂にこの正確な表現に至る。この正確さによって、『拾遺愚草』は、象徴主義的であろう。

私は、私の経験したもっとも困難な時代に、私の経験したもっとも深い孤独のなかで、かくの如き象徴主義が、如何に強く一個の生命を支え、如何に激しく一個の魂を動かすかを知った。全世界を失って己の魂を得る、一つの確実な道を、私は、定家のなかに見出したと信じた。言葉の甘美と感覚の微妙繊細とが、荒涼たる私の青春を誘ったのかもしれない。

しかし、定家における言葉の正確さ、自然と精神との照応の正確さには限界があり、『拾遺愚草』の象徴主義には限界がある。なぜなら、定家の無常の相対的である如く、彼の自然もまた相対的であり、超越的な根拠によってその存在を保証されない精神も遂に相対的であることを免れないからである。彼にとって、歴史は、夢ではないが、夢の如きものであり、自然は、仮象ではないが、実在するものの体系ではない。感覚は洗練の極に達し、言葉はぬきさしならず設計された「つづきあひ」の裡に微妙に交響しているが、知性と感覚とのかくも鮮かな協力は、それにも拘らず、正確に実在をめがけてはいない。象徴主義的認識、あるいは同じことだが象徴主義的表現は、この場合に、実在の認識あるいは表現には至らず、精神と自然との照応は、宇宙の存在論的秩序の反映には至らない。定家における超越的立場の欠如は、彼の無常から、美的立場を、そして美的立場のみをひき出したが、また同時に、美的立場の性格そのものをも決定したのである。その限界を与えた彼の小宇宙の秩序が、大宇宙の秩序にちかづきはじめたとしても、絶えまなくちかづいたのではないし、いわんや、二つの宇宙の本質類比 analogia entis が無限に展開される可能性は全くなかった。日本の抒情詩に比類なく深い彼の象徴主義的世界も、真に普遍的なものではない。真に普遍的であるためには、単に美学的ではなく、同時に形而上学的な思考がなければならぬ。己が精神の原理と宇宙の秩序との間に一致を見出し、詩をつくる精神のはたらきそのものを歌うことによって、宇宙的な世界を所有する「純粋な」象徴主義だけが、人間精神に普遍的な能力を与え、その係わり得るあらゆる領域において、天使的な洞察を可能にするであろう。それは、『明月記』の鋭利な人間観察者、『毎月抄』の明晰な美学者、『拾遺愚草』の繊細な異教的芸術家の問題ではなかった。彼は、歴史の観察と人生の体験とから無常を結論し、無常から彼自身の美的立場を導き、比類なく明晰な方法の自覚と生涯を捧げて悔いない不撓不屈の意志とを以て、抜くべからざる抒情詩の世界をみずからのために建設したが、彼の限界もまた、その世界の確実さそのもののなかにあった。究極において、歴史から眼を背けた人の精神は、天使的ではない。のみならず、究極において、美的世界を所有しなかった人の精神は、人間的ではない。

私は、私自身の想い出と共に、定家の方法を語ったが、一文明の崩壊にあたり、精神の秩序を再建するためには、『拾遺愚草』の美意識を以ては足りず、例えば「神国論」の超越的権威が必要である。蛮族に包囲された都で「神国論」を書く精神にとっては、美の世界は歴史の無常から眼を背けるところに成立するのではなく、歴史の無常そのもののなかにある。私は、定家的無常を想い出すたびに、「偉大な詩の如き世紀の流れの美しさ Pulchritudo saeculi velut magnum carmen」という言葉もまた想い出さないわけにはいかないのである。

漱石に於ける現実
——殊に『明暗』に就いて——

1

漱石が知的な作家であるという伝説は、ながく巷間に流布している。「教養の豊富さ」が「作品の中に溢れ出」ているから結構だという説もあるし、それだから有難く戴けないという説もある。何れにしても、「森鷗外や芥川龍之介などにも見られる知性人たるの本質」を、漱石に見ているという点では、同じであろう。龍之介は、しばらく措く。明治文学史に於ける漱石の意味が、鷗外と同じ「知性人たるの本質」に係るものだとは、私には考えられない。私の考えによれば、伝説に反し、従って鷗外とは逆に、知性人ならざる本質によって、憑かれた魂の情念によって、要するに人間性の合理的ならざる能力によって、この小説家は、不朽である。おそらく鷗外と共に。——その意味の重大さに較べれば、「文学論」の批評家の知性は、蒼ざめるであろう。勿論、その知性は、小説家の前提であったし、明治の文壇に稀なものであったが、必ずしも明治の日本に比肩する者がなかったとは、思われない。先進国の制度、法律、技術を一時に輸入した国は、そのあらゆる分野に、突然多量の知性を必要とするが、準備は未だ整わず、高等教育は社会の要求を充すに到らない。そういう場合には、一般に知性或は知識人の極端な不足が起るので、すべての知識人は、一人であらゆることを行わねばならない。殊に政治に携らざるを得ない。社会の知性が、挙げて、政治に、又第二に、技術に動員されるのは、必然的現象である。東洋諸国の多くの政治家が、今日も、学者を兼ね、文人を兼ね、音楽家さえも兼ねて居るのは、そのためである。そして、多少に拘らず、それに類する事態は、明治初頭の日本にも起った。二葉亭が「文学は男子一生の仕事にあらず」と言った時代的意味は、そういうものであろう。漱石の時代、殊に明治の後半には、同じ事情が、遥かに緩和されて、しかしなお明らかに、続いていたのである。すべての知性が、大部分が官吏に動員され、学問の世界では、技術及び技術に密接な自然科学に動員されていた。

漱石の知性が文壇に類い稀であったということは、頽唐期のローマや、明末清初の中国に於ける如く、直ちに、一国の文明のあらゆる領域を通じて類い稀だということにはならない。例えば、既に、辰野金吾の建築があり、青山胤通の内科学があった。漱石と殆ど年を同じくして生れた日本の知性は、或はヴィタミンBを発見し(鈴木梅太郎)、或は赤痢の病原菌の一つを決定し(志賀潔)、或はラザフォードRutherfordとならぶ原子模型(長岡半太郎)や緯度変動の研究(木村栄)によって、世界的権威となるであろう。文壇の知性も教養も、明治以来、日本の一流の水準に達したことはない。例外は、おそらく、鷗外の知性と露伴の教養とであり、又それのみであった。彼等だけが、「学殖なきを憂ふる。常識なきを憂へない」と豪語することが出来たし、又豪語に値することが出来たのである。漱石は、決してそうではない。又私見によれば、そうである必要もない。

その教養を頌(ほ)め、その知性を讃える批評家の或る者が、『吾輩は猫である』を認め、『虞美人草』を解説するのは、当然ながら、退屈な光景である。『猫』は、全く読むに堪えず、『虞美人草』の太平楽は、馬鹿々々しい。なにも小説の理論の問題ではなく、知的遊戯の弄ばれる水準の問題である。中学生の時には面白かった。誰でもそれを覚えているだろうが、私には、之等の作品に就いて、その他に言うべき何ものもない。知性や教養の豊富さは、確かに「作品の中に溢れ出」している。正に中学生の嗜好に投じるように溢れ出していると言うべきであろう。

『三四郎』以後、殊に『門』以後の作品には、そういうことはない。知的遊戯の浅薄さに、所謂「倫理的真摯」が交更し、知性は遥かに創造的となり、小説の世界は比較にならぬほど綿密に設計されている。『こゝろ』や『行人』に、知的な漱石の一つの頂点があることは、多くの批評家の言う通りである。しかし、「倫理的真摯」は、之等の作品を、不朽にしているであろうか。私は、第一に、小説が人間的現実の具体的な一世界をつくるには到らず、倫理的問題は、現実を離れ、抽象的にのみ提出されていると思う。又第二に、抽象的な論理それ自身としても余りに単純で、その各々の場合に我々を説得するに足りないと、思う。小説の主人公の「倫理的真摯」は、必ずしも小説家の「倫理的真摯」を保証しない。小説家の「倫理的真摯」とは、道徳的問題を直接小説のなかで扱い、観念的な解答を与えることではなく、人間性の本質を真摯に、即ち慎重に理解し、愛し、表現することであろう。例えば、『こゝろ』の漱石は、主人公の罪の意識を知的に理解しているが、その理解の仕方は慎重に現実を理解したものではなく、従って表現された小説の世界も、現実から復讐される運命にあった。所謂「自然主義」の私小説家が、ここには現実がないと言った時、彼等の言葉そのものは、正しかったのである。もっとも、彼等自身の私小説のなかに現実があると考えた時、彼等の考えそのものは、誤っていた。漱石よりも遥かに無教養で、知的能力に劣る一群の作家が、素朴に、又感傷的に記録した「実生活」、そんなものに現実のあるはずがなく、文学的現実の所有がそう簡単に成就するわけのものでないことは、論ずるまでもないが、漱石の観念的な、余りに観念的な小説の主人公たちが、人間的でなく、余りに人間的現実を離れていたということも事実である。

しかし、『こゝろ』は、他に例を見ない失敗であった。この小説家だけが、自らの知性をためし、その限界によって、失敗し、その限界を超える可能性を知ったのである。従って、漱石の知性は、その成功のために必要な前提であったが、真の文学的価値を決定する作品は、小説家の「知性人たる本質」に根ざすよりも、知性人たらざる本質に根ざす。

『猫』は今日読む能わず、『こゝろ』は読み得るかも知れないが、我々の文学世界に何らの新しい現実を加えていない。新しい現実は、『明暗』のなかにある。私は、『明暗』によって、又『明暗』によってのみ、漱石は不朽であると思う。そして、『明暗』は、漱石の「知性人たる本質」によってではなく、知性人たらざる本質によって、その他のすべての小説が達し得なかった、今日なお新しい現実、人間の情念の変らぬ現実に達し得たと思う。嘗て、汎神論的世界の中央に坐し、詩と真実とを悠々と眺め得た、ヴァイマールの大臣のアポロ的知性さえも、しばしばデーモンの秘かな協力に就いて語り、創造のからくりのなかに潜むデモーニッシュな力の大きな役割に就いて語った。そのデーモンは、『明暗』の作者を、捉えたのであり、生涯に一度ただその時にのみ捉えたのである。それが修善寺の大患にはじまったか、何にはじまったか、私は知らない。確実なのは、小説の世界が今日なお新しい現実を我々に示すということであり、それに較べれば、知的な漱石の数々の試みなどは何ものでもないということである。

2

正宗白鳥氏は、『明暗』の世界が「観念的」であると言い、岡崎義恵氏は、「知的探究」の跡が明らかであると言い、小宮豊隆氏は、「全然拵へもののやうな感じをさへ与へる」劇的な構成は、「一つの科学的実験装置」であると言った。勿論、そのとおりであり、『明暗』は、同じ作者の他の作品に劣らず、綿密に設計され、知的に構成され、あらゆる場面が劇的効果を狙って巧みに配列されている。その典型的な例は、主人公、津田の寝ている病院の一室であろう。この有名な小説の登場人物や筋のはこびを解説する必要はあるまいが、事件の大部分は、その病室に、しかも一週間ばかりの短い間に起り、主人公の妻お延、妹お秀、友人小林、小説の後半に重要な役を演じる吉川夫人等の、殆どすべての人物が、そこに登場する。津田とお秀とが金に関して口論する一場面、更にお延の加る時期の抜きさしならぬ呼吸は、なかでも鮮やかに劇的である。我々は、殆ど『ハムレット』を想い出す。垂幕の蔭には、ここぞという時に、ポローニアスが、かくれているのである。凡そ、明治文学史上、如何なる小説にも、一部屋が之ほど見事に利用された例はない。三一致の法則を摸倣する如く、重要な人物と場面とがこの部屋に集中されているばかりでなく、他の場所で起ったことを主人公に知らせるために(小説の大部分が主人公の意識を通じて描かれているからその必要は絶対的なものだが)、電話と女中の報告と友人の饒舌さえも、用いられる。作者の計算の綿密正確であることに、疑いの余地はない。しかし、疑いの余地がなさすぎないわけでもない。作者の手は、如何なる読者にも、いささか見え透く。

私は、今かりにただ一例を挙げたが、『明暗』の場面の構成は、ことごとく、見事に計算され、見事ではあるが、多少に拘らず作者の手の見え透くものである。若し、この小説のなかに、何らかの現実が捉えられ、我々を一つの世界へ招待する魅惑がはたらいているとすれば、それは、場面の構成の劇的効果ではあるまい。夫婦喧嘩の事件、その事件を組みたてている背景や人物の出会いや投げあう言葉や、要するに、事件と事件の条件とが現実的なのではなく、ここで現実的なものは、喧嘩をする人物たちのなかに燃えている虚栄心や憎悪やあらゆる種類の偏執の激しさそのものに、他ならないであろう。かくの如き情念の激しさは、日常的意識の表面に浮んでは来ない。批評家が、第一に『明暗』の知的構成を指摘し、第二に日常的意識が現実として受けとるものではない。批評家が、第一に『明暗』の知的構成を指摘し、第二にその観念的特徴を注意する所以である。

しかし、真に現実的なものは、日常的意識の表面にではなく、その奥にあり、観念的なものこそ、現実的であり得るただ一つのものだ。日常的世界は、習慣と、約束との世界であり、精神の経済法則——目的を達するために必要なもっとも小さい努力をするという法則——に支配されている。精神は、己が憎悪の極みを見つめずに、憎悪の相手を追いはらうことに努力し、その方法の考案に注意を集中する。注意は、同時に二つの対象に注がれ難いから、憎悪そのものは注意の圏外に出る。かくて、行動する人間の意識は、一般に情念をそのはじめに摘みとるように動く。この動きが、習慣化され、意識されずに現れるのが、日常的意識の原則的な場合である。しかし、人間は、常に原則的ではないし、又それほど合理的なものではない。憎悪や愛情やその他もろもろの情念は、しばしば極端に到り、爆発的に意識をかき乱し、その他の精神的機能をすべて奪い去ることがある。若し、それがながく持続し、ながく注意され、ながく論理的に追求されれば、意識の底からは奇怪なさまざまの物が現れるであろう。我々の日常生活にそういうことが少いのは、我々の習慣が危険なものを避け、深淵が口を開いても、その底を見極めようとはしないからである。しかし、その底に、我々の行動を決定する現実があり、日常的意識の奥に、我々を支配する愛憎や不安や希望がある。それは、日常的生の表面に多様な形をとって現れるが、その多様な現象の背後に、常に変らざる本質があり、プラトン Platon 風に言えば、影なる現象世界の背後に、観念なる実在がなければならない。観念的なものは現実的であり得るし、むしろ観念的なもののみが現実的であり得る。何故なら、それが、小説家に、深く体験され、動かし難く確実に直観されたものであるからだ。かりに、それを、小説家の原体験と称ぶとすれば、そのデモーニッシュな体験の彼にとって可能なただ一つの表現が(表現することと明らかに認識することとは、この場合に同じことであるが)、小説に他ならない。『明暗』に於ける現実的なものは、作者の観察に負うものではなく、作者の内的体験に負うものである。

　しかし、先ず、この作者の観察と分析との結果に就いて、語ろう。心理分析家としての漱石は、『明暗』に、以前の如何なる作品とも比較にならない才能を示している。若し、『明暗』がなければ漱石は何ものでもないが、『明暗』の作者は、明治大正の文学史に、無双の心理小説家である。鋭い観察と、論理的な分析との鮮やかな協力。例えば、冒頭、病院で診察を受けた主人公が、宅(うち)へ戻り、「わが門前に立つてゐる細君の姿を認め」る条りは、既にこの作家の観察の異常な綿密さを、示している。

……其細君は此方を見てゐた。然し津田の影が曲り角から出るや否や、すぐ正面の方へ向き直つた。さうして白い繊い手を額の所へ翳す様にあてがつて何か見上げる風をした。彼女は津田が自分のすぐ傍へ寄つて来る迄其態度を改めなかつた。

「おい何を見てゐるんだ」

細君は津田の声を聞くと左も驚ろいた様に急に此方を振り向いた。

「あゝ吃驚(びつくり)した。――御帰り遊ばせ」

同時に細君は自分の有(も)つてゐるあらゆる眼の輝きを集めて一度に夫の上に注ぎ掛けた。それから心持腰を曲めて軽い会釈をした。

半ば細君の嬌態に応じやうとした津田は半ば逡巡して立ち留まつた。

「そんな所に立つて何をしてゐるんだ」

（『明暗』三）

かくも微妙な心の動きをかくも正確に捉える文体は、『虞美人草』の美文作者にも、『こゝろ』の真摯な小説家にも、なかった。何が加ったのであるか。何が加ったにしてもこの人生観察家の眼は、冴えて来たにちがいない。しかし、冴えて来たのは、観察する作者の眼だけではないように思われる。

心理小説が可能であるためには、人物の心理のなかに発展がなければならず、発展が可能であるためには、心理のなかに何らかの論理性が含まれていなければならぬ。例えば、お延とお秀と二人の女が「愛」を論じている。お延は、「稍(やや)ともすると空論に流れやすい相手の弱点を可成能く呑み込」み、「何うしたら此議論家を裸にする事が出来るだらうと思案し」ている。作者は、お延の意識の内側から此の場面を描く。

やがてお延の胸に分別が付いた。分別とは外でもなかつた。此問題を活かすためには、お秀を犠牲にするか、又は自分を犠牲にするか、何方かにしなければ、到底思ふ壺に入つて来る訳がないといふ事であつた。相手を犠牲にするのに困難はなかつた。たゞ何処からか向ふの弱点を突ツ付きさへすれば、それで事は足りた。其弱点が事実であらうとも仮設的であらうとも、それはお延の意とする所ではなかつた。単に自然の反応を目的にして試みる刺戟に対して、真偽の吟味などは、要らざる斟酌であつた。然し其所には又それ相応の危険もあつた。お秀は怒るに違なかつた。所がお秀を怒らせるといふ事は、お延の目的であつて、さうして目的でなかつた。だからお延は迷はざるを得なかつた。

最後に彼女はある時機を摑んで起つた。さうして其起つた時には、もう自分を犠牲にする方に決心してゐた。

（『明暗』百二十六）

これほど執拗な心理描写が、我々の小説に類い稀であることを、疑う者はあるまい。私は、鋭い観察と論理的な分析との鮮かな協力に就いて語った。その協力は、『明暗』のなかにあり、『明暗』はそのために我々の有つ最高の心理小説であるが、各場面に就いて、その心理分析が観察の結果であるとは、必ずしも断定することが出来ない。私は、今、択ばずに、二つの短い部分を引用した。その第一に、小説家の観察の鋭さを認める者も、第二の文章に就いては、同じ判断を下すことを躊躇するであろう。二人の女の「愛」を論じる場面そのものが、元来、ありそうな場面ではない。更に、これほど面倒な論理を追求し、これほど複雑に考え且つ考えざるを得ないお延のような女も、ありそうな女ではない。ありそうなものは何処にもないし、ありそうなものが現実的であるという意味では、何ものも現実的でない。

『明暗』は、心理小説として、深いものであるが、その深さは、ありそうな現実を観察して獲得されたものではない。しかし、注意すべきことは、漱石の他のあらゆる小説と異り、この場合にのみ、登場人物の心理が、作者の抽象的思考の単純な反映ではないということである。そこには、動かし難い現実感がある。その現実感は、何処から来るのか。ありそうもない心理的葛藤の観念的な展開のなかに、現実があるとすれば、その現実は、日常的意識の彼方、この場合には更に客観的観察と分析との捉える世界の彼方、作者の内部に深く体験された現実でなければならない。その現実は、表現をもとめ、漱石は、『明暗』を書いた。客観的現実の抵抗を通じ、観察と構成とを通じ、生の体験のなかに直観された一個の本質的観念を造形する、創造の冒険は、おそらく相応しい才能が全力を傾けて果すに値する仕事であろう。

3

「則天去私」という批評家の気に入りそうな言葉がある。従って、その註釈も無数にある。皆もっともらしいものだが、皆あてにはならない。漱石にとって本質的に重大なある体験が、概念的に要約すれば、「則天去私」であったかも知れない。しかし、彼自身は、註釈家の誰よりも左様な要約を信じなかったろうと思われる。要約出来ないから、小説を以て表現する必然性が生じた。「則天去私」

などという言葉は、原理でも何でもなく、一つの符号にすぎない。誰が、一つの概念的な原理を具体化するために、小説を書くであろうか。そして、誰が、己自身の内部に深く根ざす要約し難いあるものを表現するためでなくて、小説を書くであろうか。表現することと、明らかに認識することとは、同じ創造の秘密の二面である。漱石の内部には、表現と認識とをもとめるものが確実に存在した。

『道草』は、その表現を摸索する小説家が、とらざるを得なかった迂路のように思われる。象徴的な題名の示す如く、『こゝろ』や『行人』に於てその手法を一応完成した作家は、『道草』に、はじめて、新たな方法を試みた。誰の眼にも明らかな如く、半ば自伝的なこの小説の構造は、もっとも劇的起伏に乏しく、自然な叙述に従って、以前の作品に見られる観念的な内省や、「知的探求」からは著しく遠ざかっている。要するに、その第一の特徴は、経験的な事実の意識的な利用であろう。従って主人公健三と作者との距離は、他の小説の如何なる場合よりも、ちかい。即ち、第二の特徴は、直接に自己を小説の主人公とする素朴な方法の採用でなければならない。密接に関連する二つの特徴は、一般に私小説の原理である。しかし、既にこの形式を用いて、藤村が書き、花袋が書き、秋声も白鳥も書いていた。しかも、敢えて、自己を語るにこの直接の方法を用いなかった漱石が、『道草』にはじめてそれを用いたとすれば、それには彼自身の深い理由があったからにちがいない。私見によれば、その理由は、彼自身のなかの不可解なものが表現をもとめたからである。所謂知的な探究の捉え得なかった自我の本質を、第一には周囲の事実を甦らせることによって、第二には己が経歴を忠実に辿ることによって、要するに小説を告白にちかづけることによって、表現し得るかも知れないという期待。事実の連続のなかに或る偶然をもとめるこの期待は、己自身を見つめ、理解し、その可能性を延長しながら構成して、常に意識的に語るべきものを語った作家の『道草』であるだけに、却て真剣な期待であった。——その証拠には、期待が裏切られた時に、彼は彼自身の方法を見出したのである。『道草』に描き得なかったものを、漱石は、『明暗』に歌った。

私は、敢えて、歌ったという。『こゝろ』の観念的操作は、既に理解された己を表現するにすぎず、『道草』の記録的方法は、必ずしも己が内心の現実を表現しない。この作家のなかにあったものは、知的な倫理でもなく、日常的な意識でもなく、人間の情念のデモーニッシュな嵐、それこそ彼にとって人生のただ一つの「現実」であろう。綿密な観察も、劇的構成を計算する知性も、小説家の魂を動かすその力に形を与えるための手段にすぎない。無双の心理小説の心理は、モラリストの分析した心理ではなく、人間の心理を素材として己が魂を歌う叙事詩人の本質的に観念的な心理である。現実的なものは、設定された場面ではないし、執拗に追求された心理的曲折ではない、それらのものを通して歌う作者の歌である。その歌が何であるか、概念的に我々が要約し得ないということは、その歌のなかに、人間の或る本質、即ち人間の現実を、我々が確実に認めることと少しも矛盾しない。則天去私であるかも知れぬ。或は、宿業というもの、運命とか、我執とかいうものであるかも知れぬ。何れにしても、叙事詩的な小説の世界に、あらゆるまことらしき現象、すべてのありそうな風景からは遠く、しかもそれら一切の影の底に実在する観念を、我々は認めることが出来るであろう。

図式的にいえば、モラリストは、観察の結果から帰納し、叙事詩人は、内心の現実から演繹する。前者の出発点は、観察と分析とであり、後者の出発点は、或る体験的な観念である。しかし、何れにしても、文学に於ける現実は、観察の結果そのもの、生の表面に無秩序に相次ぐ印象の系列そのものではない。我々の自然主義小説家たちは、そこから何ら本質的なものを帰納しなかったのであり、従ってモラリストではなかった。しかし、叙事詩的に展開するほど壮大な観念を、自己の内心に蔵してかくいたわけでもない。不完全にしか成熟しなかった市民社会の文学者は、周囲に交際社会を見出さず、自己に浪漫派的個人を見出さず、その告白的私小説は、遂に如何なる人間の現実を捉えるにも到らなかった。資料の記録のようなものはあるし、現に才能ある批評家は、小説を研究して小説家の私生活を発あばいている。しかし、資料の蒐集からは、一個の人間の歴史も導き出すことはできない。単なる事実は、常に無秩序であり、現実とは、必ず何らかの秩序でなければならないから、現実を認識することは、事実のなかに秩序を見出す、或はむしろ創るであろう。その能力は、自然主義小説家の記録的文学には認められないものである。明治文学のなかで、真に深く現実的であり得たものは、陰鬱執拗な『明暗』の観念的な葛藤のなかに憑かれた小説家の歌った魂の歌の他にはない。そして、歌うためには、計画と構成と知性のあらゆる努力とが必要であった。歌は、言葉の合理的な秩序によって成り立つ。音楽の律動や旋律や和声の法則を想い出そう。合法則性を通じてのみ現れる音楽の神秘的な力を想い出そう。自明のことが自明でなくなって久しいが、神秘的体験と知的な分析・構成の方法とは、嘗てもっとも密接に共存し、一個の精神のなかに離れ難く結びついていた。漱石が『明暗』の裡に見出した方法も、その他のものではなかったと、私には思われる。

4

しかし、『明暗』の時代的意味は、以上の要点に尽きない。その多くの特徴は、ヨーロッパの市民社会に発達した小説という形式の今日から見ても、もっとも完璧な範例を、我々に示している。

第一に、小説の世界は、市民の日常生活の日常的な事件のなかに展開する。事件に就いて言えば、主人公津田の入院とその後の転地療養という以外に、事件というほどの事件はない。勿論所謂自然主義の作家も又、このような世界を描き、意識してこのような世界のみを描いた。しかし、彼等は、それをヨーロッパの自然主義の理論から必然的に導かれるものと考えた。その考えの誤りであることは言うまでもない。正しく意識して、小説の世界を、本来あったし、又あるべき、もっとも典型的な背景のなかに展開したのは、イギリスの小説を知っていた漱石だけであろう。

第二に、同じ日常生活を描いても、明治の小説の多くは、家を背景とし、親子の関係を人間関係の主な要素として扱った。別の言葉で言えば、人物は近代的な市民的環境のなかに生きていない。然るに『明暗』に於ける心理的葛藤の舞台は、主として夫婦間にあり、僅かに兄弟の間にもあるが、親子の間には殆どない。既に親子の関係を軸として小説を試みたことのあるこの作家が、自己の方法を自覚し、最大の野心を以てはじめた最大の実験を、比較的純粋に近代的な市民生活のなかで行ったとすれば、近代小説の本質に係る小さくない意味がそこにあろう。

第三に、少くとも、現在我々の読むことの出来る『明暗』の主な葛藤は、金をめぐる動機によって惹き起される。主人公の入院費は、殆ど全体を貫くライト・モティーフであるし、小林という無頼の友人と主人公との交渉にも、金のやりとりが、目立つ。何も『明暗』に限らないが、貧窮の問題としてではなく、中産階級の家庭に於ける心理的交渉の主な動機として、金を扱った場合は、少くとも日本の小説では稀である。『明暗』の特徴の一つは、そこにもある。

しかし、第四に、最も重大な特徴は、絵画的描写が、この小説に甚だ乏しいということである。引用の煩を避けるが、冒頭の部分に散見する女主人公お延の表情の印象的な描写の如きは、殆ど例外に属する。他の人物に就いては、如何なる表情、如何なる衣裳、如何なる動作も、読者は想い描くことが出来ない。この文体の、視覚に訴えることは、極めて少い。日本語の散文が到達したもっとも視覚的な成功である志賀直哉の文体とは、その意味で、著しい対照を示す。必然的に『明暗』は、人間の心理を扱い、しかも心理のみを扱わねばならなかった。私見によれば、それは、小説固有のただ一つの対象である。一八世紀のイギリスにはじまり現代のフランスに到る小説の歴史は、そこから出発しそこに帰らざるを得なかった。漱石は歴史的にも、小説の本質を心得ていたはずであろう。我々に就いて言えば、フロベール Flaubert のペンよりも遥かに正確に一木一草を捉えて、遥かに微妙に女たちの眼差しを描くカメラの存在を、我々のなかの誰一人として知らない者はない。

しかし、現代を待つまでもなく、多少とも近代の小説に——小説とは近代のものだが——、本質的な特徴は、殆どすべて最初の小説に、予言されている。哲学に就いて反省する者は、ソクラテス Sokrates を見、小説に就いて反省する者は、リチャードソン Richardson を見るにしかない。近代市民社会の自己表現としての小説は、イギリスの一八世紀にはじまるとされ、殊に、『パミラ』にはじまるとされる理由は、充分にあろう。平易明快ではあるが、まことに生彩を欠いた、あの退屈な文章が、連綿とつづいて限りもない書簡体の小説。第一に、女中奉公をした女が家に送る手紙の内容に相応しく、そこには、日常生活の些事の他に、大した事件もない。舞台は、デフォー Defoe の孤島でも、スウィフト Swift の小人国でもなく、正にフィールディング Fielding の、ディケンズ Dickens の、エリオット Eliot の、市民社会、殊にその家庭である。爾来王朝は盛衰し、戦争は幾度か人間の精神と地球の表面とを変えたが、逆に例えばエヴリン・ウォー Evelyn Waugh に到るまで、小説の舞台は、原則としてこの世界でこと足りた。人間心理の最も複雑な陰翳は、殆どすべて、平凡な市民の日常生活のなかに見出されたように思われる。附け加えて言えば、イギリスでは、そのために、金の問題が欠くべからざる役割を果した。『パミラ』のなかにも既に見られる金の問題は、イギリス小説の歴史を通じて、『明暗』の作者にも、間接の暗示を与えたかも知れない。

しかし、何よりも、注目すべきことは、『パミラ』に於て既に小説の文体が印象主義的描写を本領としてはいなかったということであろう。印象派は未だ現れなかった。散文は未だ外光の下に微妙な光の戯れを捉える術を絵画から輸入してはいなかった。況や、実証主義と生理学や遺伝学の方法とのなかから利用するに足る何ものも輸入していなかった。勿論、『パミラ』は未発達の原始的作品にすぎず、その文体は無味乾燥であり、到底ディケンズやフロベールの比ではない。小説がそれから進歩したということは、疑いの余地はないが、それにも拘らず、最初の小説に於て、小説の文体が視覚的でなかったということは、実に象徴的に、小説の本質と運命とを、明示していると思われる。現代の小説家の誰も、眼に見る如く何ものかを写生しようなどという望みを抱いてはいない。それは利用される、しかし本質的方法としては決して扱われない。例を挙げるまでもなく、二〇世紀ヨーロッパの小説は、第一に取材と舞台とに関し、第二に文体或は描写の方法に関し、小説固有のものを求めて、出発点に戻った。『パミラ』は、それを象徴している。そして、『明暗』は、本質的に、『パミラ』に通じている。或は、『明暗』のみが、と言った方が、適切であるかも知れない。その作者のみが、イギリスの文学を知っていたのであり、本来小説が何であったかということと共に、何であり得るかということを知っていたのである。

知悉したイギリスの小説の枠のなかに、その最も本質的な原則を採って己が原則とし、緻密な設計を試みながら、憑かれたように、五〇歳の小説家は、彼自身の探り得た最も深い現実を、歌った。それは、明治以来の日本の文学が奇蹟的に捉え得た現実のもっとも深いものである。死の近づくのを意識した精神が、かけ換えのない観念を、追求し、分析し、組みたて、解きほぐし、又組みたてている。彼自身も、又他の如何なる精神も、それほど深く人間の魂の庭へ降りて行ったことはない。そもそも人間的なものを死の相の下に眺め、しかもそれほど強い意志を以て、それほど綿密に計画し、白日の下にただ一つの観念を導き出そうとした者はない。この白鳥の歌のなかには、真実が、少くとも真実の破片がある。永久に真実である人間の魂……今も我々のなかにある現実。必ずしも、人間に関して多くの知識を与えはしないが、人生に関する体験の深さを、未完の小説は、直接に我々に伝える。その限りでは、小説家の意図は未完ではないし、小説家の人生も未完ではなかろう。『明暗』一篇は、よく作者を記念するに足りるのみならず、明治以来今日に到る我々の小説を、如何なる意味に於ても記念するに足りる。そこでのみ西洋伝来の小説は、深く我々の人生の現実に触れた。そこでのみ小説は、あらゆる「道草」から本来の正道に復した。若し、リアリズムという言葉を、我々の先人の仕事に用いるとすれば、私は何よりも先ず『明暗』のリアリズムを不朽の記念碑として想い浮べるであろう。

1948

追記

私がこの文章を書いたのは、一九四八年である。今追記を誌すのは、一九七八年である。私はひそかに我が漱石論の三〇周年を祝うことができるだろうか。とんでもない、今読み返してみると、若気の過ちというか、青年客気の文章の誇張・力み・衒(てら)いに辟易する。その文章を訂正すれば、あらためて全体を書き直すことになるだろう。今は訂正を加えずにそのまま収録する。

訂正の例外は、文中の「支那」を「中国」としたことである。すなわち今日の慣習に従うのみ。敢えてこれを収録する理由は、その後私が漱石についてまとまった文章を書いていないからである。少くとも小説について、私の意見の要点はここに尽きる。すなわち漱石の最高の小説を『明暗』とすること、その理由は何かということである。

1949

木下杢太郎の方法

私には、世上に有名な詩人・小説家・劇作家木下杢太郎よりも、明治以後の日本文学史に類稀れな個性太田正雄の精神の方が、はるかに興味深く思われる。太田正雄は、それらの文学的作品の作者であった。しかし、太田正雄が太田正雄であるのは、それらの作品のみによってではない。

*

私は、高等学校の学生であった頃、昔第一書房が出した革の背に金文字の豪華な木下杢太郎詩集を、図書室の書架に見出し、熱心に読んだ。当時軍国主義はその決定的支配をあらゆる学校のなかにまで延長しようとしていた。私は、軍国主義と相反する、または相反するように見えるあらゆるものを、手当り次第に熱心に読んだのである。『唯物論と経験批判論』や『食後の唄』のなかに、私は私の周囲にないものを発見した。レーニン Lenin の論理は大東亜共栄圏の論理よりも理路整然としているし、長崎の天主閣や大川端の江戸情緒をうたう詩人は、怒号する配属将校よりも野蛮ではない。私は呂昇の声を知らなかったが、その声のなかに詩人が何を見出したかを想像することはできた。

私は、大学に入り、医学部の建物のなかでも一番きたない古色蒼然たる講堂で、太田教授の皮膚科学を聞いた。講義は声が低く、考えに従って中断され、飛躍し、また突如詳細となり、要するに学生にとっては余りわかりのよいものではなかった。可なり多くの学生が眠っていた。私はときどき以前に読んだことのある木下杢太郎を想い出したが、女義太夫やペパーミントの詩人と、訥弁で母斑の分類を論じている教授との間には何の関係もないように思われた。私に解ったのは、講義の内容ではなく、その内容に対する活潑な興味が、たとえ学生に講義をしている時にも、太田教授のなかに強く動いていて、あまり熱心になるとその言葉が学生の理解力を超えて何処かへ行ってしまうらしいということであった。そんなことは解っても役にたたない。皮膚科の試験に私の書いた答案はろくなものではなかった。

私は、太田教授と話をする機会がなかったことを今でも残念に思っている。しかし、話をしたとすれば、教授と学生との話になったであろう。もしそうでなければ、作者自身興味を失ってしまった詩集の愛読者としての話になったであろう。私の希望していたのは、学生としてでもなく、愛読者としてでもなく、単に一人の同時代人としての話であったから、何れにしても私の希望の実現されるはずはなかった。

しかし、太田正雄は、――このような歴史的人物を称ぶには敬称を省くのが敬意を表する所以だと思うから、旧師の一人を称ぶに私は敬称を省くが、太田正雄は、その作品よりも、その人物の輝かしい精神の一人であったと思われる。そのような精神にあっては、文学史の上に現れる影響も、作品を通じてよりは、会話を通じてより深く、又しばしばより広く実現される。海彼岸には、世紀末のパリに毎週人を集めたというマラルメ Mallarmé の客間があり、明治の文学史には談論風発して自ら一つの流派を産んだ漱石山房がある。また多くの証言によれば、コクトー Cocteau や芥川の会話は、彼らの作品のなかでも傑作に属する一つの作品であったといわれる。おそらく太田正雄の場合に、会話はそれほど才気煥発のものではなかったろうし、無論会話が作品であるといった趣きは、何処にも窺えなかったろうが、それにも拘らず、彼は文学的作品のなかで極めて僅かしか自己を語らなかったのであり、会話はその語らなかった部分を暗示したはずである。しかし、しなかった会話を追うわけにはいかない。それには他に人がある。私は私の印象に戻ろう。

*

或る文学史家は、作家の作品に執する。或る文芸批評家は作家の生活に執する。私は、作品をつくる精神を分析することに興味を覚える。作品を書いている作家の精神と、日常生活のなかにいる作家の精神とは、同じものではない。或る場合にその距離はちかく、或る場合には遠い。或る場合にはその関係は相似であり、或る場合には逆説的である。批評家は何れの側からも出発することができるであろう。

しかし、確実なことは、常に一つである。即ち、一般に作品とは、つくる人の意図とはかけ離れた、もろもろの偶然の結果であるということ。また日常生活は如何なる人間にとっても全く偶然に与えられた内外の条件に左右されるということ。従って、一人の人間にとって比較的偶然から免れているものは、その意識的な精神のはたらきの他にはないということである。

流派の盛衰、或は作品の様式、或はその他もろもろの文学活動の外見によって、文学史を編むのは、本来偶然的な要素の余りにも多い事柄の継起に、何かの必然性を想定する仕事である。私は、しばしば作品の歴史ではなく、作品を生んだ精神の歴史を夢みた。資料は、先ず作品であり、その他日記、回想録、政治論文、また会話や伝記のあらゆるものである。資料の背後には、それらの言葉や行動をつくりだした精神がある。その構造を分析し、お互いの間の親近性を明らかにし、影響と発展との跡を辿りながら、文学の歴史ではなく、文学的精神の歴史をつくることはできないか。もしそのような方法で明治以後の文学史が編まれたとすれば、福沢諭吉や内村鑑三は、尾崎紅葉や田山花袋よりも大きな位置をそのなかに占めることであろう。そして木下杢太郎は、明治末年の詩人としては抹殺され、最近の荒涼たる時代にもっと豊かに自己を実現した精神として、鷗外と漱石との後に、特筆されるであろう。私はそのような文学史を夢みた。

そんなものは文学史ではないと人はいうかもしれない。しかし、一個の精神は、如何なる領域で仕事をしようと、その固有のはたらきを失わない。仕事が小説を書くことであるかないかは、大した問題ではない。問題は、彼が常に彼自身であり、彼自身を如何に深く表現するかということだけである。医者は詩人の隣にいるかもしれないし、二人の詩人は無限に隔っているかもしれない。詩人を一括して論じ、医者を一括して論じない習慣があるのは、便宜の問題である。私の夢みた歴史は、文学史ではないかもしれないが、人は己が身にとって意味のあることしか歴史のなかに夢みることはできない。

*

もう何年も前の話だが、或る日、学生の私は、皮膚科の外来で患者を診る太田教授の傍にたっていた。

医学部の学生には、その日の外来患者のなかから医局員があらかじめ選んでおいた何人かを割りあてられ、その患者を診て、診断を試みる実習の時間がある。教授は、学生の診断とその根拠とを聞きながら、患者を診察して、誤りを正してくれるのである。

皮膚科学図譜と患者の手足とを見較べて、我々はしばしば途方にくれた。我々には考える知識もなかったが、さればといって考えないわけにもいかず、三〇分も、一時間も、考えていると、診断はだんだんあてものじみてきたものだ。その患者は、教授の前に次々に現れる。

——何処がわるいかね？

教授がそういった時には、もう発疹のある腕をとっていて、一瞬間注視したと思うと、次の言葉は、既に病名である。その間、殆ど一分もかからない。内科では、いくら熟練した教授でもそうはいかないので、診察に手まがかかるが、皮膚科の多くの病いでは、発疹を一眼診れば足りるものらしい。専門家ならば誰でもそうなのだろうが、太田教授の診断は、そのなかでも早かったのであろう。

私は、停年にちかい教授の美しい銀髪と、少し猫背の頑丈な身体と、患者を注視する鋭い眼とを眺めながら、その診断のおどろくべき早さに、virtuosité の見事さに讃歎していた。私の眼の前で患者を診ているのは、日本文学史が永久に記念している歴史的人物なのだということも感じないわけではなかったが、それ以上に、快刀乱麻を断つ鮮かな診断に心を奪われていたようである。

学生だからそういうことに感心したのかもしれない。太田教授の学問が、外来患者の診断の熟練によって代表されていなかったことだけは確かである。しかし、virtuosité は、木下杢太郎の文学にもあった。詩集の感受性は微妙に洗煉されたものであるし、『和泉屋染物店』は巧みに計算され、結構配置、科白の一つ一つにまで念の入ったものである。散文は、鷗外以後、荷風と共に、史伝の文体の高雅な余韻を伝えている。私はといえば、その頃の私は、当代の文学にうんざりし——今でも余り興味があるわけではないが——洗煉された感受性や巧みに計算された構成や意識してつくられた響きのよい散文、要するに嘗てあり今日では失われた文学に於ける virtuosite というべきもののなかに、芸術の慰めを見出していた。たとえば桜間金太郎の曲舞(くせまい)に匹敵しない熟練は、如何なる場合にも、余り私の興味をひかなかった。単なる鑑賞家の要求は常に苛酷なものである。

北原白秋は、『明治大正詩史』一篇を草して、パンの会の盛宴を回想し、明治大正の詩人のなかでもっとも偉いのは北原白秋であると書いたか、少くとも結論がそうなりそうなことを書いた。その次に偉いのは、木下杢太郎である。私は、必ずしもこの判断に反対しない。しかし、パンの会の杢太郎をもって、杢太郎を代表させることには、反対する。従ってまた白秋が白秋の次に偉いといった詩人として、杢太郎を文学史的に位置づけることにも反対する。それには、私ではなく、木下杢太郎自身が反対するであろう。

太田教授の下で、皮膚科学を専攻していた私の友人の一人が、或るときいった、太田先生に昔書かれた詩の話をしたら、あんなものはつまらぬといわれたと。老人が若気の過ちを語る時にはありがちなことだが、木下杢太郎詩集は、まさか若気の過ちではあるまい。白秋は自分が偉いといったが、杢太郎は謙遜したということであろうか。私はそうは思わない。白秋にはいつまで経ってもパンの会や詩集がおもしろかった。杢太郎にはつまらなくなった。詩人としてどちらが偉かったか、そんなことはどっちでもいいが、どちらの精神がより高くのぼっていたかは明らかであろう。

杢太郎の文学には、確かに virtuosité がある。しかし、彼の医学がそれだけではないと同じように、彼の文学もそれだけではない。詩は巧みなものである。おそらく今日ではまねをすることができないほど巧みであるかもしれない。しかし、今日では全くまねをする必要のないものである。

杢太郎はそれを知り、白秋はそれを知らなかった。嘗ての共同の仕事に対する二人の評価が異るとすれば、謙遜であるとかないとかいう性格や心理の問題ではあるまい。

*

明治末から大正初めにかけて、日本の資本主義の上昇期に、長崎の切支丹文化への関心が文学者の間に興ったのは、おもしろい現象である。白秋・杢太郎に於ても、また芥川龍之介に於ても、その懐古趣味と異国趣味とは、長崎で融けあっている。それが長崎であったのは、懐古趣味と異国趣味とを同時に満足させるものが他になかったからであろうし、懐古趣味と異国趣味とが、相伴ったのは、時間的に、また空間的に、今・此処の現実を逃れる必要があったからであろう。しかし、それにしても何故日本の市民・文学者は、資本主義の上昇期に、勝ち誇った階級の現実から逃避する必要を感じたのか。

ヨーロッパ大陸では、同じような現象がロマン派に見られる。一九世紀の初頭に、市民階級は急速に実力を増し、その支配を経済の領域から政治の領域にまで拡張しつつあった。ロマン主義はそのような社会的現実の文学的反映であるといわれているし、また事実本質的な意味ではその通りにちがいないが、周知の如く、ロマン派の作品の大部分は、勃興する市民階級を描かず、材を中世にとり、舞台を近東やスペインやイタリアにおいた。却て著しいのは、懐古趣味であり、異国趣味であった。ドイツ・ロマン派は前者に偏し、フランス・ロマン派は後者に偏するが、何れにしても彼らに当面の現実を逃避する傾向のあったことは、論ずるまでもない。何故そうなったか。市民階級は、経済的政治的ヘゲモニーを獲得したが、直ちに文化的ヘゲモニーを獲得したのではない。ロマン派の詩人・文学者の多くは、フランスに於ても、ドイツに於ても、貴族の出身であった。彼らの文学の原理が、貴族の文学の原理の否定の上に成りたち、ロマン主義が古典主義の対立者として現れたということは、彼らがあらゆる意味で、貴族に対立する市民階級の味方であったということではない。むしろロマン派の戦いは二重であり、一方では古典主義的美学を攻撃しながら、一方ではブルジョワ即俗物の趣味に激しく反撥していた。市民階級の側からいえば、彼らの大部分はロマン派を支持せず、現実の社会に於て革命的な階級は、美学と趣味との領域では保守的であった。ロマン派は孤立し、文学は現実の社会に確実な地盤を喪失せざるを得ない。従って、また、懐古と異国趣味とは一時代の風潮とならざるを得ない。「不思議な角笛」に誘われて、アルニム Arnim やブレンターノ Brentano やハンス・グリム Hans Grimm は中世の森へ赴く。ミュッセ Musset はイタリアへ、ネルヴァル Nerval やヴィクトル・ユゴー Victor Hugo は近東へ、『ハインリッヒ・フォン・オフターディンゲン』の「青い花」を探しにゆく。一九世紀の終りに市民階級は幸福の「青い鳥」をわが家に見出したが、一九世紀の初めにロマン派は美の「青い花」をわが家に見出すことができなかったのである。

ヨーロッパの近代文学が、再び確実な社会的地盤を獲得するまでには、中産階級の広い読者層の成熟を待たなければならない。それまでは、文学者の孤立と、その趣味の極端に逃避的な傾向とがつづく。明治末、大正初年の日本に、中産階級の近代的な読者層が成熟していなかったことは明らかである。その前には尚更だが、後進国の知識階級はおそらく資本主義社会の建設に忙しすぎて、自らの趣味を顧る暇がなかった。日本の資本主義が或る程度の生産力を獲得して、はじめて、ヨーロッパのロマン派に似た傾向が現れたのである。そのことは、例えば鷗外と杢太郎との著しい相違に典型的であろう。鷗外は、衛生学輸入の急務に任じたが、医学の研究に没頭できる時代に住んではいなかった。杢太郎は、社会的乃至個人的な医学の実際よりも、基礎的な研究に生涯の努力を傾けた。鷗外のヨーロッパ文学に対する態度の少くとも重大な一面は、啓蒙家として、また解説者として、紹介の役割を果すことにあったが、杢太郎は紹介者としての役割よりも己が異国趣味を愛し、それをうたうことができた。この相違は、個性の相違ではなくて、時代の相違である。文明開化は、その当事者にとって、趣味の問題ではなかったが、その時代が去り、日本の近代化と生産力の増大とが或る程度まですすむとはじめて審美眼の対象となり、開化の風俗は好事家の趣味を満足させるに到ったのである。

長崎が日本の「東方」であり、切支丹弾圧の歴史が日本の「中世」であり、木下杢太郎が日本の「東方詩集」を書いた時代、西洋と日本との距離が、異国趣味におき換えられることの可能であった時代は、その前にも、その後にもなかった。芥川龍之介の「ぼくらの西洋」は、もっと苦しいものである。「レーニンは草花の匂ひのする機関車だ」と芥川がいう時、言葉そのものが、異国趣味の時代のとっくに過ぎ去ってしまったことを明らかに示している。相手がレーニンでは、異国趣味も馬鹿馬鹿しいものにならざるを得ないし、相手がキリスト教では、アナトール・フランス Anatole France から借りてきた「十本の針」も見当ちがいな所にしかささらない。一時代は短く終った。
私は木下杢太郎詩集を愛したことがあるが、今更、文学史の片隅に、甘美な想い出を探るほどの暇はもちあわせていないのである。

＊

若い時の彼は文学と医学との二つの仕事に矛盾を感じていた。彼自身が何処かにそう書いている。またたとえそう書いていなくても、そういうことは容易に想像される。東京の下町のその頃できたばかりのカフェーで、シェリー酒の盃を傾けながら新内流しの声を聞く情趣と、顕微鏡の下でヘマトキシリン・エオジンの色も鮮かな新しい組織標本を眺める興味との間には、少くとも直接の関係がない。むしろ互いに他を否定しなければ成りたたないような本質的なちがいがある。この種の詩、乃至文学は、本来漠然とした感情に基礎をおき、特殊であり偶然的である対象を分類し、抽象化し、そのなかに普遍的なものを見出す代りに、特殊な偶然的なものとして認め、精神をそこに委ねることによって成りたつ。おそらくそれは微妙なものであり得るが、その成立の全く偶然的な条件が時代と共に葬られると、再び同じものとしては通用しない。東京の焼跡に育った青年たちにとって、ほろびゆく江戸と西洋化される東京とのあわいに、嘗て一時代の閑暇に富む文人たちの味わい得た微妙な雰囲気が、一体何であろうか。もし焼跡の東京にも通用する普遍的なものがそこにないとすれば。特殊な場合の特殊な感情が、単に特殊なものでありそれ以上のものでないとすれば。

白秋の想い出にとって、杢太郎の詩集は不朽であろう。しかし白秋の想い出をもたない者にとって、同じ詩集が不朽であることはできない。この微妙な芸術は時代を超えない。そして、まさに時代を超えないということそのことによって、科学的精神と矛盾する。科学的精神の本質は、直接には特殊な現象の総体である自然を、不朽の、いい換えれば時と処とを超えた、普遍的な原理に還元しようとする努力にある。杢太郎が詩人及び医者として二つの仕事に矛盾を感じたのは、おそらくその多忙に堪えなかったからではないと私には思われる。矛盾は、時間の問題ではなく、彼の芸術と彼の科学との本質的な問題であった。しかし、決して芸術と科学とに本質的な問題ではない。さればこそ晩年の太田正雄は、嘗て青春時代に感じた矛盾をもはや再び感じなかったのである。――少くとも私はそう考える。彼の芸術も、科学も変ったのであり、明星或はパンの会の文学青年の仕事と医学生の仕事との間にあった矛盾は、『大同石仏寺』と『皮膚科学講義』との間には存在しない。木下杢太郎が流行作家の一人であった時代に、同じ精神の裡に住み難い異質的なものとして現れた矛盾は、その青春の仕事の限界を示すものにすぎない。彼が成熟し、嘗ての彼自身の文学の観念よりも高い観念を獲得した時に、その矛盾は消える。

一個の精神を客観的に評価するためには、その成熟の頂点に於て彼を認めなければならず、一個の精神を我々自身に意味のある如く評価するためには、その特殊な相を超えて彼のなかに普遍的なものを見出さなければならぬ。即ち、木下杢太郎の傑作は、『大同石仏寺』及び『皮膚科学講義』であって、今や古色を帯び却て一部の好事家の嗜好に投じる詩句の類ではない。しかし、彼が木村荘八氏と共に大同に赴き、石窟寺にこもって『雲崗日録』をつくったのは、一九二〇年、むしろ青春の事に属する。後年の成熟の胚芽は、既にそこにあり、また詩集のなかにも容易に指摘されるであろう。必ずしも年代記的順序が問題ではない。ただ私の強調したいのは、世上異国趣味の選手と目され、事実或る意味で一時代の arbiter elegantiarum であったかもしれない木下杢太郎に、次の一句のあることである。彼は、日支事変の酣(たけなわ)な一九三八年に書いた、「雲崗といふ処、そこの石窟や彫刻はもはや異国趣味の存在ではなくなつた」と。

浮世絵から日本美術史に入り「徳川の文人画、琳派、狩野派、雪舟、土佐、古土佐などと溯つて」仏教美術に到った精神は、更に仏像を、鎌倉、白鳳、天平と辿り、推古仏に到達する。そして「推古仏から出て大同仏に至ると、文化史的回顧的のペルスペクティヴが急に甚だ広くなるのである。即ち島国として海で境せられたところから、視瞻(しせん)が大陸の大地域へ向けられるからである。視瞻の追ふところは唐や北魏どころではなく、印度から希臘(ギリシア)までにも及ぶ」。もしギリシアからルネサンスを経て西洋美術史を時代と共に下れば、浮世絵以後の日本美術と印象派以後の西洋美術との交渉によって、この大きな円環は閉じるはずである。木下杢太郎にとって、「仏教芸術の研究といふことは、世界文化史の時間と空間とに横たはる大連山を辿る」ことを意味したのであり、「雲崗は其一の中継駅」として彼の眼に映じたのである。

されば、大同の石仏を論じながら、彼の暗示した史的ペルスペクティヴは、単に仏教美術史に限らず、一般に美術史に係り、文化史に係り、また精神史に係るものでなければならない。現に『皮膚科学講義』は、皮膚科学の現在の知識が史的に如何なる意味をもち、学問の発達の歴史の如何なる段階にあるかを明らかにしているという点で、甚だ水際だっている。『大同石仏寺』と『皮膚科学講義』とは、同じ一つの精神によって書かれたのであり、同じ一つの精神によってしか書かれ得ないものであった。少くとも二つの仕事の間に矛盾はない。文学だけが矛盾したであろうか。

しかし、このような史的ペルスペクティヴが成りたつためには、いわば同時的ペルスペクティヴとでもいうべきものが、文化のあらゆる領域に対して成立していなければならない。美術も文学も科学も、同じ人間精神の所産として眺めることのできるペルスペクティヴ。そのペルスペクティヴの下では、それぞれの領域に於ける精神のはたらきが、精神の或る根源的な構造の反映として、またその多くの可能性の実現として、従ってただ一つの普遍的な方法の特殊な適用として現れる。彼は、芸術に於ても、科学に於ても、本質的には同じ方法を用い、同じ普遍的原理を追求し、そうすることによって、特殊なもののなかに、同じ彼自身を実現するであろう。文学と科学との矛盾というような問題は登場する余地がない。何れにしても、彼が彼自身であるということそのことだけが問題であり、特殊な形に於てしか彼は彼自身であり得ないから、仏教美術に向い、皮膚科学に向ったというにすぎないようである。

その彼自身とは何か。彼の精神の方法、その基本的な構造とは如何なるものか。――実証することの困難な問題であるが、人間の精神に関しては、実証的に扱い難い問題が、常に避けて通るべき問題であるとは限らない。

*

もし人あって私に木下杢太郎の方法を、一言に要約することを求めたとすれば、私はただちにそれは形態学的方法だというであろう。

近代の医学は周知の如く屍体解剖から始った。先ずレオナルド・ダ・ヴィンチ Leonardo da Vinci が現れ、その次にハーヴェー Harvey が来る。形態学に生理学がつづく。その頃の形態学は、肉眼的であった。一九世紀になると顕微鏡的・組織学的方法が発達する。今日の医学は、嘗て人体の肉眼的構造に対応する生理学が発達した如く、顕微鏡的構造に対応する生理学の発達の時代だということもできるわけであろう。しかしまだ生理学は不完全なものである。そして形態学的方法もなすべきことをなし尽したのではない。学者は多くの細胞や微生物を見た。今後新たに記述される細胞や病原体は少くとも光学顕微鏡による観察の可能な範囲には稀れであろう。しかし、形態学は、単に観察と記述との仕事ではなく、方向をもった観察と秩序ある記述との仕事であり、その方向と秩序とがそのような仕事を単なる仕事から区別し、学として成立させているのである。従って、物理学に於てと同様に、形態学に於ても、あの古い、しかし未だに万人を納得させるようには説明されていない有名な問題が現れる。観察に方向を与え、記述に秩序を与えるもの、究極に於てその方向と秩序との根拠は、自然にあるのか、それとも精神の側にあるのか。――木下杢太郎がそういうことを考えたかどうかわからない。しかし、木下杢太郎である太田教授が、皮膚疾患の無数の形態に秩序を求め、多くの場合の彼方にそれらの特殊な形態の原型を追求した生涯を通じて変らない情熱は、容易に想像される。病いを診て診断を下す過程が既にそうだが、病いの単位が原因論的に決定されたものよりも形態学的に決定されたものの多い領域では、学問そのものが多数の特殊な場合を一つの原型に帰する過程に他ならないであろう。植物を観察しながらその原型を求めたゲーテ Goethe は、形態学的方法の原理を与えた。彼は、シラー Schiller に花を示しながら、私にはこの花の原型が見えるといったそうである。原型が本来自然に属するか、精神に属するかということよりも見ることにゲーテの関心はあった。ゲーテが詩人になって、哲学者にはならなかった所以であろう。少くとも、精神の表象する自然のなかに、精神が自己の秩序を見出すという合理主義的説明に赴かなかった所以だと思われる。本来実証主義の最初の表現の一つとして、近代科学の武器となった形態学には、その意味でも当然合理主義とは相反する面がある。そして詩的直観とは相通う面がある。とにかく私には、太田教授が皮膚疾患のなかに求めたものと、仏教芸術のなかに求めたものとが無関係だとは考えられないのである。

皮膚の病理組織学、植物の採集と写生、美術史の研究、最後に画家及び詩人の役割。——その各々に於ける形態学的分析と直観との協力ほど、その外見の多様さにも拘らず、一個の精神の自然に対し、また人間に対して変らない確固たる態度、広いペルスペクティヴのなかに展開される同じ一つの方法の普遍性を示すものがあろうか。彼は、形態学に執して、数学乃至数学的科学に及ばず、造形美術を愛して音楽にそれほどの情熱を注がず、文学をしてその精神活動の全体より見て正に位置すべき所に位置せしめた。これほど見事に、これほど矛盾なく自己を実現した精神が一体何処にあろうか。

私は今でも、想い出す、国民服の流行していた頃、ズボンの先の細くなった古い型の背広を着て、ソフトを眼深に被った、少し猫背の太田教授が、大きな鞄をかかえ、朝の本郷の大学の正門を急ぎ足に入る印象的な姿を。時代を無視したそのダブルの背広と同じように、その頭のなかには時代と無関係な純粋に学問的な観念が渦をまいていたにちがいない。また或る初冬の夕暮、同じ門から、裾の短い黒い外套の襟をたて、両手をポケットにつっこみ、忙しそうに現れたこの反時代的人物が、折りから本郷通りを行進する一団の兵隊には眼もくれず、洋書と漢籍とを売る本屋の飾窓にたちどまり、しばらく眼を走らせたかと思うと、真っすぐに農学部の方へ歩み去った姿。その黒い外套が、葉の落ちた並木の蔭に小さくなり、やがて消えてしまうまで、私はたって見送っていたが、外套の上の大きな頭は片側に並んだ本屋の飾窓の前を通る時だけ、その方へちらりと、殆ど本能的に動く様子で、その他の何ものに対しても振り向くことはなかった。世には書籍愛好家という者がある。木下杢太郎も本を集めることを好んでいたにはちがいないが、ただそれだけのことではなく、時代と彼の精神との超え難い距離が、その時既にはっきりと現れていたのだ。研究室でなければ、本屋の他に興味をひくもののない世界へ詩人は追いつめられていた。しかし、断じて彼自身であることをやめなかったのである。

一九四五年八月一五日、降伏の放送を聞くと、多くの人々は泣いたが、死病の床にあった太田正雄は、手を拍ってよろこんだといわれる。彼は戦争が何であるか、従ってその終結が何を意味するかを知っていた。私には、知るべきことで、彼の知らなかったことは一つもないように思われる。

追記

私には太田正雄(木下杢太郎)の伝記を作る意図があった。その意図の理由を、みずから説明して書いたのが、「木下杢太郎の方法」である。私はその後伝記の資料を集め、その覚書を作って、たまたま機会が与えられると、覚書の断片をもって文責を果した。*「シナの医学」との関係、「吉利支丹文学」との関係について書いた短い文章がそれである(ともに本巻所収)。しかるに伝記そのものは、書くことがなくて今日に及んだ。初めの意図が実現しなかった理由は、おそらく私の環境が変ったからだろうと思う。私は日本を離れて暮すことが多くなったので、伝記のための資料蒐集は困難になったし、また私の興味の領域にも変化がおこった。しかし私は初志を放棄したわけではない。太田正雄伝を作る日が、いつか来るかもしれない、という一種の予感を、私は今も持ちつづけている。鷗外には伝記がある。杢太郎にはそれがない。その詳細な伝記は、私が書かなければ、誰かが書くべきものである。

＊　本自選集本巻所収の「木下杢太郎とシナの医学」「木下杢太郎と吉利支丹研究」のこと。『加藤周一著作集』第六巻に収録されている。

芥川龍之介小論

偶然の機会が私の前に一冊の本を置いた。昔そのなかに多くのものを見つけるために読んだ本を、今はそれについて何か書くために読まなければならない。私は漫然と『夜来の花』の頁を翻しながら、もう一つの偶然がはじめて私に芥川龍之介を読ませた時のことを想い出す。

或る女友だちが、その頃東京の中学校へ通っていた私に、『夜来の花』の読むに足ることを教えた。それも全く偶然であったが、人は偶然の機会に決定的な本を読むものである。女を択ぶように。また その女と生涯を共にするように。女学生だったその友だちは、芥川龍之介に傾倒しているらしかったが、芥川龍之介は彼女の知っているただひとりの小説家でもあるらしかった。私も他に何かを読んでいたわけではない。しかし、とにかく、『夜来の花』の小説家は当年の私を魅了した。私は全集を読み、『侏儒の言葉』を暗じ、そこに、あらゆる事を裁き得る一つの考え方があると思った。「軍人は小児に似てゐる」(『侏儒の言葉』)——爾来、たしかに、私にとって軍人はいつも小児に似ていた。

それから長い年月が経ち、戦争がはじまって、戦争が終った。『夜来の花』の初版が出た一九二〇年は、私がはじめてそれを読んだ時既に昔であったが、中学生の私が芥川全集に読み耽った時代も、今では昔である。『侏儒の言葉』も、もはや私にとってあらゆる事を解く最高の書物ではない。しかし、嘗て私が彼の裡に見出したシニズムと修辞の妙趣とこそは、私の青春の一切であった。しかも、私はそれを後悔していない。むしろ青春をあの堪え難い愚劣さから救うものがその他にあり得たかどうかを今でも疑っている。されば私が芥川龍之介について語る時、先ず感謝の意を表することからはじめるのが当然であろう。

*

しかし、小説家を識っていたあれ程多くの人々が、あれ程多くの文章を書いた後に、今更私が芥川龍之介について附け加えるべきことは少い。

佐藤春夫にとっては詩人、志賀直哉にとってはシニックな才人、岡本かの子にとっては病める鶴、堀辰雄にとっては「brilliantという字の化身のやうなそのお方」、萩原朔太郎にとっては人をそらさぬ話術に長じ詩人の熱情を訴えるにはいささか軽妙でありすぎた都会人……この人物は、中学生の時に、木曾義仲のクーデターを論じ、日本外史の所謂近代的解釈を試みる*(木曾義仲を論ず)。大学生の時に、鎌倉四首をつくり、茂吉、白秋、勇、晶子の歌風を巧みに模倣しながら、身辺の風俗を友人に報告する(久米正雄宛書翰)。その才気をもって文壇を圧倒した後に、心を惹かれる女が現れれば、お互いの足をくくりあわせて水にとびこむ代りに、旋頭歌をつくって心情を叙べるであろう。また或は今様をもって、入水に代えるであろう。

又たちかへる水無月の歎きを誰に語るべき……(『沙羅の花』)

彼の歎きには歎きにさえも節度があった。才気とは、大声でわめく代りに、大声でわめくことの空しさに気のつく精神をいうのである。

衒学の趣味もなかったとはいえない。しかし、「単なる才人」の衒学を攻撃する者は、不幸にして殆どすべて才人でさえもなく、衒(てら)うべき学さえももたない者であった。のみならず仮りに『今昔物語』の気の利いたパロディーが多少の衒学を含んでいるとしても、その方が三文文士の惨めな生活の愚痴よりも、短篇小説の読者を惹きつけることは確かである。衒学の趣味は、虚栄心の結果にすぎない。しかし、虚栄心は、多くの場合にもっとも低能な役割を演じているものである。鷗外の筆法に習えば、私は芥川龍之介の衒学を遺憾としない。むしろ彼の衒学を愉むことさえもできない「誠実な」文士の天下に充満していることを遺憾とする。

*

俳句と西欧世紀末の文学とが芥川龍之介をつくった。或は少くとも彼の美学を決定した。一方には大川端の江戸情緒、一方には丸善とカフェー・パウリスタ、即ち「ぼくらの西洋」がある。しかし、それだけではない。

一般に西欧の文学と、日本国の芸術との間には、単に歴史的発展段階の相違からは説明しきれない本質的なちがいがある。そのちがいが、明治以来西欧文学の輸入をはかった多くの作家を不幸な結果に導いた。例えば、所謂自然派の小説家は、そのもっとも極端な場合である。彼らが熱心に読んだフランスの自然主義は、実証精神と実験科学との直接の影響の上に成りたったものであり、日本の伝統的な芸術とは縁もゆかりもないものであった。しかるに、芥川龍之介は、そのようなちがいのもっともめだたない所で西欧の文学に接したのであり、彼のいう「ぼくらの西洋」とは、西欧の精神が可能な限り日本の芸術にちかづいた世紀末の作家たちの代表する西洋であった。フランスには、ジャポニスムがあった。勿論芥川の関心がジャポニスムに向っていたということはできないが、北斎や其角を評価し、部屋を日本の織物や陶器で飾った一時代の西欧に向っていたということはできるし、またロティーやアナトール・フランス、或はワイルドやアーサー・シモンズが、フロベールやゾラよりも、それ自身日本の芸術とむすびつく可能性を多く含んでいたということもできるであろう。洗煉された感覚的文化、その趣味、その節度、又その懐疑的態度は、俳文家の鋭敏な感受性や、落想に富む諧謔的精神の上につぎ足すことのできるものである。事実芥川龍之介は、何人よりもよくそれを為したのであり、またそうすることによって明治以後西洋文学の影響の下に芸術的堕落の一途を辿った日本文学史のなかで数の少い芸術家の一人であり得たのである。

処女作『老年』から彼の短篇小説には、極めて意識的な構成と、緻密で絵画的な文体とがあった。『老年』という標題が既にそれを暗示している。『老年』からはじめた新進作家は己が生活の綿々たる記録が小説ではないということを心得ていたにちがいない。従って、小説はつくるものであり、しかも可能な限り完全に目的を果すようにつくるものである。目的の如何はしばらく問わず、目的を追求する方法は、常に意識的であり、効果の綿密な計算によって成りたつ他はない。芥川龍之介は、およそ人が小説に対してとり得るもっとも意識的な方法を採用することによって、短篇小説をできるだけ芸術にちかづけた作家である。彼はそのために必要なあらゆる資格を具えていた。広い教養、鋭い感受性、節度ある明断な精神……。

例えば、『夜来の花』一巻を見るがよい。先ず、舞台の時と処とが選ばれている。背景は古今東西に渉り、主人公は、惲南田からツルゲーネフ、鼠小僧次郎吉から南京の売春婦に至る。第二に、その形式が選ばれている。あるものは客観的な三人称の描写により、あるものは直接話法により話をはこぶ。またあるものは童話、あるものは散文詩の形式をとる。今詳しく分析する暇がないが、かくも多様な構成を一巻の短篇集に見ることは、他の如何なる作家にも例がない。しかし、もっとも注目すべき点は、その文体の変化と洗煉とにある。『山鴫』には欧文脈の影響が著しく、『秋山図』には漢文脈の美が遺憾なく現れている。『杜子春』の口語は明快であり『鼠小僧次郎吉』の科白は律動的である。『舞踏会』の散文は絵画的で機智に富んでいるが、『女』の文章は詩的で暗喩にみちている……。おそらく題材を異にするたびに、異る文体を用い、できるだけ多くの変化を文体に与えようと試みた作者は、この短篇集で未曾有の効果を収めている。

短篇小説は、流れてゆく人生の、或は歴史の、断面をきりとってみせるものだ。人物の性格を捉えることはできるかもしれないが、性格の変化を描くことはできない。一つの解釈を提供することはできるかもしれないが、他の解釈からその解釈を区別する理由を説明することはできない。作者は、己が美学、己が倫理によって、人生と社会とを切る。しかし、もう一つの人生のなかへ読者を招待し、そのなかにもう一つの現実を見出させることはできない。それには、人生が持続であり、現実が流転の相の下にある以上、長篇小説によって、その持続を再現し、流転の跡を辿らなければならない。短篇小説のなかに、人生はない。あるのは人生の断面と、そのような断面をきりとった作者——即ち文体とである。短篇小説に於ては、ビュッフォンとは異る意味で、文が人であり、文体が作者であり、作品の欠くべからざる要素であって、さればこそ、短篇小説は量的にではなく質的に長篇小説と異るのである。優れた短篇小説家のすべてが極めて意識的に散文をつくり、独特の文体によって人を魅惑したのは、偶然ではない。ポオやメリメや上田秋成や……例は古今東西に必ずしも少くないが、不幸にして、明治大正文学のなかには、芥川龍之介を除いて短篇小説家と称び得る者はないのである。

私は今更彼が大石内蔵助に与えた解釈に興味を感じない。しかし彼の文体の節度は、今も私を魅する。そもそも芸術のなかで滅びない要素とはその他の何ものであろうか。

*

しかし、人生は芸術を模倣しない。悲劇的な人生は、やがて芸術家を追い越す。

「彼は薔薇の葉の匂(におい)のする懐疑主義を枕にしながら、アナトオル・フランスを読んでゐた」が、「絞罪を待つてゐるヴィヨンの姿は彼の夢の中にも現れ」はじめる。(『或阿呆の一生』)

彼はくらやみのなかで、「僕等を超えた力」「僕等を支配するDaimôn」と戦はなければならない。(『闇中問答』)

如何にして、平和が奪われ、エピキュリアニズムが破れ、中庸の精神が失われたか。自殺にまで至る内面の悲劇は、遺稿に詳しく、また晩年の諸作に多かれ少なかれその暗い影を投げている。しかし、それにも拘らず、彼の文体は死に至るまで本質的な意味では毫も変化していない。芸術家は、日夜眼の先にちらつく「歯車」に悩まされ、死と向きあっている時にも、あの意識的な文体を捨てることができなかった。悲劇はまさに二重であり、歯車を見たということは人生の悲劇だが、あのように人工的な、あのように気の利いた「歯車」を書いたということは芸術家の悲劇である。Daimón は小説家の人生の節度を破ったが、表現の節度を破らなかった。人生と芸術との距離は、次第に開き、死の瞬間に無限大になったのである。

『夜来の花』の時代には、その距離がせまかった。『妙な話』や『奇怪な再会』に於ては、主人公の体験が、――無論それは作者の体験でもあり得たろうが、とにかく作者にとって「妙な」「奇怪な」ものであった。逆にいえば、作者の位置は妙でも、奇怪でもない所にあった。小説家は日常性を超えた人生の断面を描いたのであり、もし文体が短篇小説の第一の条件であるとすれば、日常的人生の裂目により深い現実を見出すことこそ第二の条件に他ならない。リラダン、晩年のモーパッサン、更に例えばカフカ……しかし、この道を辿れば、アナトール・フランスの武器を捨てなければならない時が来るのも全く必然的である。『秋』の主人公のように「始終フランス仕込みの皮肉や警句ばかり並べてゐ」るわけにはいかない。

既に『西方の人』は、皮肉や警句がキリストを扱うには適しくないことを示している。また若干の文章は、レーニンを扱うにも適しくないことを示している。キリストは天才的芸術家(『西方の人』)ではないし、レーニンは「草花の匂のする電気機関車」(『僕の瑞威から』)ではない。そういうことは、――殊にルナンとアナトール・フランスとの後でそういうことは、いくらか滑稽でさえもあろう。一九二〇年代の話にしては、呑気すぎる。しかし、フランスで呑気な時代が終った時に、日本では呑気な時代がはじまろうとしていたのかもしれない。我々の資本主義は、第一次世界戦争を通じて急激に膨張しつつあった。……

＊

私は今芥川龍之介の生きていた時代を、遥かに遠く、そういう時代があったことを殆ど信じられないほど遠く感じる。軍人は小児に似てゐる――が、彼にとっては、勲章をぶら下げてよろこぶ様が無邪気だから似ていたのであり、我々にとっては生き者を虐待する様が盲目的だから似ていたのである。このちがいは小さくない。シニズムというものは、何らかの秩序にその矛先をむけることによってしか成りたたないし、エピキュウルの園の建設は一定の文化的水準を前提としなければ不可能である。おそらく芸術も、無秩序と野蛮とのなかには、生れまい。

戦後の小説家が、それぞれの原理によってそれぞれの道を歩みながら、ただ一つ、小説を芸術とは心得ていないという点で一致しているのも偶然ではなかろう。私はそのことを少しも非難しない。しかし、それらの作品をはなれ、偶然の機会に芥川龍之介の芸術を味わうことが私にとっての大きな快楽であったことも否定するわけにはいかない。文章は今も私を魅する。のみならず嘗ては聞きとれなかった彼の魂の呟きさえも、今の私の耳には聞えることがある。昔私の青春を豊かにした作家に感謝の意を表することからはじめた作文を、私は当然現在の私を動かす芸術家への感謝によって終らなければならないのである。

＊　「義仲論」（東京府立第三中学校『学友会雑誌』第一五号、一九一〇年二月掲載）のことか。

木下杢太郎とシナの医学

近代文学編集部から葉書がきて、この度全同人が「今後の文学」と題する文章を書くことになったから、お前も是非書けといわれたが、今後のことは何につけても一向に見当がつかず、こまったことになったと思案しているうちに第二の葉書がきた。近頃世のなかにはおもしろくないことが多い、ついては同人の志気を昂揚するためにベース・ボールをやるから、運動場に出てきて妙技を発揮してくれという。ベース・ボールの妙技やとんぼ返りの術は、「今後の文学」を想像するよりもなおさらむずかしいことなので、あきらめていると、つづいて第三の葉書がきた。今度は近代文学編集部の下に平田次三郎の名があり、何でもよろしいからすきなことを一〇枚書けというのである。平田君はわたくしの能力の貧しさをよく知っている。今までにも難題をもちかけたことはないが、何でもよいから好きなことを書けというのは難題どころか大変な好意である。わたくしは、よろこんでその好意ある提案に応じることにした。しかし、話はいささか急であって、わたくしには、問題を選ぶ暇も、選んだ問題を充分に検討する余裕もない。わたくしの題目は、「今後の文学」のように今日の読者の関心をそそるものではなかろうし、無論ベース・ボールの妙技のように同人の志気をさかんにするものでもなかろう。又わたくしは、木下杢太郎とシナの医学とについて、充分に説明することもできない。

わたくしは、今興味をもっている事柄について、今わかっていること、――といってまだ殆ど何もないのであるが、今考えていることを覚書として書くのである。

*

木下杢太郎、太田正雄教授は、周知の如く、その晩年に、東京大学で皮膚科学を講じ、一九四五年秋に歿した。歿するまで、皮膚科教授と共に、東京大学医学部附属図書館長を兼ねたのであるが、図書館長としての太田教授には一つの大きな仕事がある。それは、それまで図書館が殆ど全くもっていなかった日本及びシナ、殊にシナの医書をあつめたことである。わたくしは、その間の事情を、当時太田教授の下にあって司書をしていた三輪福松氏からきいた。三輪氏は、専門が西洋美術史であるにも拘らず、戦争の間医書蒐集の実際のことにあたって頗る熱心であった。熱心であった理由は、無論三輪氏の性格と才能とにもよるであろうが、太田教授の意図を理解したからであり、太田教授の側に理解して共感を覚えさせずにはおかないものがあったからであろうとわたくしは想像している。とにかく太田正雄教授と三輪福松氏とは、あの戦争の間に、古書を漁り、誰も知らないうちに、シナ及び日本の医書の厖大なコレクションをつくりあげた。なぜそういうことをしたのであろうか。之がわたくしの疑問であり、わたくしの信ずるところでは、太田正雄の精神を理解するために、少くとも木下杢太郎詩集一巻に匹敵する重大な意味をもつ疑問である。

しかし、その前に、大学の医学部附属図書館にシナの医書のない理由を説明しておかなければならない。自然科学の研究を少しでも覗いたことのある者ならば、誰でも知っているように、医学に於ても、今日の研究に直接必要な文献の大部分は各科の専門雑誌のバックナンバーである。普通の研究にはあまり古い文献を必要としない、実験医学の方法の確立していない時代の文献は既に知られた事実として参考に供することができないからである。従って必要な文献の殆どすべては、一九世紀以降のヨーロッパのものであり、その又大部分は二〇世紀のヨーロッパ及びアメリカの雑誌である。予算の少い大学又は研究所の附属図書館は、そういう必要な文献をあつめることにやっとであるから、当面の研究に必要でない医書、例えばローマの医書や漢方の医籍を買わない。理由は全く簡単であって、東京大学医学部附属図書館に漢籍がなかったのは、役にたたぬ、従って利用者の少い本を買う金がなかったからである。ところが、戦争によって、金ができた、というのは、外国の本を買うことができなくなった図書館の予算に余裕が生じたのである。太田教授は、その余裕を利用したのだ。

しかし、金の余裕、西洋の本が買えなくなったという事情は、漢籍をもとめる希望の実現した理由にはちがいないが、漢籍をもとめる希望がなぜ生れたかという理由にはならない。役にたたないものを、なぜ太田教授はもとめたか。絵を描き、詩をつくり、陶器を愛した多趣味の才人が、古書の翻読に晩年の興味を注いだのであろうか。どうも、わたくしには、趣味や道楽の問題ではなさそうに思われる。

＊

シナの医学は、あらゆる古代医学と同じように臨床医学であって近代的な意味での基礎医学を含まないが、そのなかにも、主として診断学に係る理論的な部分と、治療学に係る実際的な部分とがある。

後の部分は前の部分から必然的に導かれたものだが、今日の立場から二つの部分をきりはなして考えることもできる。古い理論はほろびたが古い薬のなかには効くものがあるかもしれない。シナの医学の理論は一顧にも値しないが、ながい歴史の医学的経験は科学的検討に値するかもしれない。そういう考えから、中国、日本、ソヴェトの科学者は、漢方薬、灸、鍼術等を研究した。例えば、灸を火傷によって生じた体異質性蛋白の刺戟療法として説明し、漢方薬の有効成分を抽出して、注射薬とする。そのような可能性をさがすことが、今日の医学研究者のシナの医学に対するただ一つの関心のもち方であったし、又その限りでは、シナ及び日本の古い医書が役にたたないものではなかった。役にたたないといっても程度問題であり、その実際的な面はいくらか役にたつのである。太田教授の場合にも、シナの医書に対する関心は、雑草(薬草)に対する興味からも察せられる如く、先ず第一に治療学的、殊に薬理学的興味であったろう。しかし、それだけでは、めずらしいことでもないし、太田教授に限った話でもない。めずらしくないことが事実ならば、それでも一向にさしつかえないのであるが、それでは、三輪氏に「シナの医書はおもしろい、医書というが Kosmologie であり、ひとつの形而上学だ」と語った人物の精神のひろがりを見失うであろう。戦争の間、漢方の医籍をあつめることに熱心であった図書館長は、洋書を買えぬためにやむを得ずそうしたのでもないし、新しい薬をみつける参考資料を手に入れるためにそうしたのでもない。おそらく、シナの医学の体系そのものに対する関心からそうしたのだ。太田教授のシナの医学に対する興味の第一が、その治療学的部分の現代的解釈にあったとしても、第二の、そしてもっとも激しい興味は、現代的解釈を許さない、従って今日の医学には全く役にたたないその理論的な部分にあった。——之は今のところわたくしの想像であるが、多分確実な、実証することのできる想像である。シナでは医者はよき歴史家でなければならぬし、よき歴史家は当然よき医者になるはずだと、マルセル・グラネ Marcel Granet は書いた。医者は小宇宙(人間)を、歴史家は大宇宙(世界)を知るものだが、シナの宇宙学では、小宇宙と大宇宙との対応一致は完全なものであり、一方について知ることは他方について知ることであって、二つの知識は、実はただ一つの知識に帰するからである。わたくしは、最近ジャン・マルティニー博士 Dr. Jean Martinie の「シナの医学」と題する興味深い論文(France-Asie, 4: 36, 549, fév. 1949)をよんだが、その綿密な分析によると、陰陽道のア・プリオリの原理から如何にして病いの分類や治療法が導きだされるか、又逆にそのような治療医学の体系が、如何によくシナ思想を代表するものであるかということが、はっきりとわかる。若し美術を通じて、シナの文明の感覚的特徴を知ることができるとすれば、医書を通じてその理論的特徴を知ることができるであろう。一文明の本質が、その感覚又は感受性のあり方とその思考の形式とに存する限り、一方に興味をもった者が他方におもむくのは当然であり、大同の仏教美術に思いをひそめた学者が、その思いの方向を変えることによってではなく、その方向を延長し、徹底し、ひろめながら深めることによって医書の研究に到るのは当然である。少くともわたくしは、そう思う。多くのものに興味をもつということは、多くのものの背後にあるただ一つのものに興味をもつということにすぎない。浅薄でなくて多才な精神などというものはあり得ない。太田教授は、決して多才ではなかった。

しかし、おそらく、陰・陽・道の思想はほろびて再び甦ることのないものであろう。遠くすぎ去った途方もない「理論」に木下杢太郎の注いだ異様な情熱は、わたくしに現代のある詩人の言葉を想い出させずにはおかない。その詩人は、対話のなかで、人間が二つの金属と、一つの酸とを接触させることによって、電磁石を作用させる能力を獲得したということは不滅であるが、ヴォルタ Volta がそのことに与えた説明（理論）は不滅ではないといい、科学の本質はものをつくりだすその実際的な能力にあるので、理論にあるのではないといった。しかし、その後につけ足してこういうこともいったのである。しかし、「個人としては」人類の能力の増大に対してよりも、むしろ、いかに不安定であろうと、この変り易い理論にこそ自分の興味は集中されている、と。

1950

日本の庭

1

京都にある古い庭のいくつかは、おそらく、日本人のつくりだしたあらゆる芸術のなかで、もっとも大規模であり、複雑であり、完璧であり、要するにもっとも美しいものであろう。

その美しさは知られているし、庭については美しさ以外の多くのことも知られている。文献はあつめられ、全国の庭園は比較され、造園の歴史、様式の変遷、技術上の細部について、知り得ることはほとんど知られている。しかし、他ならぬわれわれにとって、なぜそれが美しいかということは、知られていないようである。別の言葉でいえば、古い庭がいかに新しいか、日本的な美しさがいかに普遍的な美しさに通じているかということは、少くとも、充分には注意されていない。

勿論そういうことは、庭にかぎった話ではないので、例えば、近松は、学校で教えられ、註釈され、研究されてもいるが、ラシーヌ Racine が今日のフランス人の間に、シェークスピア Shakespeare が今日のイギリス人の間に生きているように、今日のわれわれの間に生きているとはいえない。近松がそれに値するかどうかはしばらく措き、われわれは、懐古的な趣味の対象としてではなく、また歴史的な興味の対象としてではなく、ましてアカデミズムの慣習に従ってではなく、今日生きている問題をもとめて、日常絶えずそこにたちかえるような古典を文学の世界にももっていない。国学者は、それを『古事記』や『万葉集』にみいだすことができたが、最近日本精神を強調する必要がおこったときには、辛うじて国学者の発見をむしかえすことの他には、なにごともできなかったのである。そのときには、権力の強制があった。強制のない今では、日本精神や日本の古典について語るのは、季節外れのようにみえる。

しかし、自国の古典のなかに意味をみいだすことのできないものが、他国の古典のなかに意味をみいだすことはなおさらむずかしいであろう。それでは、外国の文化が輸入されても、単なる風俗の、あるいは技術の表面にとどまり、われわれの閉じた意識をひらいてその奥にまでは入ってこないであろう。

わたくしは、庭について何も知らないし、わずかにみることのできたいくつかの庭からある印象をうけたにすぎない。その印象はいいあらわしがたいが、決してあいまいなものではないし、ましてどこからでもうけとることのできる偶然的なものではないようである。室町から江戸初期にかけての夫々の時代にもっとも深く、抜きがたく根ざしている芸術が、もっともよく時代を超えて今日に生きていること、日本人の感受性と意識の構造とにもっとも強く、はなれがたくむすびついている作品が、もっともよく民族的限界を超えて、普遍的な世界に生きていること、そのような芸術の世界における奇蹟の存在は美しいものをみた瞬間の印象から直接に導きだされることであり、その他のどこからも導きだされないことである。いずれにしても芸術家の成功とは、作品を通じてある一定の印象を確実に与えるために、自ら所有するあらゆる手段を、自由に支配し、駆使することの他にはない。今ではその名もたしかでない庭つくりたちは、成功した。彼らの名はたしかでなくても、彼らの仕事が与える印象はたしかなのである。

わたくしは、風土や生活様式にもっとも直接にむすびついている日本の庭に、日本的なものをではなく――勿論必然的にもっとも日本的なものであるが、むしろ普遍的なあるものをみた。日本の文学におけるよりも、道徳におけるよりも、あるいは一般に一切の概念的な建築におけるよりも。

しかし、分析からはじめる前に、印象からはじめよう。美しいものは、人を沈黙に誘うが、それ以上に美しいものをつくりだした精神の考察に誘う。今更庭をつくることは無意味であろう。しかし何ものかをつくることは無意味ではなかろうし、しばらくの考察に値しないことでもなかろう。

2

桂川に近く、西の山の麓にある西芳寺は、苔寺とよばれている。庭一面に厚く敷きつめた苔が、美しく、めずらしいからである。語源的な意味で正に賞ずべき苔は、密生して、隙なく地面を蔽い、庭の外側の低い白壁に沿ってひとすじの踏石が寺につづく参道の両側にまで及んでいる。闊葉樹の枝は、その参道の上に茂り、木洩陽は、しずかに、苔と鋪石と行く人の脊におちる。わたくしは、一一月の初旬、樹立が華やかに紅葉し、雨を含んだ苔が、ほの暗い道をはさみ、朝陽がその厚い敷物のところどころを鮮やかに、眼のさめるような緑に燃えたたせている午前――おそらくは他の季節、他のいかなる時間にも、これほど美しくはなかろうと思われる雨あがりの午前――に、苔寺をみた。繁みを透し、さまざまの強さで降りそそぐ陽ざしは、濡れた苔の上に、およそ緑という一色の、あらゆる色調の変化をつくりだし、その微妙な効果にくらべれば、フォンテンブロー派が油絵具を用いて画面の上に再現しようとした木洩陽の効果も、はるかに単純なものであろうと思われた。紅葉は、苔の効果をひきたて、疲れた眼をやすませるために役立っているにすぎない。藻をうかべて澱んだ池や、今にも頽(くず)れそうな土塀は、多分禅寺にふさわしからぬ感覚的な苔の美しさの償いにすぎない。苔は、緑の色調の変化によって、眼をたのしませるばかりでなく、われわれの官能的な記憶を通じて、触覚にも訴える。やわらかく、冷く、なだらかに起伏するこの敷物を眺めながら、誰がその上におかれた熱い肌の白さを思わないであろうか。明るく澄んだ青空があり、若い女の衣裳のように多彩な晩秋の林がある。しかし、光と影との微妙な交錯のなかから、汗ばんだ肌の産毛のようにうかびあがる地面は、何ものにもまして、われわれの感覚を愛撫する。戦後に解放された若い男女が、手に手をとってこの庭を訪れるのも、まことにふさわしく、もっともなことだといわなければならない。

しかし、一六世紀の禅僧が、今日の青年や少女と同じ趣味をもっていたと考えるのは、どうもほんとうらしくない。西芳寺の前には、立札があり、この寺の庭は、夢窓国師がつくったもので、パラダイスをあらわしている、他の大抵の庭がこの世をあらわしているのにくらべて、その古さと共に、特色のある所以だというようなことが、英語で書いてある。無論、そのとおりであろう。池は、心の字の形に掘って、蓮を植えている。わたくしは、パラダイスの風景に詳しくないから、その辺の所で満足しているが、詳しい人がみればこの世の風景とちがう所が何処かにまだ沢山あるにちがいない。とにかく西芳寺は、はじめから苔寺ではなかった。それが何時の頃からか苔寺になったのであろう。少くとも、夢窓国師が、苔を中心とし、苔の効果を主な目的の一つとして、西芳寺の庭をつくったのでないことは、確実である(池をめぐる林と苔の美しいのは、下庭であり、山腹をのぼって、その上に接する上庭には、滝口のかなり大きな石組がある。伝説によれば、夢窓国師は四条の地蔵をつかってその石を組んだというが、苔を極楽からもってきたという話はきかない。作者にも、伝説を語りついだ人々にも、石組の方が、苔よりも重じられていた証拠だと思われる)。従って、苔を主として庭をみるのは、作者の意図をはなれること甚だしいといわなければならない。しかし、そのことは、西芳寺が今日われわれにとって苔寺であることを、必ずしも妨げはしないであろう。

四〇〇年前の宗教家の、夢も、理想も、禁慾的な人生哲学も死んだ。彼のつくりだしたもののなかに、われわれは彼の意図や、彼の解釈をみつけだすのではなく、われわれ自身の意図や解釈をみつけだす。いや、意図や解釈に係りのない庭の調和を感じるというべきであろう。作者が誰であろうと、苔がいつ頃から生えたものであろうと、静かな秋の陽ざしの下に輝いている緑の苔は、美しい。摸倣することのできない美しさ。人工的に再現することの困難な美しさ。「自然」そのものに固有であるとしか考えられない美しさ。苔という素材そのものの美しさが、ここにある。誰がそれを育てたにしても、庭の人工は、本来人工的でない素材そのものの美しさを充分に示すためにのみはたらいているようにみえる。苔は苔として美しい。紅葉は、紅葉として華やかな彩りであり、水は、水として深く澱み、敢えて附け加えれば、それらのもの一切の上に、空は、空として明暗の速やかに交替する複雑な照明を与えている。庭という芸術の素材は、それらの素材が独立に自然のなかで示す美しさを、そのまま芸術の世界でも発揮しているのであり、芸術の世界全体の調和は、いわば素材の自然的な美しさが、互いに相殺されず、もっとも有効にあらわれるような配置の裡にしかないようである。別な言葉でいえば、庭の風景は、風景をつくる各要素が夫々固有の美しさを発揮するために不都合な偶然的配置を、自然の風景からとり除いたものだと考えられる。——そこまで先走らず、「風景」を論じないとしても、ある種の庭において、素材そのものの美しさが、意識的に利用されているということは、事実であり、その場合に、芸術(庭)における素材が自然(野生)における素材と本質的に変らぬはたらきをしているということは、事実である。苔寺の苔は、注意深く、念入りに手を加えて育てられているが、本質的には自然の苔以外の何ものでもない。

一般に、花を用いない日本の古い庭の素材は、主として、大小の樹木と、岩石であるが、多くの場合に、樹木も、岩石も、池の水も、自然のままの美しさが、そのまま庭のなかに活かされている。例えば、修学院離宮。

西芳寺が苔の美しさによって知られているとすれば、修学院離宮は、樹木によって知られている。比叡山の麓に、広大な面積を占め、上中下三段の庭があるが、上の離宮の庭はもっとも広く、池があり、島があり、深い森があって、隣雲亭と称する山荘からその全体を鳥瞰することができる。眺望は西にひらけ、森は山から山へつづいて、遠く紫に煙る山脈の頂に連り、どこからどこまでが庭であるか、この人工の庭の境は定めがたい。少くとも、秋が彩色する森の美しさは、自然の森の美しさ以下ではないが、以上ではないので、森という素材は、素材そのものとして、利用されているのである。

芸術は、自然を摸倣する。しかし、本来自然のなかにある素材を用い、素材そのものによって自然をあらわすのは、もっとも素朴な方法である。その素朴な方法のなかでも、もっとも素朴な手段は、借景であろう。修学院離宮は、その大規模な場合であり、単に背景として叡山を用いているばかりでなく、広大な眺望を庭に本質的な要素としてとり入れている。また木密垣（こみがき）というものがある。各種の灌木を混ぜて植えた生籬（いけがき）であるが、その刈りこんだ表面は、紅葉の季節に、多彩な織物の如き観を呈する。いずれにしても、このような素材は、庭の性格を決定し、みる者の眼を支配し、人を自然そのものの讃歎へ導くことによって、芸術家の、あるいはむしろ作者の精神を忘れさせる。作者がすぐれた写真家に似ているというのは、いささか唐突な比較であるが、彼は美しい風景を自然のなかからきりとることはできても、白布の上に一本の美しい曲線をひくことはできない。特定の自然を再現することはできても、特定の自然を超えて自然一般を表現することはできない。描くことはできても、本質的な意味で創ることはできない。修学院離宮は、「御庭の一草一木に到るまで後水尾院の御製」だという。その池のなかの島を、後水尾院が住んでいたけれども「御製」ではない仙洞御所の島（真の庭）と比較すれば、そのちがいは明白である。仙洞御所をつくったのが小堀遠州なりや否や、わたくしには資料も、見識もないが、とにかく芝生に蔽われた島の裾がなだらかに延びて水際に到る曲線に、その作者がおどろくべきふくらみを与えたということはたしかである。作者は、いかなる形にも山を築きえたはずであり、おそらくあり得る無限の曲線のなかからただ一つを選んで、そこに示すことができた。女の二の腕のふくらみよりも誘いにみちた曲線、自然のあらゆるものよりも優美な曲線、その美しさの由来をどこの世界にでもなく、ただ芸術家の精神のなかにしかもとめることのできない曲線、そのような唯一の曲線を、仙洞御所の作者はつくりだすことができ、修学院離宮の作者はつくりだすことができなかったのである。仙洞御所の到る所にあるものは、修学院離宮のどこにもない。わたくしには、これほどあきらかに、二つの庭を区別し、二人の作者を区別し、ある種の技術家とまことの芸術家とを区別するものはなかろうと思われる。

しかし、話を庭の素材にもどせば、植物という素材は、造園という仕事を、本質的に、規定している。土地の性質や気候は、用うべき植物の種類を定めるので、例えば、広い庭に隙なく苔を育てることは、どこでもできることではないし、誰が植えたにしても、京都の山水にもちこまれたそてつは、唐突の感を免れ難い。造園家は、きり刻んだ材木を用いる建築家のように、風土からはなれて、抽象的な形式をつくりだすことはできないのである。もし建築家が、楽音という抽象的な素材を用いて音楽をつくる作曲家に似ているとすれば、造園家は、より多く、言葉という社会的な素材を用いて歌をつくる詩人に似ているであろう。詩人の素材は、社会のなかに与えられているが、造園家の素材は自然のなかに与えられている。いずれの素材も、地域的（民族・風土）に特殊であり、いずれの素材も、時と共に変化する。室町時代の言葉と今の言葉とでは、同じ単語の意味や味わいがちがうし、何百年も前に植えた樹は、いかに注意深く手を加えても、成長して、もとの形を損う。素材の特殊性を利用し、その特殊な美しさを極度に誇張しようとした庭つくりたちは、同じような試みにおいて成功したあらゆる詩人と同様に、彼らの手段に相応しい目的を追求したというべきであろう。

しかし、逆の結果も、生じ得るということに注意しなければならない。言葉が本来社会的なものであるならば、それ故にこそ言葉を社会の便宜的な約束から解放することによってしか、散文と区別された意味で詩を詩たらしめることはできない。純粋詩をもとめた詩人は、彼らの目的（詩）に適しい手段を追求したのであり、庭つくりもまた、同様に純粋な芸術を追求することができたはずである。

一七世紀にヴェルサイユ宮の庭をつくったル・ノートゥル Le Nôtre は、放射線状の軸の両側に左右相称の森や、花壇や、泉水を配置し、自然的な素材に、非自然的な、幾何学的な形式を与えることによって、素材を自由に支配し、作品の裡に作者の精神を実現した。しかし、この場合の庭は、合理的秩序の直接の表現であって、いかなる意味でも自然の表現を目的としていない。

しかるに、室町時代に、龍安寺の庭をつくった相阿弥は、自然を表現するために、自然を摸倣せず、自然の提供する素材そのものの力に寸毫もたよらなかったのである。

他にこのような例があるかどうか、わたくしは知らないが、成書によれば、自然の表現を目的とするヨーロッパの庭園は、あるいは牧場の風景を摸倣し(イギリス風庭園)、あるいはその方向に徹底して樹木の風土的特徴を生かし(ドイツの自然庭園)、要するに自然的素材そのものの力をかりて自然を再現しようとする営みであった。そうでない場合、素材が庭を支配せず、作者の精神が作品を支配する場合には、全く抽象的な、自然にかかわりのない形式の表現(フランス古典主義)であったようである。

3

西芳寺の苔は、苔であり、修学院離宮の樹木は、樹木であった。しかるに、龍安寺の石は、石ではない。石についた苔も、苔ではないし、敷きつめた砂も、砂ではない。

こういう抽象的作品には、「解釈」の余地がある。「石庭虎児渡」などというつまらぬ解釈もでてくるはずで、その流儀で行くと、五つのグループにまとめておかれた石の、四つは島で、横に臥した一つは虎だということになる。また別の流儀で行くと、もう少し高尚な、哲学的な解釈も、二通りや三通りは発明されているにちがいない。かりにまだ発明されていないとしても、暇さえあればできそうである。現にわたくしが、知人の心理学者と龍安寺を訪れたときにも、すでに先客があったが、人品卑しからぬ中年の婦人の柱に凭(よ)って、新参の客には目もくれず、ほとんど沈痛の面持で庭を眺めている姿は、心理学者の推察によれば、よほどむずかしい思索に耽っているとしか考えられないものであった。婦人が柱に凭って思いに耽けるのは、なにも酒屋のお園にかぎった話ではないから、それも道理であろう。わたくしは思索力に乏しいので、複雑な思弁ははじめからあきらめ、折しも西に傾いた陽ざしが白砂の上に石の影をおとす、静かな庭の面を、ただぼんやりと眺めていた。ただぼんやりと眺めていると、白砂が群青の海にみえる。五つの石のあつまりが、夫々どこかでみたことのある島にみえる。島には岩山があり、きりたった崖には、疎らな灌木も生えているようだ。その島に近く、わずかに水面に頭をだした小さな岩は、眼下で砕け散る波の飛沫を浴びている。眼を沖に転じれば、水平線に、遠い島の山脈がみえ、山麓の平野の緑がみえ、平野にばらまかれた人家の白い壁がみえ、その壁のなかに見知らぬ人生のいくつかが想像される。

わたくしは、たち上って、細長い庭をさまざまの角度からみるために、縁の端から端へ歩いた。そうすると、おどろくべき効果が生じ、島は互いに近づいたり、はなれたりしながら、広大な海の表面に、あたかもバレエの踊子の動きのような、ほとんど音楽的な位置の変化を示した。その印象は、余り大きくない寺の縁を歩くことから生れたのにはちがいないが、秋の瀬戸内海を、岸に沿って一時間近くも疾走するジープから眺めたときの印象と、寸分ちがわぬものであった。いや、寸分ちがわぬとはいえない、むしろそれ以上に微妙な変化に富み、それ以上に広大な眺望を支配していたというべきであろう。重なろうとして相寄る島と島との間に、一すじの青い海の色は、殊に鮮やかである。そのようなエトルタの海を、クールベ Courbet も描いた。海と島と白い帆と、平和な秋の陽ざしが照しだすそのような風景を、印象派も描いた。しかし、ここでは、風にざわめく林が潮騒を想いださせるし、磯の香に似たものもどこからか漂ってくる。

——これでは、解釈にもならないが、どうもわたくしには、庭に格別の種も、仕掛もないように思われる。何かを思いつくことはできるかもしれないが、海の景色の他には何もみえないようである。その海は、エトルタにも似ているし、伊豆にも、須磨明石にも、その他嘗てみたあらゆる海にも似ている。しかし、正確には、そのいずれでもない。そのすべてに通じ、そのいずれにも完全には実現されていないもの、ある特殊な海ではなく、特殊な海に頒たれている海一般というもの、植物の原形をみることのできたドイツの詩人ならば、Ursee とでもよぶであろうもの、わたくしがみている海は、そのようなものである。わたくしは、みているので、考えているのではない。これは視覚の問題であって、思弁的な問題ではない。作者にどんな哲学があったか、わたくしの知ったことではないが、作者が何を実現しようとしたか、べつの言葉でいえば、作者の眼と手とがいかなる目的を追求したか、そしてどのような成功をかちえたかは、あきらかすぎるほどあきらかだと思われる。

目的は、単純なものであった。しかし、芸術の目的が複雑だったことは、未だ嘗てないのである。

歴史家のいう所によれば、平安時代の庭は、深山の趣を摸し、天橋立を縮写し、奥州塩釜の実景を描きだしたという。これを要するに、名所旧跡の代用品であるか、少くとも特定の自然の再現を目的とすることが多かったと思われる。下って江戸の庭園には、池を掘って西湖と称し、山をきずいて蘆山になぞらえ、また京都の名勝を写し、東海道五十三次の道中の光景を摸倣したものさえもある。それほど愚劣な場合でなくても、庭は、一般に、特定の自然の再現を目的としたのである。修学院離宮の山は、比叡山とその周囲の山であり、その外の山ではない。しかるに、龍安寺の海は、どこに作者がモデルを選んだとしても、どこそこの海ではなくて、海である。あるいは、すべての海であるといってもよかろう。そのことは眺望の大きさにもあらわれているので、修学院離宮の眺望は雄大だが、その何千分の一の面積もない龍安寺の石庭には、更に広大な自然が活き活きとあらわれている。借景による風景の大きさなどはしれたものだ。雄大といっても、どうせ京都の周りの話で、例えば瀬戸内海の眺めよりは小さかろう。

足利義政の廷臣であり、将軍家の美術品管理人であって、茶人・画家・活花の一流派の始祖を兼ねた、当代の趣味の判者（アルビーテル・エレガンティアールム）、相阿弥真相は、庭をつくるときにも、芸術の目的がどこにあるかを知っていた。特殊な自然が問題ではなく、唯一の自然が問題であり、どこやらの海が問題ではなく、唯一の海が問題である。その拡り、その島影、その永遠の波の繰返し……それらのものを確実に表現する方法は、たしかに借景ではないし、縮写ではない。縮写は箱庭をつくるだけである。龍安寺の石庭の象徴主義ほど箱庭から遠いものはない。箱庭は、摸倣する。素材そのものの自然的な性質にたよる。石庭は、何ものも摸倣しない。素材は、精神にとっての素材であって、素材そのものではない。作者の精神は、完全に、素材を支配している。選ばれた素材、もっとも豊富な表現を可能にするもっとも少い素材、風雪に堪え、ながい時代に堪えて、ほとんど変らない、しかし手を加えて形を変えることも困難な素材。彼の手のなかには、砂があり、石があり、石に若干の苔があり、その他の何ものもなかったが、あらゆることを表現するために、その他の何ものも必要ではなかった。

わたくしは、相阿弥が樹木を用いなかったことを偶然ではなかろうと思う。孤篷庵は、小堀遠州の終いの棲家であり、裏千家の又隠亭(ゆういん)は、千宗旦の最高の傑作であって、それぞれの庭は、それぞれの芸術家の完璧な仕事を代表しているが、孤篷庵のどうだん、又隠亭の銀杏は、いずれも育ちすぎて、あきらかに庭全体の調和を破っている。長い時代を経て原形を正確にとどめているのは、おそらく石庭であり、石庭だけであるということを、作者はあらかじめ知っていたのかもしれない。しかし、そのこと以上に、砂で海を、石で島を、わずかな苔で平原や、森や、灌木の茂みを、自在に表現することのできた人物は、樹木をもって樹木を表現する必要を感じなかったのであろう。自然にかりる必要はなかったし、自然を摸倣する必要はなかった。自然を表現するためには、精神があれば足りた。樹木を用いることもっとも多い修学院離宮の庭が、素材に豊かで、表現に貧しいとすれば、樹木を全く用いない龍安寺の庭は、素材に貧しく、表現に豊かだということができる。

このようなちがいは、一般に芸術家の態度の問題であって、庭つくりにかぎったことではない。例えば、狂言は摸倣するが、能は象徴する。狂言の科白は多く、所作は複雑だが、能の人物には科白がなく、所作は簡単である。狂言は、特定の性格や特殊な人間関係を活き活きと描きだすが、能は、一般に人間的なるものと人間の普遍的な条件とをあきらかにするのである。『花伝書』にいう、「風体・

形木は面々各々なれども、面白き所はいづれにもわたるべし」と。「この面白しとみるは」、世阿弥の「花」であった。ヘーゲル Hegel の美学が、芸術的表現を、「普遍的なるものの個別化」として規定するときの、普遍的なるものであった。そして、おそらく、相阿弥が、砂と石とを用いて、方寸の地に捉ええた自然そのものでもあったのである。

『作庭記』や『築山庭造伝』によれば、庭のつくり方には、規則がある。その規則は、近代のヨーロッパ人、例えばピュックラー・フォン・ムスカウ Pückler von Muskau やグスタフ・マイヤー Gustav Meyer の如き造園家の配植法、あるいは水流と島の位置に関する法則にくらべて、はるかに複雑なようである。殊に、石組には、陰陽道による説明があり、迷信による禁忌があり、何々の体と称する美学的な類型が無数にあって、煩雑を極めている。このような規則は、無論、時代と共に瑣末的な傾向を帯び、そのようなものとして次第に固定し、神秘化と権威づけが行われてきたものであろうが、相阿弥の時代にも、かなりの程度まで面倒な規則ができていたろうと察せられる。どのような奥義があり、どのような秘伝があったかはわからない。また彼がどこまでそれに従ったかもわからない。『作庭記』の知識では、龍安寺の庭の石組は、破格のようであるが、そんなことは、あてにならない。わたくしは、そういうことを学者に訊ね、教えを仰ぎたいと思う。しかし、わたくしにも想像のつくことがある。それは、規則を破るところに作者の「自由」があったのではなく、もし規則があったとすれば、規則をまもるところにこの作者の自由があったにちがいないということである。彼は、素材の抵抗が大きければ、大きいほど、せまい庭の制限が著しければ、著しいほど、また従うべき規則が厳しければ、厳しいほど、与えられた条件を克服して自己を実現する精神の自由が、それだけゆるぎなく、それだけ力強いということを知っていたはずである。砂と石との庭に大海をあらわそうとねがった人物が、例えば自由詩というような、あいまいな思想に捉えられていたはずはない。彼は、ねがったばかりではなく、ねがったことを実現したのだ。彼の作品をみるものは、手段と目的とのみごとな一致にうたれる。どの石でもよろしい、少しでもその位置をうごかした場合を想像すれば、石の位置がいかにぬきさしならぬものであるかがわかるであろう。

相阿弥は、正に凱歌を奏している。夕陽のおちる静かな庭の表面から、今も力強く、その声はわきあがってくる。それは、もし永遠というものがこの世にあるとすれば、永遠に変らない精神の自由の凱歌である。

4

かくて修学院離宮は、素材そのものの美しさを代表し、龍安寺は、精神にとっての素材、あるいは形式の美しさを代表する。哲学者の言葉をかりれば、一方における山の風景は、an sich の自然であり、他方における海の風景は、für sich の自然だということになろう。an und für sich の自然は、どこにあるか。

もしそれをみたければ、桂離宮へ行かなければならぬ。ところが、そういうことを考え、そういう希望をもっただけでは、簡単に日本の天皇の財産を「拝観」することはできない。希望をもった者に位階勲等があるか、学位があれば、またその者がしかるべき役人か大学の教授であれば、殊に、外国人であればよろしいが、日本人であり、しかも芸術家であってはよろしくない。ふつうの日本国民には、特別の紹介でもないかぎり、「拝観」の資格がないのである。勿論わたくしは芸術家ではないし、全くただの、ふつうの日本人で、特にわるいこともしなかったが、特によいこともしなかった市民の一人であるが、たとえ、彼が芸術家であっても、今の日本で一番有名な詩人の一人であり、少くともわたくしのみるところでは、りっぱにその名に値するほどの人物であっても、芸術家は、そういう資格に関して、ふつうの日本国民から今日、教授や、役人や大会社の重役が区別され、むかし軍人の下っぱが区別されていたようには、区別されていなかったし、区別されていない。——どうもこれは、不思議なことである。傷つきやすい庭、損われやすい家が、誰にでも無制限に解放されていないということは、必ずしも不思議ではないが、制限の性質、資格の性質が不思議である。わたくしに不思議なばかりでなく、みるべきものをそこにもっている誰の眼にも不思議であろう。現に、あるドイツ人は書いている、「不思議なことに旧い日本のすぐれた文化に接することが外国人より寧ろ日本人にとってなかなかむずかしい」と。そのドイツ人、ブルーノ・タウト Bruno Taut は、一九三三年に、桂離宮で、嘗ての日本がつくりだした「永遠なるもの」と、現在の日本がもっている「不思議なこと」とを、おそらく同時に発見したのである。一九四九年現在、離宮の入口には、英語で入場随意という意味のことを書いた立札がたっている。わたくしは、係官に、誰でも入場随意なのかと訊ねた。立札には、ただし書きもなにもなかったが、係官は、あれは外国人のためのもので、日本人のためのものではないと答え、日本人の入場の資格や手続について話してくれた。それは、ざっと、前に述べたとおりである。わたくしは、親切な先輩や知人が奔走して用意してくれた紹介状によって、なかへ入った。なかには、「不思議なこと」は少しもなく、ただ「永遠なるもの」があった。

しかし、桂離宮の庭について語る前に、庭をふくめてその建築が世界的な傑作であるということを、発見し、断言し、説得して、今もその人の評価の他に、われわれが格別異った評価を知らない、その人について、言葉を費すのが、ものごとの順序だと思われる。

もっとも、建築家タウトは、芸術批評家として、彼自身の考えをあきらかにするために充分な表現力をもっていた。今さらわたくし風情がそういうのもおこがましいほど、彼はみごとに語ったのであり、しかも、その著作は、さまざまの形で版を重ね、多くの人々に知られている。彼の見解を紹介する必要は、全くない。わたくしは、ただ一九三三年に彼が日本へ来たということ、他ならぬその年に桂離宮をみたということ、そうして小堀遠州を語ったのだということを、想いだしておきたいと思う。

タウトは書いている、

「一方には政治と権力があり、他方には芸術と文化がある。小堀遠州はこの両者の相反を――これは単なる不和以上のものであった――、自己の一身において超克せねばならなかった。彼は芸術家として徳川のために作事しながら、同時にまた彼の最善を竭して文化の標準を維持するに努めねばならなかった。桂離宮の造営と時を同じくして、徳川氏は、日光にあの野蛮なまでに浮艶な社廟を建造した。かくの如き時世にあって、小堀遠州には、時の権力者の要求する豪奢の趣味を醇雅の途に導き、一切の反対的傾向に抗して文化を高く保持するに努めるより他に途が無かったのである。確かに彼はこの非痛な妥協を自覚していた、また多くの同時代者がかかる妥協を非難したことの正しさも、彼のよく識るところであった。桂離宮が極めて現代的な原理を示しているとすれば、それはここに顕われている小堀遠州の人格が殆ど三世紀の長年月を経ながら今なお現代的であるからだ。かかる人格は今日我々の住むいずこにあっても苦しい闘争を堪えてゆかねばならないであろう……」と。(『タウト全集』第一巻、七〇頁)

一九三三年、最初のヒトラー Hitler 内閣が権力を掌握したドイツで、あらゆる自由な芸術家は、苦しい闘争を堪えて行かねばならなかった。今日我々の住むいずこにあっても苦しい闘争は、その時、その人にとって、もっとも苦しいものであった。そのことは、祖国を追われて、極東までやってきた芸術家の言葉を支え、異郷の空の下に古人の傑作と相対した芸術家の眼をとぎすましている。そのことこそは古人のなかに、「三世紀の長年月を経ながら今なお現代的な人格」をみとめさせ、古典を己の人格の問題としてうけとめさせ、己の生きている現代に、過ぎ去った時代の傑作を再びよみがえらせることを可能にしたのである。

利休は、秀吉の庇護をうけ、秀吉のために殺されたが、一九〇六年に、「暴君の友情は常に危険な光栄である」(*The Book of Tea*, p. 156)と書いた岡倉天心はみずから権力の被害者ではなかった。その文章を、タウトが遠州に就いて書いた文章と比較してみるがよい。批評家みずからの体験、批評家みずからの人生、批評家みずからの時代が、二つの文章をいかにあざやかに区別していることであろう。殺された利休よりも、殺されなかった遠州が、いかに深く悲劇的にみえることであろう。桂離宮はタウトの人格の問題であった。もしそれがわれわれの人格の問題でなければ、われわれにはなにもつけ加えることがないはずである。

しかし、「一方には政治と権力があり、他方には芸術と文化がある」という場合に、この両者の相反は、芸術家の一身において超克せられねばならぬと同時に社会的にも超克されなければならない。相阿弥は義政に仕え、利休は秀吉に仕え、遠州は徳川家に仕えた。文学報国会は東条に仕えた。そのことから権力者と芸術家との対立、あるいは、一般に政治と文化との対立が、今も昔も変らぬという結論もおそらくでてくることであろう。しかし、それ以上に、もし権力者の側に文化がなかったとすれば、権力に反抗する者の側に文化がありえたし、あらねばならないという結論もでてくるであろう。反抗が芸術家個人の反抗であったかぎりにおいて、日本の芸術の歴史は、不幸であった。しかし、反抗が、芸術家を含めて社会的な、単に個人的ではない人民の反抗であるかぎりにおいて、日本の芸術の歴史は、不幸でない未来をもつにちがいない。いや、正確にいえば、芸術家の人格のなかにおける闘いを社会的なひろがりの中にもち来すことによってしか、芸術家の人格のなかにおける闘いの苦しさ、不幸、高貴にして悲劇的な運命を、救うことはできない。

タウトは、桂離宮と日光廟とを比較したが、わたくしはむしろ、飛雲閣と千家の茶室とを比較したいと思う。人も知るごとく飛雲閣は、聚楽第のなかにあって独裁者秀吉の常住のところであった。今は西本願寺に移されて、昔それをとりまいていたといわれる池よりも、はるかに小さな池のなかに立っている。豪華ではあるが、少しも美しくはない。敵を避けるために用意周到であり、逃げ路や武者隠しの工夫は、人をおどろかせるが、芸術的な工夫は、凡庸である。金と時間と労力とを惜しみなく用いて経営した醜悪極まる家が、権力の棲家に他ならなかった。これに反して、芸術家の棲家は、西陣の人家の間にたちまじり、人家と同じ材料で、即ち木と竹といくらかの小さな石とで、めだたぬように造られている。わたくしは、今の千家に、ましてその周囲に、利休と利休の時代の面影がどの程度にまで残っているかを、つまびらかにしない。しかし彼が、彼自身の住居を、金と時間と労力との浪費によって飾らなかったことだけはたしかである。しかも飛雲閣にくらべて、はるかに繊細な芸術的工夫をもって、はるかに美しく造り上げたことだけはたしかであり、殊にみずからを貧しい周囲から富と豪華さとによって区別しなかったことだけはたしかなはずである。わたくしが、表裏の両千家を訪ねたときには、霧のような雨が秋の巷をぬらしていた。軒並の暗い、廂の低い家のなかで、痩せて顔色の悪い女たちが、同じように窓側に坐って、機織の機械を動かしていた。その単調な響きは道に溢れ、疲れた女のもの憂げな視線とからみ合いながら、今では隔絶した富と、権力ではないにしても、少くとも社会の上層に位置する人々があつまる千家の潜戸(くぐりど)をあけてそのなかへ入って行くわたくしを追って来た。昔、利休が利休の家の門を潜るときに、そういうことはなかったろうと思われる。彼が、独裁者の「危険な友情」に恵まれていたにしても。――飛雲閣と千家の茶室とは、単に二つの建築の様式を代表するものではない。また単に、秀吉と利休との今に伝えられている有名な二人の同時代人の人格を代表するものでもない。そうではなくて、一般に、二つの社会、二つの階級、階級によって規定される二つの精神を代表するものである。一方の精神に対して、他方の精神をまもることのできるのは、単に一方の人格に対する他方の人格、権力に対する芸術家個人ではなく、独裁者に対する人民であろう。

しかし、小堀遠州は、異郷に放浪を重ねてみずからの精神の自由を護り、孤独な生涯を辺境での客死に終った現代ヨーロッパの建築家の如く、そのような問題を、まさしく自己の人格のなかにおいて、また人格のなかにおいてのみ、解決する他はなかった……。

5

修学院離宮の庭には境がないが、龍安寺の庭は額縁のなかにある。

修学院では、人は自然のなかに入るので、庭のなかに入るのではない。龍安寺では、人は庭をみるので、庭のなかに入るのではない。一方では庭は庭でないし、他方では庭はみられるものにすぎない。低い白壁によって三方をかこまれた額縁のなかの自然は、近代劇の舞台のように、第三の壁を観客にむかってひらいている。庭は寺の広縁から、みられるためにあり、みられるためにのみある。三方の白壁の外には、美術館の壁面のように、額縁のなかの風景とは縁もゆかりもない空間がある。その空間はめだたぬ方がよろしい。龍安寺の庭は、眼のさめるような紅葉の林が、周囲をとりまいている秋にではなく、枯れおちた林の、こずえの網の目が、灰色の空を透かせている冬の午後に、あるいは、うす緑の若芽が林をつつむ春の夕暮に眺めるのがよろしい。修学院の自然が、古代的・牧歌的な、an sich の自然であるとすれば、龍安寺の自然は、近代の風景画のように、近代的・客観的な für sich の自然であろう。一方では、自然的なものと人間的なものとは区別されず、したがって、自然対人間の対立を通じての自然は、おそらく意識されていない。庭は素朴に自然を摸倣するが、その本質をとらえない。他方では、自然的なものと人間的なものとがあきらかに区別され、自然は常に、人間に対する自然として意識される。庭は自然を摸倣せず、自然的な素材の効果を厳しく拒絶しながら、純粋に人間的な精神的な方法によって、即ち、かの相阿弥が、熟達し、精通し、自在に駆使した象徴主義的方法によって、自然の本質をとらえている。しかし、後水尾院は、彼の離宮で生活していたのだということを忘れてはならない。相阿弥は、どこで生活していたのか。少くとも、石庭のなかにおいてでなかったことは、たしかである。その自然はみられるものであり、単にみられるものであるかぎり、決して宇宙ではなかった。宇宙は、そのなかに人が身をおくところのものである。

誰がそのような宇宙をつくったか。家のなかへ入るように、そのなかへ入ることのできる庭、それ自身境のある世界であって、自然からあきらかに区別され、しかし額縁のなかにかぎられたものではなく、人をつつみ、家をつつみ、一切をつつむ庭、単にみられるものでなく、そのなかで動き、生き、考えることのできる庭、精神にとってのある対照ではなく、唯一の宇宙である庭、そのような庭を、誰がつくったか。

人は桂離宮を、みることができない、そのなかに入ることができるだけである。

竹で編んだ垣があり、簡素な門がある。門を入り、潜戸を通って御輿寄せの前に出ても、緑の厚い苔のなかに一直線の敷石がうかびあがっているばかりで、左右にいわゆる行・草の飛石が、茶人のきまぐれな哲学を暗示してはいるけれども、建物と生垣にさえぎられて庭をみることはできない。書院のなかに入り、月見台の上に出て、はじめて庭をみる、というよりも、人は、突然、もう一つの世界のなかにいる自分自身をみいだすのである。その世界には、額縁がない。額縁のまわりの美術館の壁に相当する空間がない。深い森にかこまれ、視界は森にかぎられているが、森はどこまでもつづいているのであり、その外にあったはずの桂川や、田畑や、人家や、電信柱は、どこまでもつづいている森の果てにしか、即ちもはや無限に遠い彼方にしか存在しない。この世界は、あきらかに境されているが、その境は、無限に遠いのである。したがってまた、みるものにとっての第三の壁というようなものは、ありえない。風景は、書院の正面に向ってひらいているのではなく、書院が風景のなかにある。人は、風景に対しているのではなく、自然のなかに、いや、自然のなかにではなく、第二の自然のなかにいる。第二の人生である夢のなかにいるように。

ここには夢のなかにおいてと同じように、この世のあらゆるものがある。広い空を映す池の水、樹立に蔽われた島と、繁みに隠顕する松琴亭の屋根、石組の美しい岸と、岸にせまる紅葉の林、また、土橋や、藁ぶきの屋根や、灌木の間にのぼるほそい路のくみたてている田園風景、あるいはまたかすかに黄ばんだ芝生の秋の色、一列にならんださりげない並木、書院の白い壁……ここには水の、樹木の、苔や芝生の、自然の素材の美しさがある。また滝口の石組や、敷石の幾何学や、建築の形式、その屋根の曲線、その柱の直線、またその壁のひろがりがもつ人間的な形式の美しさがある。ここにはあらゆるものがある。しかし、夢のなかにおいてと同じように、この世のあらゆるものが、この世の秩序とは異るある秩序のもとに息づいている。

しかし、これほどさめた、これほど明晰な精神に訴える夢があろうか。In Katsura denkt das Auge. ――桂では眼(視覚)が考える、とタウトはいった。考えるということほど、夢みることから遠いことがあろうか。

この庭には、おそらく、五つの中心がある。月波楼には海があり、賞花亭には森と峠がある。笑意軒には、農家の田園風景があり、待合から松琴亭にいたる路には、茶人の象徴主義的山水がある。最後に、新書院には、芝生と日常生活がある。それぞれがそれぞれの仕方でみごとであり、たとえば賞花亭をかこむ森は、修学院離宮のどの場所においてよりも、はるかにふかい奥山の趣を備えているが、その面積は、修学院の一〇分の一にもおよばないのである。しかしそのおのおのについて、いまくわしくのべるひまはない。庭には五つの中心があるが、また一つの中心がある。古書院の正面、月見台では、その全体が、一望の下にあり、部分は部分として、それぞれ独立の役割を果しながら、しかも全体の秩序に奉仕している。その全体の秩序、その統一、その調和——たしかにわれわれは、調和を感じるのであり、あるいはむしろ、調和を現に眼の前にみているのであるが、その調和とは一体何であろうか。

わたくしは、誰がそれをつくりだしたか知らない。小堀遠州であり、もう一人の小堀遠州であろう。しかしいずれにしても、それをつくりだした精神は、divina comedia の作者としてダンテ Dante が、comedia humana の作者としてバルザック Balzac が記憶されるごとく、comedia naturalis の作者として、人間の歴史に記憶されなければならないであろう。ダンテは、カトリシズムの世界に、バルザックは、近代市民社会に住んでいた。日本の庭つくりたちは、日本の自然のなかに住み、その自然を描きながら、普遍的なものをつくりだしたのである。

いまさらいうまでもなく、『万葉集』のおもな主題の一つは、自然である。『唐詩選』にくらべて、『季節集』（リトゥサンハーラ）にくらべて、また『ルバーイヤート』にくらべてはるかにしばしば、万葉の詩人は、海をうたい、山をうたい、野と森と季節のうつりゆきをうたった。『唐詩選』では、人間のよろこびとかなしみが、背景の自然を圧倒している。『季節集』では、その名の示すごとく、四季がうたわれているが、うたわれているのは、野でも山でもなく、暑さにもだえ、愛に飢え、我と我が身を眺める女の姿である。『ルバーイヤート』では、人生の有為転変に身を処する詩人の、犬儒的な哲学と、盃がふれあい、女たちが笑いさざめく華やかな饗宴の描写の間から、自然は全く影をひそめている。圧倒的な大陸文化の影響のもとに編まれた最初の詩集『万葉集』においてさえも、日本の自然は、日本の文化にとって、他の場合にはみられぬ特別な意味をもっていた。ましてその後の文学は、シナの文学にはみられない繊細な感受性をもって、また、インド・ヨーロッパ語の表現にはみられない感覚的なするどさをもって、敷島の大和の国の美しい自然を描いている。その美しさは、もとより観光局のいうごとく、日本の自然そのもののなかに理由があるのではなく、日本の文化そのもののなかに理由がある。『枕草子』にあらわれた感受性のするどさ、『今昔物語』や『徒然草』にあらわれた観察のこまかさ、『新古今集』にあらわれた美的な自然哲学、そうしてやがて、能の象徴主義と、茶の芸術的生活、即ち、「花」と「さび」とのなかに完成されたもの、それはまた伝統として固定化され、生命を失い、時として『奥の細道』や、『鶉衣』や『黄葉夕陽村舎詩』によみがえりながら、次第におとろえていったものであるが、遂に詩人を束縛することをやめず、子規を通じて、明治以後の私小説の世界にまでながれこんだ、——そのようなものは、室町から江戸時代のはじめにかけては、まだ活き活きとした力にあふれ、創造的な可能性にみちていた。しかし、日本の文化に固有な自然感情、あるいはむしろ自然の意識が、観察と感受性と表現力とのあらゆるひろがりにおいて、ゆたかに、綜合的に、本質的にあらわれたのは、文学作品のなかにおいてではなかった。そうではなくて、むしろ庭においてであり、ことに、桂離宮の庭においてであったということができるであろう。

わたくしが、古書院の月見台にたったとき、薄陽のさす庭には、銀色の雨が降りそそいでいた。島も、樹立も、遠い岸の石組も、雨に煙り、何世紀も前からつづいているような静けさが、その美しい世界を支配していた。華麗ではないが美しい世界、巨大ではないが力強い世界、技巧的ではないが、技巧を超えている世界、わたくしにはその世界が、日本の美術史のあらゆる画家たちの世界でなかったとすれば、日本の文学史のあらゆる詩人の世界であったように思われた。分析的にとらえることのできないもの、法則に還元することのできないもの、精神に対立し、克服すべき抵抗としての素材を芸術家に提供しながら、同時に芸術家をつつみ、芸術的実現の最後の目標としてあるもの、そのようなものとしての自然は、日本の文化のあらゆる面に予感され、暗示され、部分的に示されているが、いまだかつて他のいずれのところにおいても、全体として表現されたことがなく、ここにおいてのみ全体として表現されたものである。ここには、日本的なもののなかで、もっとも日本的なものがある。しかし、もっとも日本的なものこそは、もっとも普遍的なものであろう。

わたくしは、畏友平井啓之氏が教えてくれたアメリカの詩人エドガー・アラン・ポー Edgar Allan Poe を想いだす。ポーは、言葉(散文)を用いて、まさに同じような庭のイデーを描いた。「Arnheim の庭」は、自然よりもより自然的な第二の自然であり、また第二の自然にとどまらず、最も人間的な精神の自己実現の場所である。その庭の作者は四億五〇〇〇万ドルの遺産を相続し、欲することをなし得るというときに、詩人であり、画家であり、またその他あらゆる芸術家であり得る望みを捨てて、ただひとつの最も複雑な芸術、自然の美しさと人間的な美しさとのすべての結合を可能にする芸術、数学的な法則に支配され、しかも法則を超える「風景庭園」あるいはむしろもう一つの世界の創造を、みずからの使命と感じたのである。その仕事の結果はわからない。何故なら芸術は知性によってつくられ、法則によって限定されているけれども、知性のみによってはつくられず、また法則の限定の内側に無限の可能性をもつものであり、批評家は、知性と法則の領域を超えることができないからである。ポーはいった、「創造において燃焼する最も強い力は、その結果をもってはかる他はない」と。しかしわれわれの前にあるのは、その結果に他ならない。どうして日本の庭が単に日本的であろうか。

アメリカの詩人は、英語の美しさをその究極まで、即ち人間の言葉の本質の美しさまで究めなければならぬ。日本の庭つくりは、日本の自然の美しさを、その究極まで、自然の本質そのものの美しさまで究めなければならぬ。そのような極みにおいて、最も特殊な世界は最も普遍的な世界に通じるのである。われわれの祖先、古い日本の庭つくりたちは結果をえた。もしわれわれが、今日の結果を得ることに成功するとすれば、その結果が本質的な意味で彼らの結果から異るという理由は、一つもない。

庭について語るべきことにはかぎりがないようである。しかし、芸術に関しては、語るべきことがかぎりなくあるということこそ語るべきことが一つしかないということでもあろう。即ち、――われわれにとって、庭は、美しい。

追記

戦後まもなく私は京都で代表的な庭のいくつかをみた。訪う人は少く、どの庭も静かで、筧の水や落葉の音がはっきりと聞えた。しかしどの庭の印象も、それぞれ性質の根本的に異るものであった。

私がしばらく typology の形式をかりて、「日本の庭」を語ろうとしたのは、そのためである。私はまだヨーロッパ大陸の、あるいはイギリスの、あるいは中国の、多くの庭を、実際にみたことがなかった。

「日本の庭」を書いた後しばらくして、私は日本からはなれて暮すようになった。すると嘗てみた日本の庭の印象は、それぞれ異りながらも、すべてがある一点へ集中して行くように思われた。その一点はおそらく日本文化の中心に近いはずであった。私は遠い国で日本を想いだすたびに、庭を想いだした。あるいはむしろ、生活の環境の変化が決して忘れさせないような何ものかを、私は京都の庭にみいだしていた、というべきかもしれない。青年のとき欧米の文物に心酔し、齢を重ねて後日本へ回帰するということが、私の場合にはなかったのである。著作集第一三巻に収録する『三題噺』のなかの「詩仙堂志」*から今日に到るまで、私と日本の庭との関係は、根本的には変化しなかった。大いに変化したのは、京都の有名な庭がもはや静かな場所でなくなったことである。

＊　本自選集第三巻所収。

鷗外と洋学

1

森鷗外が、「師団長閣下。旅団長閣下。並に満堂の諸君」を前にして、「洋学の盛衰を論」じたのは、今からおよそ半世紀前の話である。しかし、半世紀前の話は、今日少しも色あせていないし、むしろその後の日本及び日本の洋学がたどった道すじのために、——その道すじをたどるためには、人も知る如く、幾多の師団長閣下、旅団長閣下、並びに全国の軍人諸君が重大な役割を演じたのであるが、今日いよいよ切実さを加えている。

「我国に於ける洋学の伝来は、既往百年間、早く多少の変遷を経たり。其初は彼の兵事、航海術、医方に驚歎して以為へらく。彼は道徳宗教の観る可き者なしと雖、其機巧の智は、取りて以て玉を攻むる他山の石と為す可しと。中ごろは、漸く彼の哲学を知り、彼の宗教を知り、同時に在来の儒学仏教を疎んじて、以為へらく。彼の長は啻に機巧の末のみならず、彼の長は精神上にも技術上にも並び存ぜり。我国人は唯だ彼を模倣し彼を崇拝して可なりと。是れ洋学全盛の時代なりき。既にして此模倣崇拝は漸く陳套に帰し、予の見る所を以てすれば、今や許多の朕兆の、洋学の衰替を証するに似たるものあるなり」。

洋学衰頽の朕兆の第一は、学士の語学の能力の低下、第二は外国人教師の数の減少、第三は、洋行の性質の変化。第一と第二とは、敢えて註するに及ばないが、第三の洋行の性質の変化とは、「従前の洋行者は定見なくして往き、彼の学に心酔せり。今後の洋行者は定見を持して往き、彼に参考の資を求む」という、「早稲田専門学校卒業生島村滝太郎の洋行」に際し、文学博士坪内雄蔵氏の贈った送別の辞にあらわれている見解をさす。洋学衰頽の朕兆は以上の如くであるが、その理由は、「明治文教の隆盛漸く其度を進めて、学者の自信力の長じた」からである。そこで、「今の問題は、此自信力果して実価ありや、堅固なる根柢ありや、又は憍慢自負うぬぼれの致す所なりや」にかかり、もし「所謂定見にして彼に優るか、又少くも彼と同等ならば、此現象は旧に比して著しき進歩」であろうが、「若し定見の彼に劣る者あらん乎。所謂定見を持しての洋行は、三四十年前の他山石主義と何ぞ択まむ」ということになる。然るに、鷗外が語をベルツ Bälz に借り、わたくしが鷗外に借りていえば、既になされた洋学の輸入は、洋学の果実の輸入であって、種子の輸入ではない。学問の結果はとり入れられたが、学問を育てる雰囲気はつくられていない。「今の我国人の自信力は、其根柢未だ必ずしも堅固ならざるに似」ているのであるから、洋学の衰頽は憂うべき現象だといわなければならない。

このような事情は、半世紀後の今日も、本質的には変化していない。或は、むしろ戦争によって堅固ならざる根底がいよいよあきらかに洗い出され、しかも戦争によって堅固ならざるものを堅固だとし、洋学の衰頽を当然とする風潮はいよいよ著しい(英語の学習は、流行しているが、「若し会話のみにして足ると曰はゞ、是れ庖丁の外国語のみ」、――敢えて鷗外をまたずとも、そんなものは洋学のうちに入らない)。知識人の「自信力」は、敗戦によって毫も傷かず、ますます昂然たる「定見を持して」外国の文化に接しているようである。その定見が上等でなければ、いっそない方がよろしかろうというのが鷗外の意見であったが、敗戦後の今では、既にヨーロッパ文明の果実のみならず、種子も又移植されて、不幸戦い利あらず、「物量攻勢」の前に屈したが、今更洋学を必要としないのであろうか。もしそうであれば結構だが、必ずしもそうばかりとは思われない。渡辺一夫教授は、フランスの文化と日本の文化とを比較しながら、われわれの文化の根底の堅固ならざる点を注意し、竹内好氏は、それが単に先進国と後進国とのちがいというような生易しいものではなく、中国における洋学が、ヨーロッパ文明の種子の輸入であるのに反し、日本における洋学が、果実の輸入であり、新しい果実の輸入をいつまでくり返していたところでどうにもなるまいということを論じた。わたくしは、渡辺、竹内両家の驥尾に附して、鷗外の時代にも、半世紀後のわれわれの時代にも、洋学の問題は、果実の輸入をもって足れりとするか、種子の輸入を不可欠とするかにかかり、種子のないことは、今も昔も大したちがいはないと考える者である。

種子とは、「学問の生長に特異の雰囲気」であり、またおそらく民主主義の生長に特異の雰囲気でもあろう。それは、西洋の文化的伝統であり、キリスト教的人間愛とギリシアの合理的精神とによって成り立つ、ある根源的な、感じ方及び考え方であり、学問的業績や芸術作品のなかにおいてのみならず、家庭に、実験室に、日常不断にあらわれざるをえず、また現にあらわれていて、概念的に承知することはなんでもないが、それではあまり役にたたず、体得して後にはじめて意味を生じるような何ものかであろう。そのようなものをこそ、鷗外は、洋学のなかにもとめた。「洋行中先づ己を虚しくして教を聞き、久しきを経て纔に定見を得」た彼の定見は、多くの果実の背後に、唯一の種子があるという定見であったにちがいない。「箪笥を負ひて往き、学問を其抽箱に蔵せんと欲するは不可なり。彼地に至りて箪笥を造らざる可からず」——和製の箪笥の寸法に合せて、西洋の学問や芸術の果実をきりとり、同時代の外国文学理論を抽箱に蔵した人々が、彼の眼にばかばかしく映ったのは、どうもやむをえないことである。

「新しい自然主義だとか何とか云つて、大分騒しいが、あれも文学の érotique の方面に、これまで正直に書けなかつた処があつたのが、いつか少し書けるやうになつたのだ。それにこれまで一定の意義のある naturalisme にまぎらはしい自然主義といふ名を附けるのが、気まぐれなのだ。強ひて名が附けたけりやあ、無遠慮主義とでも云ふが好からう」。(「夜なかに思つた事」一九〇八年)

naturalisme とまぎらわしい日本の所謂自然主義は、単なる無遠慮主義ではなかったと思うが、そのことは、後に述べる。しかし、自然主義が、正に一定の意義のある naturalisme を、和製の箪笥の寸法に合せて、途方もない形にきりとって抽箱に収めたものであることに、まちがいはないし、移植されたものが、ヨーロッパ近代文学の果実であって、種子でなかったということにもまちがいはない。そして、そのことだけが、重要である。

種子は、誰によって、いかに移植されたか。——しかし、その前に、外国文学理論、正確にいえば、それぞれの時代の、現代外国文学理論、それこそ正にヨーロッパ文化の果実の一つであるが、その果実の移植を試みようとした場合に、どういう事態が生じたかを、もう少し詳しくみておかなければならぬ。その場合に、生じ得る、また現に生じた一切の事態は、自然主義理論の移植のされ方に、典型的にあらわれているように思われる。

2

みずから自然主義者と称した文学者は、ヨーロッパの naturalisme のうちにロマンティスムを読んだ。

たしかに田山花袋は、フロベール Flaubert やゾラ Zola を読んだが、彼は、ユーゴー Hugo やバルザック Balzac でなくて特にフロベールやゾラを読んだわけではない。したがって、花袋が彼らから受けた影響を、彼らからしか受けることのできなかったものだと考えるのは早計である。花袋の文学とヨーロッパのナチュラリスムとの間に直接の関係をみつけようとするのは、たとい彼自身がそうしたにしてもはじめから無理な企てである。花袋の問題は、彼がナチュラリスムに接した点にあるのではなく、日本の文学者が、はじめてヨーロッパの近代文学に接したという点にある。ナチュラリスムは、たまたま時代が近く、いわば偶然に眼に触れやすいところにあったという以外のものではない。

六八年の革命が、上からの革命であったにしても、おどろくべきはやさですすんだ日本の社会の資本主義的編成は、にわかにその数を増した知識階級の間に、近代文学への要求を準備しつつあった。そして勿論ナチュラリスムへの要求などは、毫末も準備してはいなかった。日本の市民社会の最初の文学的表現が、どのように歪められたかたちであろうとも、ヨーロッパにおいてと同じように、ロマンティックな傾向をとろうとしたのは当然すぎるほど、当然のことである。そして、それが当然である以上、日本の文学者の最初に接したヨーロッパ文学が、フロベールであればフロベールのなかに、ゾラであればゾラのなかに、ロマンティックな人間観と美学とを日本の小説家が読みとったこともまた当然であろう。ヨーロッパのロマンティスムとナチュラリスムとは、絶対的に対立するものではなく、後者は前者の発展であり、むしろ前者の原理の必然的帰決である。ナチュラリスムのなかには、あらかじめロマンティックに予告されていない本質的な何ものもない。人間観において、美学において、――しかも小説という形式が、あらゆる芸術の形式のなかで、最もロマンティックな形式である。島村抱月はいった。「思ふに直ちに事物の中身を取り出さんとする一種の傾向は、クラシシズムの形式観に反抗して起つたロマンチシズムの特色であつて、それから自然主義にも伝はつたと見られる」と。そういったときに、彼は、「自然主義の価値」を論じていたのだ。「論じてここに至れば、文芸としての自然主義は、内容の上では全く無条件主義である」――内容の上で無条件主義ならば、形式の上でも無条件主義であろう――。抱月が意識すると意識せざるとを問わず、ロマンティスムの美学とは、そのほかのものではないのである。

日本の所謂自然主義の積極的な特徴は、個人の、全人間的な表現としての文学の確立にあるが、その場合の人間らしさは、自然らしさであって、その点に関する限り、ヨーロッパのロマンティックの原理と、符節を合している。同じことだが、その消極的な特徴は、戯作者の流儀の否定であり、その点に関する限り、日本の自然主義者の反戯作主義はヨーロッパのロマンティックの反クラシスムに似ている。

「自然主義の作者の主観が、西洋でも日本でも、自然主義勃興以前の作者の主観に比べて、著しく自由になり、自然になつたのは事実である。又其主観が明かになり、其領分が拡げられたといふことも事実である。鋭く徹底した形を帯びて来たのも事実である。趣味や好奇心で出来た芸術品とは大分違つてゐる」(『卓上語』)と、田山花袋は書いた。趣味や好奇心でできた芸術品、即ち江戸戯作者の伝統を否定し、作者の主観の「自由」と「自然」とを主張する、その「自由」が、ロマンティックであることは、いうまでもないし、また、「自然」が、ナチュラリスムの意味での nature でないことも、いうまでもない。このような文章を読むものは、彼の小説を読むものと全く同じように、花袋が、nature ということばを、ルソー Rousseau からではなくゾラやモーパッサン Maupassant から習ったということに、不幸な偶然を感じるほかはないであろう。

徳田秋声は、「尾崎紅葉」を論じ、「江戸の戯作の脈を受けついでゐたので、西鶴のやうな広い人生の背景がない。勿論大陸の芸術のやうに、その描くところの事件なり人生が、大自然や宇宙の悠久性を背景としたものでもない。自然主義以前のものは大抵さうだ」といっている。独歩は、明治の文壇において、最も自覚的なロマンティックであったが、この場合の秋声は、「戯作の脈」に、ほとんど独歩と同じような「宇宙の悠久性」を対立させているのである。

多くの例をひくまでもあるまい。片上伸は、「自然の解放・強烈な個人性の主張を唱へて驀進した、あの厳粛な荘重剛建なイプセン」といったが、彼がそのようなイプセン Ibsen をみとめたと同じように、花袋や秋声や島村抱月や、また詩人島崎藤村は、ヨーロッパのナチュラリストに、彼のイプセンと正に寸分ちがわぬものをみていたのである。

客観描写というようなことは、おそらく技術問題にすぎまい。フランスの世紀末の小説家が、その文章の前提とした一切のものは、フランスにあって、日本にはないものであった。客観などといっても、実証主義のないところでは、全くたよりない話である。客観描写は、子規の所謂「写生」と融けあい、俳文の軽妙さに流れなかったにしても(それは、漱石や芥川龍之介の場合である)、『今昔物語』の、或は『徒然草』の、或はまた『雨月物語』の、観察の鋭さに似たものを生んだときに、なし得る一切のことをなし終ったように思われる。やがて「私小説」が、その道の上に発生し、小説を誰にでも書き得るものにするであろう。

逍遥の「没理想」にはじまり、抱月の所謂「無条件」、花袋の「自然らしさ」の果てには、いつか豊田正子が生れるであろうし、無数の記録文学が生れるであろうし、「ふてぶてしさ」の他に取柄のない産婦人科医兼文学賞受賞者が生れるであろう。彼らは、自然主義と客観描写との結果であって、断じて紅葉と「戯作の脈」との結果ではない(紅葉の流儀で文章を書くことは、誰にでもすぐにできる芸当ではない)。要するに、客観描写の残したものは、第一に具体的なものごとの観察の細かさ(伝統的感受性)、第二に小説の製造法の単純化(資本主義の発展による小説の需要の増大に応じた小説の側からの反応)である。ナチュラリスムに格別深い関係があるわけではない。

しかし、自然主義は、ヨーロッパのナチュラリスムを通じて「個性の解放」を志したのであり、事実、ある程度まで、明治文学を作家の人生の個性的な表現とすることに成功したのである。彼らの内的慾求は、ヨーロッパのナチュラリスムのなかに、いわば極小のロマンティスムを読みとり、それを己れのものとした。笈を負って都にのぼった農村の小地主の息子たちは、戯作者気質に反抗したけれども、戯作者の負っていた文化的伝統を自ら負っていたわけではない。打ち倒すべきいかなる文学的・文化的伝統も自己のなかに持っていなかった故にこそ、なんの抵抗もなく、ヨーロッパの果実を利用することができたのである。そうして日本の近代文学史がはじまった。或は、少くともはじまるべきであった。

しかし、抵抗を克服することなしに、とり入れた果実は、次の果実を生まない。自己の伝統を否定することなしに、つまり己れをむなしくすることなしに、或はより適切にいえば、そもそもむなしくすべき己れを感受性と精神との全体をもってはっきりと意識せずに、外国の文化的伝統を深く知ることはできない。知ることのできるのは外国の文学の目新しい趣向であり、そんなものは当座の役にたっても、ながくは使いものにならない。『田舎教師』は傑作だが、その後の自然主義的作品が、毫もその上に出ていないのは、そのためである。

なにも自然主義にかぎらず、明治以来の外国文学理論の移植という事業が、多かれ少かれ同じ種類の誤解と、誤解の必然性と、つかの間の効用とを示してきた。しかし、今、ボードレール Baudelaire, ワイルド Wilde, トルストイ Tolstoi, 又その他の作家が、どういう人々によって、どう誤解され、その結果、どういう主義が日本国に発生したかというようなことを、列挙する興味は、わたくしにはない。わたくしに、興味があるのは、外国文学理論の移植に興味を持たなかったか、少くとも二次的な興味しか持たなかった人々の仕事であり、その人々の仕事だけである。彼らは、果実よりも種子を欲し、しかじかの西洋文学理論よりも、西洋文学の伝統を支えている精神をもとめた。

3

しかし、他山石主義は、明治になってからはじまったものではない。

一八世紀の初めに渡来したイタリア人宣教師について、新井白石は、「凡そ、其人博聞強記にして、彼方多学の人と聞えて、天文・地理の事に至ては、企及ぶべしとも覚えず」と書きながら、「其教法を説くに至ては、一言の道にちかき所もあらず。智愚たちまちに地を易へ」たと称し、次の如く結論している。

「こゝに知りぬ、彼方の学のごときは、たゞ其形と器とに精しき事を。所謂形而下なるもののみを知りて、形而上なるものはいまだあづかり聞かず」。(『西洋紀聞』)

西洋の物質文明と、東洋の精神文明！　これこそは、永遠のテーゼであった。われわれがききあきたこのテーゼは、その後、国学者によって決定的な形に完成されたのである。平田篤胤は、オランダ人に就いて書いている。

「かの国人は、甚だ深く物を考へる国で、何によらず、あらゆる事の根から底から穿鑿しつめる。それゆゑ、天文地理のことを始め、万の細工物、医療のことなども、万国最上に委しく確かなことでござる」。ところが、その「人品はかろがろしく」その「眼玉の色合が実に犬に似てゐる……どう見ても犬の眼つきでござる」と。

物量攻勢と鬼畜米英！　彼は、もはやわれわれの同時代人だといわなければなるまい。

いずれにしても洋学における他山石主義の背景が、如何なるものであるかは、あきらかであろうし、その背景の思想が、如何に利用され得るものであるかということも、あきらかであろう。支配階級は、被支配者がたといひとときでも、己れをむなしくすることを欲しない。或は、己れをむなしくして得られた文化そのものを欲しない。それ自身のなかに発展の力をひそめた種子としての文化、したがって、また、政治の奴婢に甘んぜず却て政治の批判者とならざるを得ない文化、更にまた、文化はその担当者ときりはなしては考えられないものであるから、もし、支配者の道具でなければ、必然的に、人民にむかって、人民とともにあるほかはないであろう文化を、欲しない。洋学をして真に成果あらしめようとするもの、即ち、他山石主義の伝統を打ち破り、定見をもって西洋をみるのではなく、西洋をみることによって定見をつくろうとするものは、多くの抵抗に出会わざるを得ない。

中村光夫氏は、二葉亭四迷が西洋の小説に本質的な何ものかを獲得したとすれば、それは彼が日本でまず文学を知ってから外国文学に接したのではなく、まずロシア語で文学の何たるかを知ってから日本の文学に接したからであるといったが、鷗外も、洋学の盛衰を論じながら、おそらくそれ以外のことをいったわけではなかった。彼自身もまた、少くして漢文を能くし、蘭学を学んだ、ドイツに留学したのは、二三歳のときであるが、その『独逸日記』は、文学的 initiation の歓喜を率直に語っている。

「架上の洋書は已に百七十余巻の多きに至る。鎖校以来、暫時閑暇なり。手に随ひて繙閲す。其適言ふ可からず。盪胸決眦の文には希臘の大家ソフオクレエス、オイリピデエス、エスキユロス Sophokles, Euripides, Aeskylos の伝奇あり。穠麗豊蔚の文には仏蘭西の名匠オオネエ、アレヰイ、グレヰル Ohnet, Halévy, Gréville の情史あり。ダンテ Dante の神曲 Comedia は幽昧にして恍惚、ギヨオテ Goethe の全集は宏壮にして偉大なり。誰か来りて余が楽を分つ者ぞ」。

しかも、そこには、文学だけがあったのではない。当時のドイツにはフィルヒョー Virchow が生きていた。フィルヒョーは、細胞病理学を創った人である。また、ペッテンコーファー Pettenkofer が生きていた。ペッテンコーファーは、コレラ及びチフスの感染と流行とを研究し、衛生学の基礎を築いた人である。ドイツ医学の黄金時代ははじまったばかりで、その大学の研究室こそは、当時の地球上で学問的精神の最も活潑に生きているところであったにちがいない。彼がロベルト・コッホ Robert Koch をその研究室に訪ねたのは、一八八七年四月二〇日である。コッホはそのとき四四歳、結核菌を発見してから五年、ベルリン大学の教授となってから二年、主著『結核の病因と治療』(一八九一年)を準備していたはずである。後年の鷗外が、洋学の種子といい、学問を育てる雰囲気といったその雰囲気は、どこにでもある雰囲気ではなかった。留学生たちは、ヨーロッパ文明の精髄のなかの最も輝かしい精髄に直接触れたのであり、鷗外ばかりではなく、青山胤通も、北里柴三郎も、それぞれ持ち帰るべき種子を日本に持ち帰ったのである。人々はその結果を知っているであろう。しかし、彼らがその結果を生むために必要とした雰囲気が、本来人間的な、人間の生き方の全体にかかわるものだということを想い出しておくのは、無駄でない。人間的なものは、それを、細菌学者の研究室で学ぼうと、文学者のカフェで学ぼうと、本質的には少しもちがわない。いずれにしても、その雰囲気、その精神が、一生を通じて変らぬ鷗外の人間と文学との支えであったということこそ、重要な点である。

同じような事情は、岡倉天心についてもいえる。天心は幼時から保母を通じて橋本左内を知り、また生家が横浜の貿易商であったから、出入する外国人を通じて英語を知った。早熟の彼は、一七歳でフェノロサ Fenollosa に就き、哲学と美学とを習いながら、その東洋美術研究を手伝い、彼自身の天職を自覚したのである。

一八六二年に生れた二人の天才の、一人は二四歳でコッホに出会い、一人は一七歳でフェノロサに出会い、即ちまず定見を得る前にヨーロッパ精神を学び、それによってわずかに定見を得たが、その定見は、明治以後の日本の文化史において、彼らの仕事を最も実り豊かなものにした。種子は育ち、果実はおのずから成った。いや、おのずから成ったのではない。——西洋の文化的伝統を、最も深く理解したものは、同時に日本の文化的伝統に最も深く根ざしているものであった。相手の理解は、もしその理解が、同時におのれ自身の自覚を深めるという逆説的な意味を持たないものであるとすれば、創造的な力の源とはなり得ない。おのれのなかに克服すべきものを多く持てば持つほど、自己否定の必要が大きければ大きいほど、相手からの影響は直に影響としておのれのものとなる。おのれの閉じた意識を打ち破り、そのようなものとしての自己を否定することによってしか、普遍的な精神は得られない。また、普遍的な精神を得た後にしか、おのれ自身の真の自覚は成り立たない。一般に自覚は、そのような逆説的過程によってはじめて成り立つものである。自己とは、常に自己否定の後に再発見される何ものかである。日本の最大の美術史家が、所謂日本的なもののなかにではなく、横浜の居留地のなかに育ったということほど、天心の精神の構造にとって、また一般に明治の、更におそらくは今日の日本の精神の形成にとっても、象徴的なことはない。一国の文化的伝統は、もしそれが創造的な力を持っているとすれば、外国の文化による自己否定と、更に普遍的な見地からの自己の再発見とを繰り返し、その過程のなかで、豊かになって行く。

鷗外の洋学は、天心の場合とまさに同じように、かくの如き自己否定と再発見との精神的発展の過程にとって、決定的な動力であった。史伝の作者と、おのれをむなしくして西洋の学問の雰囲気に学ぶべきことを説く人物とは、偶然に一人の鷗外によって兼ねられていたのではない。竹内好氏の表現を借りれば、鷗外は外国文化輸入における自力主義者でもなければ、他力主義者でもなく、自己を見失わないことと、徹底的に他者にしたがうこととが、必然的に相伴わざるを得ないということを知っていただけである。外国文学理論の移植などは、道楽にすぎない。

自然主義者よりもイギリス文学をよく知っていた漱石は、文学理論の輸入の代りに、市民社会の文学のコモン・センスを輸入した。フランスの世紀末の文学を知っていた荷風は、客観描写という一種の小説作法の代りに、文明批評家の精神を輸入した。必ずしも文学のみを通じてではなかったにしても、美術や皮膚科学を通じて、ヨーロッパ文化に深く学ぶことのできた木下杢太郎は、日本式異国趣味の流行を忽ち卒業すると、文化史的ペルスペクティフのなかに、彼自身の創造力と理性とを育てた。挙世滔々として、シェストフ Chestov に、ジード Gide に、吉田松陰に、またドストイェフスキー Dostoevskii に右往左往する騒々しい時代に、病床でしずかに深く現代フランス文学の文章を味わうことのできた堀辰雄は、近代の超克などという流行の話題を輸入する代りに、ヨーロッパ的感受性の幾分かを輸入した。

わたくしは、例を挙げたので、すべての名を列挙したのではない。しかし、鷗外、漱石、荷風、杢太郎、辰雄の、誰ひとりとして例外なく、西洋の文学からみずからの作品と人生とに本質的な何ものかを受けとることに成功した人々が、中国の影響の下に発達した日本の文学的伝統に、同時代の誰よりも深く根ざしていたという、誰の眼にもあきらかな事実は、あらためて注意されるに価しよう。わたくしはさきに、自然主義者と称する作家及び批評家に典型的な、外国文学理論の移植者が、みずからのなかに、外国の文化によって克服さるべき文化的伝統を持っていなかったということを指摘した。それとこれとは条件がまさに逆である。

洋学のあるべき姿について、鷗外が、半世紀前に喋ったことは、今でも真実だといわなければならない。そのことばを裏切ることによって、みずからをほろぼした日本陸軍の将校たちは、もはや存在しないが、真実は、語った人が去り、聞いた人が去った後にも残るのである。それは、こういうことであろう。

精神の事業においては、不徹底な仕事はすべて、無にひとしい。一切か、無か——ほかに気の利いた原理はどこにもないと。

ジャン・ポール・サルトル

――「自由への道」と小説の運命――

1

小説の衰運について人々が語りはじめてから既に久しい。

嘗ては叙事詩が興り、その栄光の時代が去ると共に、抒情詩が支配した。抒情詩の支配の終りに、そのあとを襲った小説の時代もいつか終るにちがいない。近代と共にはじまり、市民階級と共に登場した小説という形式は、近代と共に終り、市民階級と共に没落する運命を免れ難いのではないか。――これほどまでに多くの小説が書かれている今日、このような疑いは、却ってつよく人の心を捉えているようである。ジョイスとプルーストとが、小説という形式の許す最後の可能性を実現してしまったとすれば、小説家には、三〇〇年前のモラリストがいったように、先人の後から落穂を拾うことしか残されていないだろうし、落穂を拾う者がいかに多くても、そのことは、落穂拾いが落穂拾いであることを少しも変えはしないであろう。

マルタン・デュ・ガールは実に見事な小説家であったが、本質的に新しい一行も書いたわけではなかった。しかし、マルロー も、サルトルも、またその他の誰も、マルタン・デュ・ガールのように落穂を拾おうとしているのか。わたくしは必ずしもそうではないと思う。わたくしは、彼らの耕した、或はむしろ耕そうとしている土地が、決してジードやプルーストの耕した土地と同じものではないと考える。ここでは、その理由をサルトルについて述べるつもりだが、新しさがどこにあるかをいう前に、あらかじめ旧さがどこにあるかをいっておかなければなるまい。少くとも、近代小説が今日までに辿ってきた道すじのあらましを、どんなに簡略にでも一応跡づけておく必要があろう。

批評家ルネ・ラルーは、『デカルトよりプルーストまで』という一著をあらわして、フランス心理小説の伝統を明かにした。即ち、『方法叙説』、『クレーヴの奥方』、『危険な関係』、『アドルフ』という一本の道がある。その原理は、個人の人生のなかに普遍的な人間性をみとめることであり、その方法はいわゆる心理分析であって、その最後に到達した所は『スワンの恋』である。又同時に、『波』であり、『ユリシーズ』であるといってもよい。いずれにしても心理分析的手法が内的独白という手段を生み、それを洗煉し、発展させて『ユリシーズ』の一章を女主人公(ブルーム夫人)の深夜の意識の流れで埋めるに至るまでに、他方、小説にはもう一本の道があった。ドーヴァー海峡の彼岸で、リチャードソンやフィールディングは、市民社会の中から典型的な性格を拾いあげ(彼らの退屈極まる小説のなかでパメラやトム・ジョーンズがいかに生々と生活していたかということを忘れてはいけない)、サッカレーはその性格が、生れ、育ち、立身出世して、没落するまでの生涯の移り変りを描いた。バルザックはそれを横に拡げて、すべての性格を並列することにより、市民社会そのものを描いたということができる。ケネーの例に倣って、『人間喜劇』を性格表 Tableau des caractères とよび、『アドルフ』を心理表 Tableau psychologique とよぶとすれば、近代小説の原理は、この二表につきるのである。

しかし、勿論、二つの道は、独立に、離ればなれに、発展したものではなく、密接に絡みあいながら、具体的な作品の上にあらわれた。一九世紀前半の小説家、スタンダールは、心理表と性格表とを重ねあわせることによって、恋愛心理学と同時にすぎ去った一時代の全体を再現しようとのぞみ、嘗てのフィガロよりも反省癖のつよいしかしその活動力においてはフィガロに劣らぬ青年の華々しい一代記をつくりだした。わたくしは、『ラシーヌとシェイクスピア』を書いたスタンダールは、ハムレットとフォールスタッフとをわけて演じるのが芝居で、ジュリアン・ソレルのなかに結びあわせて、物語るのが小説だと考えていたのではないかと思う。彼の主人公は考えるし、考えるから、あるのだ。しかし、同時に元領事アンリ・ベールよりははるかにりっぱに行動する。決闘で相手を倒したといわれる哲学者その人のように。――その点に関しては、ボヴァリー夫人は足もとにも及ばず、彼女は無論ラテン語の聖書を暗記するほどの記憶力も備えていなかったが、それ以上に美女を誘惑し、砲煙弾雨をものともしない、あのおどろくべき行動の能力を備えていなかった。一九世紀後半の芸術家、フロベールは、与えられたものに文体をつけ加えたにすぎないようである。

こうして、ジョイス(内的独白)と、ハックスリ(多くの筋の同時的表現)との時代が来た。或は二〇世紀小説の全体、或はむしろその全体をつつむものとして、遂にプルーストが来た。心理分析は、綿密を極め、性格は、意識の流れのなかに、解消される。(ジョイス)互いに交ることのない意識の流れは無限に平行し、その平行線の全体の他に社会というものはない。(ハックスリ)小説は、一方で性格(典型)の創造をあきらめながら、他方で、それらの典型的人物の自己実現の場所として、彼の意志に抵抗し、彼の意志によって変えられ、要するに彼の行為を可能にするものとしての社会を見失うに至る。あくことのない分析家の精神は、いよいよ深く自己の内面に向い、自己のなかにあるあらゆるものを対象化し(それは分析という過程に必然的だ)、対象化することで自己をいよいよ遠く過去へ押しやってしまう。結局、心理主義小説の方法を徹底的に追求した小説家は、「失われし時」をもとめる他はなくなる。彼の眼は、常に過去へ向う。しかるに、あらゆる行為は、失われし時にではなく、来るべき時に属するものだ。後向きの眼が鋭ければ鋭いほど、彼は行動の原理から遠ざかる。心理主義的小説の歴史の最後に、『失われし時をもとめて』があるということは、全く象徴的であるが、このながい小説が開巻まず第一に、「以前から、わたくしは早く床についた」という文句ではじまることは、それ以上に象徴的であろう。書く以上に恋し、恋する以上に生きたジュリアン・ソレルは、はやくから床につく暇などをもちあわせていなかったにちがいない。

しかし、語ればつきないプルーストの魅力をしばらくおくとしても、寝床のなかに未来と行動の可能性とを失った彼の世界が、スタンダールからフロベールを通じて彼自身の時代に至る小説の近代史の、実に抜きさしならぬ必然の結果であるという事実は、強調して、強調しすぎるということはない。別の言葉でいえば、プルーストの袋小路をつき破るために、スタンダールに還ることなどは到底成就されるはずのない空想であり、もしプルーストを否定することが必要ならば、はじめから小説の近代史そのものを否定してかからなければならないということである。

『法王庁の抜穴』の作者は、心理主義の抜穴が無償の行為にあると信じていた。しかし、おそらく無償の行為は、小説における心理主義を成りたたせているものと同じ基礎の上にたっている。心理小説の基礎には、近代の個人主義があり、個人主義の基礎には資本主義と市民社会とがある。今そこまで先走っていわないとしても近代における小説の歴史は、近代的人間観の歴史ときりはなしては考えられないし、殊に、きりはなしては解決されない。小説の問題は、小説の手法の問題を越える。プルーストの先に道を見出そうとすれば、即ち小説の運命に希望をつなごうとすれば、単に小説の心理主義的手法を否定するばかりでなく、近代的、市民的人間観そのものを否定しなければならぬ。イリヤ・エーレンブルグがこの息づまる部屋に風穴をあけようといった時に(彼はモリヤックについていったのだが、直接の相手が誰であっても同じことだ)、彼は社会的な立場からそうしたのだ。図式的になることを怖れずに註釈すれば、彼の否定は、外からの否定である。風穴を内側からあけることのできるのは誰か。——わたくしは、それがサルトルであるとは、決していわない。しかし、それがサルトルの努力の方向であり、彼においてもっとも意識的な努力の目標であるといおうと思う。

勿論われわれには、心理主義小説の伝統もなければ、近代的人間観の成熟もない。ヨーロッパにおいてと同じような意味で、われわれの小説にゆきづまりのないことはわかりきっている。しかし、ヨーロッパ人にとってと同じような意味で、即ちその近代的・市民的な立場の限界そのものによって、われわれにとっても不満だということは、同様に明かである。プルーストは類いなき魅惑にみちているが、われわれは、われわれ自身のもっとも大切な問題がそこにはないということを感じないわけにはいかない。そして、そのようなわれわれの感じ方は、われわれが日本人だということにではなく、『失われし時をもとめて』よりも後の時代に生きているということ、つまりわれわれが現代人だということに係っている。おそらく不幸なことであろうが、われわれがサルトルのプルースト批判に、全く無関心ではいられない理由はそこにある。

サルトルは、その徹底的な批判を、全力をあげてあらゆる所に展開した。

主著『存在と虚無』は、「知的分解作業によつて、もろもろの心理的状態の時間的継起のなかに、それらの状態と状態とをむすぶ合理的因果関係の連鎖をみいだそうとつとめ」たプルーストを攻撃している。「之は、比較的大きな心理的形式をいくつかの小さな要素に還元しようとするやや気ままな操作」であり、「心理の機械的（メカニック）な説明」を企てるものである。メカニスムとは、全体を構成する要素と要素とが互いに独立な分子であり、互いに相手を変えない構造をいう。しかるに心理的なものは、その根源において不合理であり、心理的要素相互の関係は、機械的ではなく、弁証法的である。従って「プルーストの叙述の下においては、知的分析が、あらゆる瞬間にその限界を曝露」しなければならない（『存在と虚無』*二一六―二一七頁）。

しかも、サルトルによれば、プルーストに要約されるこのような心理分析的手法は、近代的市民階級のより一般的な分析の精神に由来する。分析の精神は、「構成されたものは必然的に単純な要素の排列に還元されるべきだ」という原理によってなりたつ。プルーストの小説の世界では、この原理が人間の心理に適用されているが、「人権宣言」は、同じ原理が、社会に適用された典型的な場合である。後の場合の要素は個人であって、個人は、互いに平等（エガール）であり、その相互の関係は、互いに他を冒さない消極的な絆、同胞愛（フラテルニテ）である。更に又各人が自由（リーブル）であるとは、構成分子の各々が本質的な意味では、全体（社会）に拘束されないということである。之は社会をメカニスムとして理解することに他ならず、ブルジョワジーと共に登場し、支配したこの分析的・機械的社会観は、小説における「心理の機械的な説明」に対応するという。サルトルは、単に心理分析と心理主義小説の伝統とに反対するばかりでなく、市民階級の分析の精神そのものに反対するのである。彼は現実の分析的な捉え方の代りに綜合的な捉え方を提案する(『シチュアシオンII』一七―二二頁)。

しかし、分析の精神がなりたつためには、更にその背景に、普遍的な人間性というものがなければならぬ。「人権宣言」に個人が平等であるという意味は、各人が等しく人間性を頒ちもっているということに他ならない。個人が自由であるという意味は、政治が個人の自己実現の障害をとり除くために存在し、各人の人間性の本質には干渉してはならないということに他ならない。又小説家が、自己の心理分析に普遍的な意味を与え得るのは、そこに普遍的な人間性をみいだすことができると信じているからである。分析の精神は、単に分析するのではなく、いわば普遍的な人間性に向って、分析するのである。しかるに、サルトルによれば、普遍的な人間性というものはない。あらかじめ定められた何かがあるのではなく、先ず(自己が)ある。――「存在は本質に先だつ l'existence précède l'essence」というのが、彼によってあたえられた実存主義の出発点であり、根本原理である(『実存主義はユマニスムである』一五―二二頁)。

かくて彼は、中世以来の「本質が存在に先だつ」という原理にもとづく人間観そのものを否定することによって、分析の精神という市民階級の原理を否定し、更にその否定を通じて近代の小説を支えてきた心理分析の手法を否定する。彼はプルーストを否定する。プルーストの哲学が、観想的であり、過去に向っているとすれば、彼の哲学は、行動的であり、未来に向っている。或は、少くとも、向おうとしている。彼の人間は、未来に向って自己を投企するものである。『失われし時をもとめて』の後には、投企の、即ち『自由への道』が書かれなければならない。

2

『自由への道 Les Chemins de la Liberté』は、四巻から成る小説で、戦後のサルトルの最大の作品であるばかりでなく、戦後のフランスの小説一般についてみても、量質共におそらくもっとも注目すべき仕事である。その第一巻の発表は、一九四五年、今日までに、三巻が発表され、最後の第四巻は未刊である。既に発表された三巻の表題は、L'Age de raison(分別のつく年齢)、Le Sursis(猶予)、及び La Mort dans l'âme(魂のなかの死)、未刊の部分の表題は、Le dernier Chance(最後の機会)である。ここでは、はじめの二巻についてだけ述べる。わたくしは、今、その後をよむことができない。

第一部では、主人公マティウー・ドゥラリュを中心として話がはじまる。マティウーは、三四歳の哲学の教師で、パリのアパルトマンに独り住居をしながら、マルセル・デュフェーという女と関係している。マルセルが妊娠をして、その人工流産をするために、マティウーは医師を探す。探しあてた医者は、オーストリアからナチスに追われ、パリに亡命してきたユダヤ人である。彼は五〇〇〇フランを要求し、アメリカへ行く必要から、それに四、五日というほどの短い期限をつける。主人公は、その金をつくるために、焦りながら、あらゆる手段をつくすが、どこへ行ってもうまくゆかない。実にありふれた話である。マティウーは、その一方でイヴィッチというロシヤの亡命貴族の娘と交渉をもつ。マルセルは、ダニエル・セレノというペデラストと関係している。その間のもつれ具合、事の結着の次第を説明したところで、なんの意味もないが、とにかく、マティウーが必要な金をつくったときに、マルセルがペデラストと結婚するという所で、第一部は終るのである。その他には、イヴィッチの弟で、主人公の弟子であるボリスという二〇歳の青年が主な人物として登場する。ボリスの情婦であり、ナイト・クラブの唄い手である女ローラ、マティウーの兄の代訴人ジャーク、友人のコンミュニスト・ベルネーをあげれば、役割の重要な人物は尽きるが、比較的少数のこれらの人物がよく選ばれたものであるということは、以上の簡単な列挙からも容易に察せられるだろうと思う。homosexual な関係、heterosexual な関係、更にペデラストと女との関係。三四歳の男の感情と、二〇歳前後の青春とのくいちがい。一〇月革命からの亡命者と、ナチスの迫害からの亡命者。貧乏な、といってもわれわれの戦前の生活程度とはまるでちがうが、とにかく相対的に貧乏な哲学の教師と人工流産。時代的な特色は、人物の経歴と日常的な出来事のうちにもあらわれている。

第一部の時代は、一九三八年夏。主人公は新聞でファッシストのヴァレンシア爆撃をよむ。又久しく離れていた友人のコンミュニストから入党の勧告をうける。第二部では、そのような世界が、更に多くの人物を交錯させ、全ヨーロッパの舞台に拡大される。第一部の背景には、スペイン戦線があるが、第二部では、ナチスのチェッコスロヴァキアに対する要求にはじまり、ミュンヘン会談に及ぶ夏から秋へかけてのヨーロッパの政治情勢が前面にあらわれ、その最後の所では、動員された主人公が、兵営で、ミュンヘン会談の結果と「危険な平和」の到来を知るのである。

時代は、このように、大きな規模で捉えられているが、それにも拘らず、わたくしは、小説の真のアクチュアリテが、当代の政治的事件の描写そのものにあるのではないと思う。もしそうであるとすれば、アメリカと日本とでよく売れたルマルクの通俗小説『凱旋門』と似たりよったりの道具立てである第一部のアクチュアリテは、『凱旋門』と似た程度のものであってしかるべきだが、まるでちがうのである。そのちがいは、どこにあるだろうか。

勿論この小説は、殊に第一部は、小市民階級の生活を描いている。しかし、主人公のマティウーは、あらかじめ、ア・プリオリに、小市民としてさだめられているのではなく、小市民として絶えず自己を択んでいるのである。そのことは、彼が小市民でない可能性に絶えず接しているということを意味する。又別の言葉でいえば、彼は彼自身の小市民性に責任をもち、従って自己の小市民性を追い越す(dépasser)可能性をもつことを意味する。そのような人間として作者は一人の小市民を描きながら、常に彼を二者択一の避けられぬシチュアシオン(状況・位置)においた。

タクシーのなかで突然イヴィッチを抱くときに、マティウーは、「全く自由に、en pleine liberté」そうしたのであり(『分別のつく年齢』六九―七〇頁)、必要な金をかっ払うために、ローラの部屋へあがってゆくとき、子供とどろぼうとの二つのうち一つを彼は自由に択んだのである(同書二六七―二六八頁)。しかし、殊に、「タクシーのなかの乳繰りあいはあるが、スペイン戦線のない世界」を、旧友ブリュネー等の世界に対して択んだのは彼自身である(同書一一六―一一七頁)。二者択一は、先ず市民的生活の枠のなかで、究極的には枠の内か外かという形で、絶えず主人公に迫っている。

択び choix の問題は、サルトルの人間学の要点の一つであり、彼のあらゆる作品にあらわれるが、殊に『自由への道』では、何らかの行動を前にして二者択一をなさざるをえない瞬間の主人公が重要であり、そのような瞬間を通じて人間を描くところに、この小説の特色があると考えられる。

一幕劇『尊敬すべき娼婦』も、ほとんど純粋に択びの問題を扱っているが、そこでは、択ぶための条件が単純化され、やや図式的にみえる。同じように単純な条件においては、むしろ『実存主義はユマニスムである』に引かれた彼の生徒の例の方が印象的であろう(同書三九―四三頁)。その生徒の父親は、母親と不和になり、ナチスに協力の傾向を示す。兄は、一九四〇年にドイツ人に殺され、彼は復讐を志している。その志を果すためには、イギリスへ行き、自由フランス軍に投じなければならないが、彼の母親は、父親の裏切りと兄の死とに傷つき、苦しんで、彼だけを頼りに生きている。ナチスと戦うためには母親を絶望につきおとさなければならず、母親の傍にとどまって、その生きてゆくのをたすけるためには戦場に倒れてゆく同志を倒れるままに任せておかなければならない。ドイツ軍がフランスを占領していたとき、サルトルのところへ相談にきたという彼の生徒の当面していた二者択一は、そういうものであった。効果が確かで直接的だが特定の個人のためにする行為と、効果が不確実で、間接的だが、全体(アンサンブル)のためにする行為。――サルトルはこの択びを、教会も、カントの道徳律も、嘗て録されたいかなる倫理も決定することができないという。当事者自らが、自由に、――というのは一切の助言が不可能だという意味だが、――択ぶ他はない。人間は、人間であることを自ら択ぶべく呪われて(condamné)いるのである。

このような択びは、無論、いつの時代にもあったし、又あるはずである。しかし、この時代において、殊にしばしば要求されているということは、誰の眼にも明らかであろう。原理的には、人間は、そのあらゆる行為において、自己を択ぶが、それがもっとも現実的に自覚されるのは、社会的問題と個人的問題とが交るばあいにおいてである。そこでは、サルトルの生徒の例にもみられるように、解決されていることが何ひとつない。しかも個人の問題が社会の問題と常に交わらずにはいないところに、現代という時代のシチュアシオンがある。択びの時間を通じて人間を描くということは、その意味で現代のシチュアシオンに深く係っているのであり、小説の真のアクチュアリテは、このような小説家の人間観そのものの裡にある。スペインの戦争とミュンヘン会談とをあしらったことにではなく、あしらいながら主人公の内側に追求した問題に、一切があるのだ。

3

表現の技術的な面からいえば、『自由への道』の第一部は、主として、独白と対話とから成り、第二部はこれに、離れたところで同時に行われる事件をえがく映画的な手法を加えているが、そのいずれをとってみても、特にめあたらしいものはない。ヨーロッパの現代小説の読者は、之らの手法におどろかないどころか、今日ではむしろ慣れているであろう。しかし手法のめあたらしくないということは、同じ手法の用い方に独特の意味がないということではない。

第一に、独白というのは、しかるべき名称がないから、かりにそうよんだので、実は独白ではない。独白の主語は、無論一人称だが、サルトルは人物の心理を、ほとんどすべて三人称でかいている。一人称の独白は、現代小説のなかでは、むしろ例外的にすくなく、あっても多くは一行か二行、もっとも長い場合にも五、六行を超えることはない。そのすべては、判断乃至意見というような概念的内容の明らかなものであり、その多くはある心理的持続のなかにたびたびあらわれるルフランの如きものである。たとえば、ヴァレンシア爆撃の記事をよんで、スペインの街を想出すところは、典型的であろう。

彼の考えは、教会や街やある家の玄関をもとめて、都会の上空に輪を描いた。その家については、《わたしはそれをみたことがある、彼らはそれをこわした、もはやそれは存在しないのだ》といえばいえるはずであつた。その家がそこにある！ 考えは暗い街に落ち、大きな記念碑によつておしつぶされた。わたしはそれをみたことがある、彼はそこを散歩していた、熱い影のなかで息がつまりそうになつていた、空は高く人々の頭上に燃えていた。（『分別のつく年齢』一一六―一一七頁）

「わたしはそれをみたことがある J'ai vu ça.」は、繰返されている（訳では明らかでないが、原文では主語が一人称の文章は、傍点の箇所だけである）。その内容は、明白に意識的・反省的であって、サルトルの用いる独白の典型的なものである。ジョイスの内的独白の内容が、反省されない生のイマージュの連鎖であり、意識されない心理的持続を再現しようとして文体を崩しているのとは、著しく対照的である。サルトルは、分解と分析との過程によって、心理的持続を再現しようとは考えない。彼自身の言葉によれば、「綜合的に」各々の状態をつかみながら、そのような状態を相次いで示すことによって、心理的持続を暗示するのである。そのためには、三人称で足りる。いや、むしろ、三人称を用いなければならぬ。「コーヒーがうまい」という内的独白によっては、主人公がコーヒーがうまいと感じているのか、コーヒーがうまいと考えているのかを区別することさえもできない。〔し〕かるに、それは、大きな、まさに大きすぎるちがいだといわなければならない。

しかし、三人称を用いて人物の心理を描くことは、サルトルの場合に、作者の主観が主人公の主観に加わるということを意味しない。彼の小説のなかには、一行と雖も、作者の立場を予想してはじめてなりたつような行はない。小説のなかには、人物の立場、すなわち読者の立場しかないのである。しかるに、読者は、自己の主観を同時に二人の主観に一致させることはできないから、場面は常に必ず、ただ一人の人物の立場によって厳密に統一されたものでなければならない。従って長篇小説は、登場人物が、その重要さの程度に応じ、交互に各章の主人公となり、各章はただ主人公の立場からのみ描かれる(『自由への道』の第一巻は一八章から成っているが、そのうち一二章はマティウーの主観を通じて描かれ、のこりの六章がマルセル、ボリス、ダニエルの三人の副人物を通じて描かれている)。サルトルは、モリヤックの『夜の終』を論じたときに、モリヤックの判断が人物の主観に混入しその自由を侵害しているといった。彼は、動かすべからざる例をあげて、「神の如き作者の支配」を痛烈に攻撃したが(『シチュアシオン1』三六—五七頁)、自らに対しても実に厳格である。

要するに、サルトルは、孤独な人物の心理を描きながら、内的独白を放棄し、心理分析の世界を脱出しようと企てたのであり、その脱出の過程の赴くところは、行動の描写に至る前に、まず対話を経過しても不思議ではない。話しかけることは、一種の行為である。或は、ミニマムの行為であると、比喩的にいってもよかろう。ヘミングウェーも、トーマス・マンも、対話に特殊な意味をあたえた。アメリカ人は、心理分析の代りに、ドイツ人は人間の観念的な思考の表現のために、彼らの長篇小説のながい頁を、対話によって埋めたのである。サルトルは、対話に行為としての意味、或は無意味を与える。コンミュニスト・ベルネーとマティウーとのアパルトマンにおける対話(『分別のつく年齢』一一八―二二八頁)は、彼の書いたあらゆる頁のなかでも、もっともりっぱなものの一つであろう。主人公は、そこで択ぶことを余儀なくされ、迷い、しかし択ぶ。択びは、合理的な説明の可能な範囲を越えて、もしサルトルがフォークナーの小説中の人物の行為について用いた言葉を用いることが許されるならば、突然「隕石のように」やってくる。この対話のなかにおける択びは、もはや、心理学的事実ではない。――小説はそのことを証明しているように思われる。

しかし、自己を択ぶことは、同時に、他者を、又彼の強調する如く全人類を択ぶことであろうか。第一部の主人公はスペイン戦線の新聞記事をよんでいる。第二部では、すべての人物が、ラジオで、ヒトラーの演説を聞いている。

戦争はそこにある、至る所にある、戦争は、わたくしのすべての思想、ヒトラーのすべての言葉、ゴメスのすべての行為の全体である、しかしその全体をつくったものはいない。全体は神のためのものだ。しかし神は存在しない。しかし戦争は存在する。(『猶予』二五八頁)

このような戦争は、人間に超越的なものである。神はなくても、戦争は存在するばかりでなく、神のように存在するのだ。各人は自由だが、自己に超越的なものが外から迫ってくるときに避けて通る自由をもってはいない。自由はシチュアシオンのなかにあり、シチュアシオンのなかで責任を負わされているのである(engagement)。

第二部は、そのシチュアシオンを描く。手法を小説家がドス・パソスに借りたか、どこに借りたか、そんなことは大した問題ではないが、問題は位置づけられた自由がどのような形で社会的責任と係りあうかという点にある。しかし、ここでは、主人公にとってと同様に、作者にとっても「猶予」があるといわなければならない。ミュンヘン会談の成立記事と、ヒトラー、ムッソリーニ、ダラディエの笑っている写真とがフランスの新聞を飾り、主人公マティウー・ドゥラリュが、平和と、すぎ去った日と、パリのアパルトマンの「変り得ない」生活とを想出している時に、第二巻は終るのである。

わたくしは、『自由への道』の前半から、小説の運命を卜することができなかった。しかし、実ははじめからそんなことができようと考えていたわけではない。問題は、今日の小説が、外国語のものであろうと、母国語のものであろうと、われわれにとって、まことのアクチュアリテを代表しているかどうかということの他にはない。わたくしは、心理主義小説の原理を打ち倒したサルトルがそのあとにつくる仕事を、われわれ自らとの深い係りあいにおいて、理解すれば足りるのである。彼はもっとも徹底的に打ち倒すべきものを打ち倒した。何かがつくられるとすれば、彼はおそらくそれをつくるものの一人であるだろう(一九五〇)。

＊ 以下、書名の後に掲げられた頁数は、どの版のものか未詳。

演劇のルネサンス
——ポール・クローデルを繞って——

1

演劇のルネサンスについて語るのは、早すぎる。事は現在進行中であり、現在を歴史的な立場から眺めるのは、流行の方法にはちがいないが、本来無理な註文である。過去が現在の意味を決定するのではなく、現在が過去の意味を、今ここにあるものが、今ここにないものを決定するのだ。ルネサンスをつくりだしたのは、メディチ家の名君でも、フィレンツェの人民でもなく、ブルクハルト Burckhardt である。われわれの時代のためのブルクハルトは、いずれ現れるにしても、われわれは、われわれみずからの時代の歴史的意味を決定することはできない。しかし、ここ数年の間に、フランスの舞台におこった変化は、一種の甦り、いわば演劇の生命の再生としかよびようがないもののように思われる。

わたくしは不幸にしてその舞台をみることができない。しかし、日本の田舎町の屋根裏部屋にいても知ることのできるいくつかの事実が、そのことを暗示している。演劇の生命は、舞台にのみ属するものではなく、また文学に属し、文学に属するのみならず、全人間的問題に係る。遠い国の舞台における演劇の生命の甦りは、戯曲作品の翻読を通じても察せられるし、またその翻読を通じてわれわれを演劇の本質に関する考察に、したがって一般に文学の、あるいは更に今日の人間のあり方の普遍的な問題の考察にまで誘う。そのような意味で、ベルンシュタイン Bernstein を読むことはたしかに無意味であった。しかし今日、アヌイ Anouilh を読むことは、われわれにとっても小さくない意味をもつ。

文学史的にいえば、演劇が昨日のフランスの文学史に演じた役割と、今日演じようとしている役割とは、あきらかにちがう。自然主義は、アンリ・ベック Henry Becque のものではなく、ゾラ Zola のものであり、反自然主義はルナール Renard やクールトリーヌ Courteline のものではなく、ジード Gide のものであった。しかし、実存主義はサルトル Sartre 以外の誰のものでもないし、彼の戯曲は、彼の活動の主要な一面にちがいない。カミュ Camus についても同じことがいえる。ジロドゥー Giraudoux やサラクルー Salacrou やアヌイは、主として戯曲を書き、三〇年代以後の単に劇作家をではなく、文学者を代表しているということができる。彼らを除いては今日のフランス文学を語ることができない。そしてそのことこそは注意に値するのだ。なぜなら、かつてそのような時代は極めて稀であったからである。古典主義の光栄は『ル・シッド』にはじまり、浪漫主義の勝利は『エルナニ』にはじまるが、啓蒙主義、自然主義、象徴主義、更に二〇世紀文学のマルクス Marx とフロイト Freud とベルグソン Bergson との複雑な組合せから成る諸相を論じる場合に、劇場をおもいだす批評家は少い。ヴォルテール Voltaire とボーマルシェ Beaumarchais との世紀はしばらく措く。少くとも一九世紀は、劇よりも、小説の世紀であり、二〇世紀は、それを継承して今日に到った。スタンダール Stendhal,

バルザック Balzac, フロベール Flaubert, ゾラから、プルースト Proust を通じてマルロー Malraux に到る小説の歴史が、近代文学の王道にほかならぬということを、あらためて強調するまでもあるまい。そして小説にとっての勝利の歴史こそ、劇にとっての敗北の歴史であった。浪漫主義は辛うじてミュッセ Musset のイタリア喜劇を生んだが、『喜劇と格言劇(コメディ・エ・プロヴェルブ)』の微妙な心理的かけ引きと機知縦横の科白とに、ポルト＝リッシュ Porto-Riche は何をつけ加えたであろうか。舞台の『椿姫』についていえば、われわれを感動させるのは、デュマ Dumas ではなくて、ヴェルディ Verdi の旋律であろう。

小説は市民階級と共に興った。市民階級の精神は、周知の如く個人主義的な自我中心思想であり、個人主義とは、一切の価値判断の基準を個人のなかにもとめ、個人をそれ自身で充足的な究極的価値と考える思想である。社会はそのような個人の集りである。単なる集り以上の何ものでもなく、それぞれの個人の自己実現の場所であるにすぎない。「人権宣言」は、そのことをあきらかに示す。社会の単位である個人は、本来自由(リベルテ)であり、個人の自由な利益の追求は、社会の利益と矛盾しない。個人は本来平等(エガリテ)であり、したがって社会は、その構成単位の意見が異る場合に、多数の意見に従うことが合理的である。また個人と個人との結びつきの原理は、自由な平等の資格における結びつきであるから、何等か権力的な意味の伴う縦の関係ではなく、横の同じ平面における友愛(フラテルニテ)でなければならない。すべてこのような原理を、超歴史的な普遍妥当的な原理として確認した「人権宣言」は一方において封建主義を打ち破ると共に、他方において自由貿易(経済)と普通選挙とを導く。またおそらく近代小説の心理主義的手法を導くであろう。少くとも、「人権宣言」と『スワンの恋』とを結びつけたジャン＝ポール・サルトルは、ブルジョアジーの歴史の炯眼な批判者として、そう考えた。「市民階級はその知性に関するかぎり、彼らが分析の精神を用いるという事実によって定義することができるとおもう」と彼はいった。[1] 分析の精神とは、複雑なものは単純ないくつかの要素にまで、必然的に還元されると考える思想であり、人権宣言においては社会が複雑なものに個人が単純な要素に該当し、『スワンの恋』においては、個人の精神が複雑なものに、憎悪や嫉妬や愛情の如き心理的状態がその要素に該当する。いずれにしても、近代小説は、一方において社会を描きながら、他方において心理分析の手法を発展させたが、両者は密接に関連し、小説家の精神は一方で個人の外へ向い、他方で個人の内部へ向いながら、常に分析であったということができる。分析の対象は、「性格」であり、性格の分析は、その人間の幸福と不幸とを、要するに一個の人生を説明する。なぜなら個人は自律的であり、自己充足的であって、その運命を、彼自身の内側にもとめなければ、その他のどこにももとめられないからだ。その意味は、成上り者ジュリアン・ソレルも、夢みる田舎女ボヴァリー夫人も、ジョッキー・クラブ会員スワン氏も、等しく心理主義的人間であり、彼らの成功と失敗、幸福と不幸、行動と言葉との一切の理由を彼ら自身の内側に、即ちその性格と心理とのうちにもっている。人物の生活力は、衰えたかもしれない。ジュリアンは、夢みる力と行動の能力とを備えていたが、ボヴァリー夫人には行動の力がないし、スワンには自らの身をほろぼすほどの夢をもつ力さえ失われている。しかし、心理分析は、内的独白の手法を通じて、精密となったのであり、心理小説の歴史にとってそれほど必然的な道すじもなかったのである。しかも、その道すじは、近代的人間観の発展の歴史と離れがたく結びついていた。心理小説の辿った道を描きながら、批評家ルネ・ラルー René Lalou が、『デカルトからプルーストまで』といったときに、彼は正しく近代的人間の辿った道を跡づけていたのだ。小説の圧倒的勝利の理由は、その心理分析の手法が、小説の本質に根ざしていると共に、近代的人間観の本質に根ざしているという事実を措いて、他のどこにも見出すことができないのである。小説による人間の表現は、舞台における、又最近では映写幕における表現よりも間接的であるが、分析的であり得るという点で、又おそらくその点のみで、他のいかなる手段にも勝る。フロベールは正確に描いたが、ルネ・クレール René Clair はもっと正確に描く。フロベールの言葉は美しいが、ラシーヌの言葉はもっと美しい。セーヌ河の小蒸気船の客観描写によって、フロベールが大小説家であるということはないし、まして小説の流行が全世界を蔽うということはありえないだろう。

しかし、近代劇は、小説を摸倣した。フランスの古典悲劇は、ギリシア悲劇において英雄と運命との戦いであった劇的葛藤を、人間の世界に移した。すべての葛藤は人と人との間にあり、それぞれの人物の性格にもとづいておこる。ギリシア悲劇の主題であった神託は、フランスの古典悲劇においては、二義的な契機である。劇の主題は、性格であり、劇的世界の中心は、自律的な人間、自己目的であり、自己原因である精神、即ち近代的個人、あるいは少くともその原型であって、運命でも、歴史でも、その他個人に超越的ないかなるものでもない。ソフォクレス Sophokles のアンティゴネは、「エディプスがわれらに遺し、ジュピテルが、よって以て、生けるかぎりのわれらを圧倒しようと望んだ(2)」呪いの故に死ぬが、ラシーヌのアンティゴネはクレオンの性格と自らの性格との故に死ぬのである。これが近代的な劇の概念だ。バルザックはラシーヌの主人公を市民社会に移して、散文化した。そして、その散文化が必然的なものであったとすれば、即ち、一九世紀の市民階級が、一七世紀の宮廷や一九世紀の劇場が必要とした韻律をもとめず、その代りにより多くのまことらしさをもとめていたとすれば、そのような散文化が小説と共に当代の舞台をも支配しないはずがなかった。心理劇、風俗劇というようなものが興ったが、要するにラシーヌから詩をさしひいたものにすぎない。『フェードル』の作者は、感情の研究家として実にいうべきことをいいつくしたのであり、フロイトとプルーストとが現れるまで、心理学的領域でつけ加えるべきものは殆どなかった。しかも、彼らは劇作家ではなく、演劇の領域には、彼らの影響さえもみられないのである。小説は、フロイトの影響を受け、その前に抒情詩は、ヴァークナー Wagner の影響を受けたが、フランスの舞台は、たかだかイプセン Ibsen の影響を受けたにすぎない。科白と所作と舞台装置とにおける写実的傾向、観客の日常生活の綿密な摸倣によって観客の想像力の経済を企てる傾向、敢えてフランスにかぎらず多かれ少かれ近代劇に共通の極めて一般的な写実的傾向は、イプセンにおいて一つの頂点を示した(イプセンの晩年は問わず。この時期に日本の新劇運動は興ったから、日本では、ヨーロッパ風演劇のこの他の概念は少くとも今まではめだたなかった)。イプセン以後の近代劇は、デカダンスの傾向を辿る。心理主義的にどれほどイプセンを洗煉しても、プルーストの心理学にくらべればとるに足らないからである。作者を探す人物たちを登場させて、劇作と、批評とを重ねあわせようと試みても、ジードの純粋小説にくらべれば思いつきの範囲を出ない。舞台をある程度まで様式化し、観念的な科白を用い、表現主義と称しても、その表現力を、たとえば、トーマス・マン Thomas Mann の大長篇小説にくらべれば全く貧弱なものにすぎない。そのすべてが、性格劇であり、心理劇であるかぎりにおいて、性格劇・心理劇が必然的におちこんだデカダンスから脱けだすことはできないはずである。事実、脱けだしたものは、少くとも一九二〇年までにはなかった。

一九三〇年、殊に四〇年代のフランスの演劇の突然の開花、言葉のもとの意味におけるルネサンスは、もしそれがまことに開花であり、再生であるとすれば、近代劇の根柢的批判、したがって近代的人間観の批判を、必然的にその前提としているはずである。デカルト Descartes よりプルーストまでの歴史は、心理小説の発展の歴史であり、同時に、劇の小説への屈服の歴史であった。劇は、劇の近代的概念を克服しないかぎり小説とならび、あるいは更に小説を超えて、文学及び文化にとっての第一義的意味を回復し、まことの生命を獲得することはできない。――今俄に、最近のフランスの演劇が、そのような変革をなしとげたと断ずることはできないが、変革の可能性を示したということはできるであろうし、その由来を尋ねることはできるであろう。わたくしは由来を尋ねて、クローデル Claudel にまでさかのぼりたいと思う。第一次大戦後、コクトー Cocteau とジロドゥーとの成功は、たしかに華々しかったし、殊にジロドゥーの三〇年代における活動の意義を、過小評価することはできない。しかし、近代的人間中心主義と徹底的に戦い、そうすることで演劇の近代的概念を根本から変革した最初の人は、クローデルであった。

2

ポール・クローデルは、一八八九年、二一歳で、最初の戯曲『黄金の頭』*Tête d'Or* を書き、一八九一年に、その一〇〇部を印刷した。主人公は、「涙と疲れとの世界に対して剣を抜く」英雄、シモン・アグネル(黄金の頭)である。彼は、国々を征服して叫ぶ。

時到る、わが光栄は、世界に昇る、虹の如く、みる者にあたらしき日を告げながら。われは呼吸し、讃美する、勝利のよき香りを。

Mon temps commence! Et ma gloire va s'élever sur le monde comme l'arc-en-ciel, Annonçant à ceux qui le verront une nouvelle journée. Je te respire donc! je t'adore, parfum chéri de la victoire![3]

又、その出発に当って、心挫けたときには、夜と大地とによびかける。

ああ、大地よ、われは汝を全身に感ず！　母なる夜よ！　大いなる地よ！[4]

Et toi, ô Terre, je te sens de tout mon corps! Nuit maternelle! Terre!

このような英雄的生涯の讃美、母なる大地への祈りの言葉は、『黄金の頭』に後れること六年にして現れた、アンドレ・ジードの『地の糧』を想出させないであろうか。

Terre—terrestre という言葉の上の類似だけがあるのではない。われわれは、二つの作品を、その時代に、即ち決定論の支配した前世紀末の精神的風土においてみなければならぬ。『地の糧』は、生命の讃歌だが、『黄金の頭』には絶えず死の影がつきまとっている。都会の中産階級から出たジードの言葉には、反抗と逃避との殆どヒステリックな激しさがあるが、エーヌの田舎に生れたクローデルの母なる大地という言葉には、いわば気質的な力がある。しかし、その相違にも拘らず、クローデルの出発点は、正にジードのそれと同様に、テーヌ Taine とルナン Renan との権威に対するあらゆる種類の反抗であった。科学と自然主義、決定論と懐疑的なストイシスムに対し、英雄主義と生命の哲学と、殊に信仰、あるいは少くとも信念を対抗させること、――『黄金の頭』が『地の糧』と共に、新しい世代(一八七〇年前後に生れ、世紀末と共にその青春を葬り、第一次大戦と共に決定的勝利を獲得したロラン Rolland, ヴァレリー Valéry, プルースト、ペギー Péguy 等の世代)の信仰告白であったことにまちがいはない。後年の詩人は、自ら『黄金の頭』以前を回想している。

ルナンは支配していた。彼は私の出席したルイ・ル・グラン中学校の最後の賞品授与式に来た。私は彼の手から賞品を受けとったように思う。……一八歳の私は、当時の所謂教養ある人々の大部分が信じていたことを信じていたのだ。……万事は「法則」に従うということ、世界は原因と結果との固い連鎖であり、そのからくりは科学が他日完全にあきらかにするだろうということを。しかし、これらのことすべては、私にとって、実に情けない、退屈なものに思われた。

この「唯物論的牢獄」に最初の裂目をひらき、「超自然的なもの、活き活きとした、殆ど生理的な印象」を与えたのは、ランボー Rimbaud の読書である。しかし、彼の「全生涯を支配する事件」は、一八八六年の降誕祭に、パリのノートル・ダムで、ミサの最中におこった。

一瞬の間に、私の心は動かされ、私は信じた。(5)

この回心は決定的なものであり、「爾来、あらゆる書物も、あらゆる推論も、動揺する人生のあらゆる偶然も、わたくしの信仰を動かし得なかった、否、実は信仰に触れることさえもあり得なかった」という。しかし、われわれがクローデルの回心の完成をみるのは、一八九〇年の降誕祭における第二のコンミュニオンまで待たなければならない。その間に信仰は揺がなかったにしても、「わたくしの思想と認識の建築は倒れず、わたくしはそこに何らの欠点も見出すことができなかった」のであり、信仰以前の思想と信仰の要求とは、はげしく闘ったのである。一八八六年と九〇年との間の四年間には、「完全な混乱状態 Cet état de désarroi complet」があり、『黄金の頭』と『街 *La Ville*』との初稿があった。『黄金の頭』は形式的にも内容的にもその混乱を現している。そして混乱は信仰と共におこったが、信仰は何よりも、「情ない、退屈な」ルナンの支配する世界に対しておこったのである。母なる大地、北フランスの農民のエネルジックな体質、青春の激情と生命のディオニソス的頌歌とから出発するほかに、詩人クローデルの出発の道はあり得なかったであろう。

しかし『黄金の頭』の主題は、主人公の英雄主義と大地への祈りにとどまらない。シモン・アグネルが少年セベスを愛する男性間の愛は、第二の主題である。しかしそれにもまして、死の主題は全篇を貫いている。第一部は、アグネルが、その愛人を葬るところからはじまる。第二部は少年セベスの死をめぐって展開し、第三部はアグネルが征服した国の王女と彼みずからの死とに終る。クルティウス Curtius はこの作品を分析し、アグネルの悲劇を、神を離れた人間の悲劇としてみる批評家に反対した。作者の立場は、未だ護教論的でなく異教的であるという(6)。いずれの解釈も成立つであろうし、詩人の回心に先立つ祖父の死によって、『黄金の頭』を解説することも可能であろう。しかし祖父の死の後に「死の考えがわたくしを離れなかった」と誰でもがいうとはかぎらない。まして、その考えを表現する形式としても誰でもが戯曲をえらぶとはかぎらない。一八八九年に周囲を見まわした青年は、死についての考えを表現するために適当な形式としてどのような戯曲を身近に見出すことができたであろうか。『黄金の頭』は、他のいかなる作品にも似ていないし、似るはずがなかった。もし似ているとすれば、彼がみずから翻訳を試みたアイスキュロス Aischylos（『アガメムノン』）にのみ似ていることであろう。

死が劇の主題であるということは、劇的葛藤の真の原因が人物の性格にはないということを意味する。また劇的世界が人と人との社会的・心理的なつながりの上に成り立つものではないということを意味する。人はその性格によって死ぬのではなく、人間の条件によって死ぬのであり、死ぬときには常に孤独に死ぬのである。そのような劇的主題は、性格劇・心理劇である近代劇には全くみられないものであり、クローデルの全作品には、第一作『黄金の頭』から最後の大作『繻子の靴』に到るまで、一貫して常にみられるものである。たとえばアフリカの岸へ向う『繻子の靴』の主人公、ドン・ロドリグは、恋人を思いながら、行くてに、人の振る手巾か、南の太陽の射る白壁か、「死のヴィジョンにも似た彼方に輝く一点 un point fulgurant là-bas pareil à la vision de la mort」(7) について、同行のシナ人に語る。

ジードの『地の糧』は世紀末の決定論に対する反抗であった。しかし、『黄金の頭』は単にテーヌとルナンとに対してのみならず、近代の自我中心主義に対して、みずからを位置せしめるクローデルの立場を予告するものである。

「ルネサンス以来存在する純粋に非宗教的な芸術には、その時代があった。しかし今やそのような芸術からひきだせる結果は、ことごとくひきだされてしまったようにおもわれる」(8) と一九一四年に彼はいった。

われわれの関心をもつべきものはわれわれ自身ではなく、われわれの目的である。われわれはおのがじしその目的を実現し顕彰すべくつくられているのである。(9)

と、いう言葉ほど近代文学の内省的心理主義的傾向に対する、決定的な批判はあるまい。ここでいう目的は、死がわれわれに超越的であると同様に、人間にとって超越的である。クローデルにおける人間は、もはや自律的な個人ではなく、社会はもはや自己充足的な個人の横のつながりとしての社会ではない。人間は自己に超越的な存在との交りにおいてのみ自己を完成するものであり、社会は超越者の同じ源から発する被造物の、同胞的なつながりによって成り立つものである。そのような人間のあり方、そのような人間の超越者との関係における問題を表現するために、彼は詩をえらび、殊に劇詩をえらんだ。——おそらく今日も、彼の原理と信念とは変らないであろう。たとえば、最近フランシス・ジャム Francis Jammes について書いた文章のなかで、「われわれが人々と事物のそれ自体に関心を持つのは、われわれがそこに、知恵と善意の同じ源から出た神の子供たち、姉妹なる被造物 Des créatures sœurs をみるからである」(10)といい、チェスタートン Chesterton の次の言葉を引用している。

自然はわれわれの母ではなくて、姉(妹)である。

『黄金の頭』においては、夜と大地とが母であった。しかし、姉妹なる被造物・自然の観念は、その後の彼の全作品を支配している。

3

クローデルにおける劇の問題は、クローデルにおけるカトリシスムの問題である。

その「カトリシスムの本質的な基礎は、神の真理がわれわれの外にあるということだ」[11]といった批評家は正しい。本質的な「劇の動力 Le grand ressort dramatique」は、人間と人間との間にあるのではなく、人間と超越者との間に、また人間の内なる霊的なるものと肉的なるものとの間の争いにある。人生が解決と意味とをもつ正確な劇であり得るのも、「われわれの外にある」神の真理に係るかぎりにおいてで、人間はそれ自身で自己を完成することはできない。

したがって、たとえば「人間の愛は満足されないときにのみ美しい」[12]のである。『真昼に分つ』のメザとイゼ、『繻子の靴』のロドリグとプルエーズの関係は、この主題の展開にほかならない。人間の自由と自尊との讃歌をうたう孤独な男メザは、「死者を人生によびかえすことはできない。しかしわれわれの人生はまだわれわれのものだ」[13]というときにのみ、女を抱くことができるが、そのときは彼自身の側においてもすべてが終ろうとしているときだ。ロドリグとプルエーズとは一応相みたのちに再びプルエーズの死の場面においてしか出逢わないが、さればこそロドリグにおける愛は美しくあり得たのだ。その美しさはたとえばラシーヌ Racine の「愛のやさしさ」とはちがう。

さようなら。わたしたち三人〔アンティオキュス、ティテュス、ベレニス〕は世の中に最もやさしく、最もかなしい恋の模範を示しましょう。
Adieu: servons tous trois d'exemple à l'univers
De l'amour, la plus tendre et la plus malheureuse[14]

『ベレニス』においても、最もやさしい恋は最も不幸な恋である。しかしラシーヌは鋭い心理家として、あるいはモラリストとして、そのような事実を指摘するにとどまり、そのような事実のよって来るところを問わなかった。またクローデルの言葉を用いれば、その「意味」を少くとも充分には問わなかったというべきであろう。意味はモラリストの眼をするどくし、心理的方法を綿密にすること、ただそのことだけからは決して出てこない。

美しいものはわれわれを超える。いや、われわれを超えるもの、無限なるものへ向っての歩みだけが美しい。クローデルにおける女性は、しばしば地上的なものを超える無限の象徴として、永遠の女性として現れる。『黄金の頭』においては、「闇夜のランプ」であり『街』では「抵抗しがたい希望」の微風を病人におくる「窓」である。四幕の神秘劇（ミステール）『マリヤへの御告げ *L'Annonce faite à Marie*』の少女ヴィオレーヌは、ピエル・ドゥ・クラオンにとって「永遠の美のイマージュ」であった。妹の死児を手渡されてみずから聖女でないことを歎き、みずから聖女でないことを歎くことによって、聖女となったヴィオレーヌ、天使の合唱と共に子供が生きかえり、よろこぶ母親を前にして指をあげ、「おききなさい、モンサンヴィエルジュに鳴るアンジェラスがきこえます」というヴィオレーヌは[15]、クローデルにおける女性の、あるいはむしろ一般に人間のあり方の理想を示しているといえよう。彼女の霊性はイゼの肉性に、彼女の謙虚はシモン・アグネルの自尊に対する。

ジャック・マドール Jacques Madaule は「賭がひとたびなされると、爾後、劇はぬくべからざる論理によっておのずから展開する」[16]といった。『繻子の靴』のドン・ペラージュは、妻のドナ・プルエーズをドン・バルタザールに托して、アフリカへ赴く。プルエーズは、ドン・ロドリグを知り、その愛をバルタザールに告白する。

——あなたをその騎士〔ロドリグ〕の方へひきつけるのは何ですか。

——声です。

——何日もお会いになったわけではないでしょうに。

——あの方の声をきいていないときはありません。

——ではその声は何と告げるのです。

——ああ、わたしがあの方のところへ行くのをさまたげようとお望みなら、せめてわたしをしばって下さい。この残酷な自由にまかせておかないで下さい。鉄棒のかげの深い牢屋にいれて下さい。でもどんな牢屋がわたしをひきとめることができるでしょうか。わたしの肉体の牢屋さえ破れようとするときに？……、ああ、彼はわたしの魂をよび、わたしの魂は彼に属しています。

——魂とそして肉体も？

——この肉体について何をいおうとなさるのか。肉体はわたしの敵、わたしがロドリグのところへ一息にとんで行くのをさまたげるものです。

——ロドリグの眼にも、あなたの牢獄にすぎないでしょうか。

——ああ、それは愛する人の足もとに投げだすぬけがらにすぎません。

——では、できればそれを彼に与えようというのですか。

——わたしのもので彼に属さないものがありましょうか。できれば全世界でも与えるでしょう。

——おでかけなさい、彼のところへいらっしゃい！(17)

そこで、夫の家を出て恋人のもとへ走ろうとするとき、ドナ・プルエーズはその家の門を護る聖母の像をみる。ト書によれば「霊感にとらえられたように Comme saisie d'une inspiration」彼女は孺子の靴の片足をぬいで聖母に祈る。

……………

母なる聖処女よ、あなたにわたしの靴をあずけます。母なる聖処女よ、あなたの手にわたしの不幸な小さな足をとらえていて下さい。あらかじめ申します。わたしはあなたにもうお会いすることはないでしょう。あなたにさからってふるまいはじめることでしょう。けれども、悪に身を投げようとするときに、わたしが跛であるように。あなたのおいた柵を超えようとするときに、わたしの片方の翼がもがれているように。わたしにできることはしました。あなたはわたしのあわれな小さい靴をもっていて下さい。あなたの胸におさえつけていて下さい。おお偉大なおそるべき母よ。(17)

稚拙な翻訳だが、大意は察せられるだろう。女主人公の賭はこのときになされたのであり、この祈りは、死に到るまで彼女を拘束するのである。いま『繻子の靴』の全体を分析するひまのないのは残念だが、とにかく彼女がロドリグへ向うたびに、何らかの障害につまずき、その愛を満足させることができない。マリヤはギリシア悲劇における運命のごとく、人物を支配する。おそらくクローデルがギリシア悲劇に示した関心の、最も深い理由はここにあろう。その理由は今日に生きている。

アンドレ・マルローはフォークナー Faulkner について書いた。

おしつぶされた人間しか存在しない世界、フォークナーの人間というものは存在しない。また価値、あるいは心理学というべきものさえもない。……あるのは不治の病人の部屋のうしろにせまる死のごとく、互いに相似たあらゆる存在の背後にそびえ立つ唯一の「運命」である。[18]

性格もなく心理もないというマルローのこの言葉ほど、クローデルの劇を解説するに相応しいものはない。マルローはこのような世界をギリシア悲劇の再現であると考えた。しかしたとえばラシーヌがエウリピデス Euripides をそのようなものとして受けとっていなかったことは、たしかである。彼はイフィジェニーを再現するために、「徳高く愛すべき人格」をつくりだすことが必要であると考え、そのような性格の女主人公を殺すことは残酷にすぎるから、身代りの少女を必要とすると考えた。「幸いにもエリフィールなる人物を〔イフィジェニーの身代りとして〕パウサニアスに見出していなかったとすれば、わたくしはこんな悲劇を書かなかったでもあろう」と、『イフィジェニー』の序文はいう。ラシーヌにとっての悲劇の真の効果は、同情と恐怖を観客によびさますものである。同情と恐怖のよって来る源は、人物の人格あるいは性格にある。

クローデルはラシーヌよりもマルローに近い。またおそらくアイスキュロスに近いということもできるであろう。

しかしマリヤは、女主人公の態度決定ののちにその運命を支配するという意味においてのみ、彼女を支配しているのではない。彼女に態度決定を迫るということ、そのことにおいて、まず彼女を支配しているのである。ドナ・プルエーズが繻子の靴を脱いで祈ったのは、「霊感にとらえられたように」であって、決断に乏しい、あるいは決断に富むその性格にもとづき、意識的に、又意志的に、そうしたのではないということこそ、重要であろう。超越者に対するあり方によって、人間の運命は決する。しかしそのあり方は、クローデルの作品のいかなるところにあっても、決して心理学的要因によって定らない。彼におけるカトリシスムの基礎は、「神の真実がわれわれの外にある」ということであり、常にそのほかのことではなかった。

しかし、彼におけるカトリシスムのもう一つの特徴は、未知なるものへ向うその情熱、人間と宇宙のあらゆるものに対する好奇心、あるいはむしろ時間空間的世界の八方へ向ってひらかれた感受性の強さであろう。彼の最初の戯曲の冒頭で、少年セベスはすでに「未知なるものの前の新しき人間」[4]として名乗りをあげた。ある劇は北フランスの片田舎に、また他の劇はシナへ向ってインド洋を渡る船上に演じられる。最後の大作に到っては、人物をヨーロッパ・アフリカ・アメリカの三大陸に配し、主人公の遍歴はフィリピンから日本にまでも及ぶ。作者は外交官として、そのすべての地を踏んだ。そのことは敢えて驚くにあたらないが、みずから歩いた全世界をその作品の背景にとったということ、そのことは、たまたま詩人が外交官であったという事実からは説明しつくされない。クローデルは旅人であることを余儀なくされたのではなく、モンテーニュ Montaigne のように、しかしモンテーニュよりも全き意味においてみずから進んで旅人であった。語源的な意味における viator ―― 道ゆく人。

われわれは、彼の道が超越者へ向うきびしい道であるということをすでにみたが、同時に、その道がこの地上を縦横に貫いているということもまたみなければならない。道ゆく人は、樹木を、南国の太陽を、各国の風俗と芸術を、地上のあらゆる美しいものを、むさぼるように眺める。彼はすべてを経験する。わたくしはその伝記の詳細を知らないが、おそらく、女たちも例外ではあるまい。自然と人間との一切のからくりに対する異常な関心は、殆ど異教的な印象を与える……しかし、おそらく異教的ではないのだ。彼は、ヴァスコ・ダ・ガマ Vasco da Gama とコロンブス Columbus とコペルニクス Copernicus とミケランジェロ Michelangelo との時代を愛し、『繻子の靴』ではそのようなルネサンスの征服者たちのひとりロドリグの生涯を描いた。なぜなら異教的な古代の復活に心ひかれたからではなく、「ルネサンスこそはカトリシスムの最も光輝ある時代の一つであり、そのとき、福音は空間と時間とのなかにその勝利を完成した[19]」と考えるからである。ヘレニスムは彼のカトリシスムを彩っているので、その逆ではない。しかし、それが、クローデルにおけるカトリシスムの著しい特徴であり、彼の芸術の豊富な泉であることには間違いがないだろう。彼の劇のなかで、女は、当代のいかなる詩人の作品のなかでよりも、はげしい情熱に身をこがしている。官能的な南の海の風は、いかなる文学のなかでよりも、活き活きと吹きかよっている。少女の碧い眼は澄み、男の野心は大きい。宗教的リゴリスムと、僧房の孤独とのなかに、禁欲的に育った精神が、このような感覚的豊饒を、どうしてその詩句のなかに実現することができたであろうか。そうではなくて、これは外交官あるいはむしろ旅人なる人間（ホモ・ヴィアトール）の仕事であり、ガルリアの野に耕した健康で生活力に溢れた農民の仕事である。たしかにジードの文体の微妙な洗煉と、たぐいなき優雅とはみられない。しかし、野心も純潔も肉慾のはげしさも、ジードとはくらべものにならないほど深く、大きく、力強い。『黄金の頭』はすでに未知なるものへの出発であったが、彼は常に、未知なるものへ向って出発するであろう。

出発！　あらゆる種類の武器を身につけ、あらゆる種類の帽子を気ままにかぶり、われわれが想像しうるすべての異形の人物たちは、未だ存在しないものの征服に向って歩みだす[20]……。

未知なるものは、自然のなかにあり、また人々の家のなかにある。しかしそれ以上に、「魂のなかに à l'intérieur même de l'âme」なければならない。それをてらしだすのがレンブラント Rembrandt の光であると語ったときに、クローデルは彼自身の詩句をおもいうかべていたにちがいない。

4

ランボーは、みずから見る者（ヴォアイヤン）と称した。クローデルは、一六世紀オランダの画家について、「選択し、把握するのは眼である」[21]といった（眼であって、概念的知性ではない）。

しかし、彼らの眼は、何をみるのか。何をみるにしても、浪漫派の世紀児のごとく、又象徴派のナルシスのごとく、「不毛の内観 une introspection stérile」には向わない。行商人であり、第三共和国の外交代表であり、本質的に旅行者・道ゆく者である彼らは、自己を見つめる代りに、途上に出会うものをみる。季節を、城を、夏の海の真昼を、――『地獄の季節』と『東方の認識』とは、深く似通っている。詩人は、いずれの場合にも、そこでものに出会い、ものをみ、言葉をえらぶ。みるとは、ものをそのものとして、概念を媒介とせずにみるということだ。概念的記号である日常的な言葉は、その場合に表現の道具として役立たない。言葉は、その日常性を剝奪され、もう一つのもの、体系として、詩人の選択の前におかれなければならない。そのものとしてみたものと、それ自身一種のものである言葉と、二つの存在の体系の間に、照応といって不都合ならば、詩人の精神にとっての唯一の関係をもとめることが、彼らにおける詩業の意味であろう。詩論はそこから、導きだされる。しかし、今は、クローデルの劇において、科白の、したがって言葉の演じる役割に注意しなければならない。もし主人公が、概念と概念的推理とを通じて理解したものをではなく、ランボーのごとくみたものを語るとすれば、ランボーに倣って語らずに、どのような語り方があり得ようか。すでに、『街』のクーヴルは、科学者ベームの非難に答えた。[22]

おお、ベームよ、ぼくとぼくのいうことを理解するために、君にはもう一つの科学が必要だ。そして、それを手に入れるために、俗なる推理を忘れ、あるものに眼をひらきさえすればいいのだ。

クローデルの劇的主題の超越性については、繰り返して述べたが、主題は形式を規定する。彼が、日常会話の綿密な再現を追求する近代劇の方法をとらなかったのは当然であり、詩によって自然そのもの、魂そのものを暗示しようと試みたのは全く必然的である。

『黄金の頭』の詩は、冗漫に流れたが、『マリヤへの御告げ』以後の科白(詩)は、おそらく作者の期待する効果を収めた。そのなかには、独立の詩篇としても充分に力強く、美しいものがある。たとえば一九二五年の選集にとられた「メザの頌歌(カンティーク)」のごときは、『コロナ・ベニグニタ ーティス・アンニ・デイ』の諸篇にも比すべき傑作であると思うが、引用する紙面がないし、わたくしにはその効果を多少なりとも伝える翻訳の技術もない。詩型は、無韻の自由詩で、各行の長さは、長短入り乱れている。(クローデルの殆どすべての作品においてそうだが)星を前にしてみずからの力を誇るところにはじまり、イゼーへの愛をうたい、愛の苦悩を通じて神に祈るまで、劇的に昂揚する感情のクレセンドは、フランス語に熟していない外国の読者をも一挙に魅了する。

演劇は、主として登場人物の所作と科白とを通じて実現される(多くは、これに舞台装置と伴奏音楽とが加る)。舞台は、単にみるものではなく、きくものであり、演劇における言葉は、発音される言葉であり、発音される言葉は、書かれたあるいは単に考えられた言葉とは異り、具体的なひびきをもつ。そのひびきが言葉に与える表現力は、概念のあるいは事物の記号としての言葉のもつ表現力とは全く別のものであり、後者が言葉の散文的な機能を代表するものとすれば、前者は詩に向って散文を超えようとするものである。前者の機能を強調し、科白を詩にまで昂めることによって、発音される言葉の表現力を、最大限まで拡大することが、古来の詩劇人の仕事であった。インドにおいて、ギリシアにおいて、またシナ(元曲)や、日本(能)において、更に近世ヨーロッパ(シェークスピア Shakespeare のブランク・ヴァース、フランス古典劇のアレクサンドゥラン)においても例外はない。しかるに一九世紀以後の近代劇は、科白を日常会話に近づけることで、演劇における言葉の表現力を最小限度に制限した。その制限は、劇が日常会話を通じて現れる心理的表現を追求するかぎり必然的なものであるが、クローデルは、心理主義を放棄することによって、劇における言葉の表現力を回復したのである。

しかし、近代市民社会においては、詩も、孤独な人間の言葉であるほかはない。詩が社会的現実の表現であり、詩による対話が成り立つためには、社会の側に従って対話者の側に、詩的表現を待つ共通の何ものかがなければならぬ。神話か、普遍的感情(カトリック)か、興らんとする階級の夢か、何れか一つを前提とし、又前提としてのみ、ギリシアの古典劇、中世の神秘劇、あるいはルネサンスのカルデロン・デ・ラ・バルカ Calderón de la Barca やシェークスピアは、詩によって、科白の表現力を真に最大限にまで拡大することができたのである。前提が、個人と個人の集合である社会にすぎず、そこには個人的な心理以外に現実的なものがないとすれば、そのような個人的現実(心理)を社会化し、伝達可能なものにする手段は、散文のほかにないはずである。詩は、無論理解されるが、それは人間の条件が共通のものだからであって、詩による対話が成り立つからではない。マラルメ Mallarmé は、みずからに向って語るが、それは、彼の前に、嘗てウェルギリウス Vergilius がよびかけたようなローマの市民が存在しないからである。詩は、本来、孤独なものであり、クローデルの劇詩もその例外ではない。いや、むしろその典型であるといった方がよかろう。

フランス古典劇のわれわれにとっての矛盾は、本来孤独な詩によって本来社会的な真理を表現したという点にある。その意味では、人間の孤独な現実を詩によって表現したクローデルには矛盾がない。彼の矛盾は、もし矛盾といってよければ、孤独な人間も具体的には社会的であることを免れず、形而上学的問題は、具体的には心理的な面の上に展開されざるを得ないという点にある。彼は詩人だがモラリストではない。形而上学者だが心理学者ではない。おそらくモラリストでも心理学者でもあり得ない方法を、クローデルはおのが方法と定めたのであり、近代的な人間を無視することによって、より深く人間的な人間を示そうと試みたのである。その試みのうちに、彼の存在の劃期的意義と共に、重大な限界もあるといわなければならない。近代と近代劇とは多くの矛盾をふくみながら、決して無視することのできない現実をわれわれの前にさしだしている。クローデルのひらいた道をとおって、コクトーはアレクサンドゥランの採用にまで到ったが、後来の多くの劇作家が散文を用いて譲らないのはそのためだとおもわれる。劇は人間を示すものである。人間は行為に現れる。行為は対話をふくむ。かくて現代作家は、本質的な意味で科白を所作のなかに解消し、何よりも直接的な人間の呈出をもとめる。……

しかしここではクローデルにもどり、その劇の形式について、補足しなければならない。科白を詩に近づける理由は、同時に所作を舞踏に近づける理由でもある。その著しい例は日本の能だ。わたくしはすでに能について書いたことがある。[23] ここでは繰り返さないが、能は、所作、科白、及び舞台装置における極度の象徴主義によって、ただひとり登場する主人公の魂のメタモルフォーシスを示す。クローデルの表現に従えば、「劇とは何事かのおこるものであり、能とは何人かの来るものである」[24]。この何人かは能においては殆ど常に単数であり(たとえば『二人静』のような例外もあるが、極めて稀だ)、アリストテレス Aristoteles に従えば、ギリシアにおいても、はじめは単数であった。アイスキュロスが俳優を二人にし、ソフォクレスが三人にしたと『詩学』はいう。劇は、主人公の孤独と、孤独な人間との条件に係り、二人以上の人間の間におこる社会的心理的葛藤には係らない。相手は、観客を代表する合唱団であり、合唱団を代表するワキであって、劇の本質には関与しない。――このような演劇の概念が、近代劇の概念と全く異ることはいうまでもない。市民社会の個人主義的精神は、二人以上の人物の本来社会的な葛藤のなかにしか、劇的なるものをみないのである。合唱団は必要でないし、また事実あり得ない。何故なら、能やギリシア劇における合唱団はそれ自身一つの全体(ユニテ)であるのみならず、観客の全体(ユニテ)を代表するものであって、その多数党(マジョリテ)を代表するものではないからだ。

クローデルの作品のすべてについて、その構成を論じることはできない。わたくしはただ彼みずから「詩的・劇的作品の一切の要約」と称する『繻子の靴』の構成に一言を費しておこう。その構成は、四日間の上演に擬せられて、四部に分けられている。その間に舞台の上の時間は、数年に及ぶが、劇がスペインを中心として展開し、「四日間のスペイン芝居 Action Espagnole en quatre journées」なる副題をもつ所からも、解説者のいうごとくカルデロン・デ・ラ・バルカに倣ったものであろう。しかし、作者は、この大作を一九一九年にパリで書きはじめ、一九二四年の末に東京で完成した。能の影響は、あってしかるべきだし、事実あるとわたくしは思う。たとえば、彼はその能について書いた文章のなかで、前奏の笛の神秘的なひびきと、橋掛へシテをさそいだすように、短くするどく俄に強く打つ鼓の音の効果を強調しているが、『繻子の靴』のト書は、幕の上る前の音楽について、「ときどきフォルテをまじえる太鼓のピアニシモの轟き」を指示している。これはそのまま能の鼓の摸倣としか考えられない。しかしそれが直接の影響であるにせよ、またそうでないにせよ、能と『繻子の靴』との本質的な類似は主人公の魂の歴史そのもののうちにある。能とは何事かがおこるものではなく、何者かが来るものであるが、そればかりではなくその何者かが、ある劇的契機によって変身するものである。前ジテは後ジテとなる。庭作りの翁は恋の重荷によって鬼となり、小野小町は恋と芸術と虚栄心の地上の歓楽の後に、地獄の火に焼かれる亡者となって現れる。『繻子の靴』もまたその厖大な組立と登場人物の多数にも拘らず、ある意味ではドン・ロドリグの変身の劇と考えられないことはない。もしそうでなければ、即ちロドリグとドナ・プルエーズとの間の恋が第一の主題であるならば、女主人公の死ぬ第三部の終りで『繻子の靴』もまた終らなければならぬ。第四部は後日譚にすぎない。強いていえば蛇足であろうが、蛇足とみては、第一に『マリヤへの御告げ』以下の諸作品において劇的構成の巧妙な手腕を示した作者に相応しくないし、第二に第四部そのものの劇的緊張の度合と、主人公の人格に現れる変化の大きさとに相応しくない。私見によれば、むしろドナ・プルエーズを主人公の変身の契機として理解するしかないのである。前ジテはみずから力をたのみ、野心とエネルギーとに溢れ、冒険に乗りだすルネサンスの征服者であり、後ジテは引退し芸術を知り、永遠の平和を夢み、最後に、修道女に救われる老いたる貧しい隠者である。

みずからの夢にきずつき、兵士に捕えられ、奴隷市場へ送られる船上の老いたるロドリグには、かつてのパナマ総督の力も、情熱もない。しかし、みずからたのむ自尊の心もまたないのである。そのとき、彼の眼に夜と星と海とは美しい。そのときにのみ世界も愛と共に美しい。

ロドリグは船上で美しい夜だという。牢屋に送られなければ、奴隷に売られるという夜が、どうしてお前には美しいのかと兵隊はいう。彼は答える。

――わたしはかくも壮大なものをみたことがない。空ははじめて眼の前に現れたようだ。そうだ、私にとっては美しい夜、今こそ自由にわたしの婚約を祝えるのだ。(25)

すでに婚約の相手ドナ・プルエーズは、亡い。新大陸統治の情熱は、去って久しい。イギリス遠征に敗れたアルマダと祖国の急を救おうと試みた努力、永遠の平和への最後の夢も、地におちた。ロドリグの手には、何ものこっていない。そして、何ももっていないときに、彼は一切をもっているのである。『繻子の靴』の主人公は、地上的な愛を契機とし、相手の死により、その愛を天上的なものへ向って乗り越えながら、変身を遂げる。この変身こそは、正に彼みずからいうごとく、彼の全作品の主題であり、「詩的・劇的作品の一切の要約」にほかならないであろう。『繻子の靴』がそれを要約するのではなく、そのただひとりの主人公が要約するのである。彼は、近代的個人の自己目的・自己充足的な人間観を、超越した。

そうして、ポール・クローデルは、近代文学史に超越している。近代劇の袋小路に、窓をあけたのは、彼であって、そのほかの誰でもない。プルーストが自我を見つめることで自我を超越することを企てていたときに、ピランデロ Pirandello が自我を舞台の上で追い廻し、大さわぎを演じていたときに、劇的なもの小説的なものから峻別し、演劇の可能性をひらいたのは、彼であって、他の誰でもない。たとえ、彼の作品が極めて稀にしか上演されなかったにしても、又たとえ、従来の劇作家が彼の直接の影響を受けなかったにしても、そのことは、決して否定されない。——いや、クローデルの与えた影響とは、そもそも何であろうか。彼は、一時代をひらいたのである。

5

クローデル以後の諸家の作品については、その複雑な諸相を要約するに充分な知識が、少くともわたくしにはない。又ジロドゥーを除いて、多くの人々は、あるいは彼らの道の半ばにあり、あるいは彼らの第一歩をふみだしたばかりで、未だ正確な評価をなすべき時期に到っていない。概観を試みるのは、誰にとっても困難である。しかし、過ぎ去ったものよりも来るべきものに興味をもち、歴史のなかでよりもわれわれのアクチュアリテそのもののなかでみずからの精神を養おうとする人々は、該博な知識と鋭い洞察力とを以て、その困難を克服し、最近のフランスの演劇について書いたジャック・シャゼール Jacques Chazelle 氏[26]やルイ・バルジョン Louis Barjon 氏[27]の文章を好き案内者とすることができる。わたくしは、ここで、ただ一つのことを指摘し、強調し、できれば、その意味をあきらかにしておきたいと思う。ただ一つのこととは、現代におけるギリシア悲劇の復活である。

バルジョン氏もそれを現代劇の著しい特徴であるといい、例としてジロドゥーの『エレクトル』『トゥロイ戦争は起らないだろう』、アヌイの『アンティゴネ』、サルトルの『蠅』、ジードの『エディプス王』、クローデルの『プロテウス』等を挙げている。クローデルについていえば『プロテウス』は彼の他の作品から異り、むしろジロドゥーをおもわせる機知と警句とに充ちた喜劇であり、さきに述べたごとく、取材は異るにしても彼におけるギリシア的要素は本来の悲劇的作品に求めるべきであろう。又ギリシアを舞台としないカミュの諸作品も、本質的には古典悲劇に密接であり、またたとえば形式的にも『戒厳令』の構成はギリシア悲劇に極めて近いものであろう。しかし、いずれにしてもバルジョン氏がこれらの作品についてエウリピデスよりもソフォクレス、殊にアイスキュロスが密接であるというのは正しい。氏は「アイスキュロスとソフォクレスにおいては、悲劇の構造の全体が二つの極、合唱団 chœur と場面 scène とに象(かたど)られる二つの世界をめぐって秩序づけられている」という。合唱団はディオニュソスに属し、地上的な魅惑を代表する。場面はアポロンに属し、超越的な到達しがたいものを示す。これはプロメテウス、オレステス、エディプスのごとき巨人乃至半神の世界である。しかるに「エウリピデスにおいては合唱団は次第に消えて、劇的葛藤は、形而上学的高みから心理的・人情風俗的（モラアル）問題の平面に降りて来る」。現代劇においては超越的場面が女性によって代表され、地上的な合唱団が男性に代表されるという説は図式的にすぎて必ずしも当らないが、一七世紀の悲劇はエウリピデスに、現代の悲劇がアイスキュロスとソフォクレスに近いという見解は全く正当だろう。

> われらの古き古典悲劇が全く屈服したというのではないにしても、そのなかにとじこめられていた心理的・人情風俗的な枠から今日のわれわれは全く遠ざかっている。……
> われわれの作家の注意が最も集中されているのは、単なる「いかに」に対してではなく、その彼方の、人と物とについての「何故に」に対してである。……
> 要するに現代に特有の問題は、実存の正当化そのものに係っている。[27]

このような観察は、われわれがクローデルについてなした観察と全く同じものだ。しかし、事態のここに到ったのは何故であろうか。無論人々がクローデルの先蹤に従ったからではない。またジロドゥーの勝利が劇作家を刺戟したからでもない。おそらく、演劇の内部、いや文学そのものの内部からそれを説明しつくすことはできないとおもわれる。経済組織の大きな転換は、経済外的な要素の圧力によっておこる。文学と芸術との革命は、文学と芸術との外からの力をまたずにはおこり得ない。

アヌイは『アンティゴネ』を一九四二年に書いた。サルトルは『蠅』を四三年に、カミュは『誤解』を同じ年に書き、『戒厳令』のプランをすでに四一年に抱いていたといわれる。現代劇のあるものは、「抵抗」の最中に、ある場合にはナチスの捕虜収容所においてさえ書かれたのである。ファシスムを攻撃するためには、韜晦の必要があり、韜晦の目的には古典劇の衣裳が便利であったにちがいない。サルトルの場合には殊にそうである。『蠅』一篇を除いて彼はそのあらゆる戯曲・小説・シナリオ・論文のいずれの場合においても常に現代を扱っているのであり、今くわしく触れる暇がないが、そのことに極めて意識的であると想像される。しかしサルトルにおいてもまた他の作家においても、ギリシア悲劇との関係は衣裳の問題ではない。衣裳の問題でないのみならず、シュオブ Schwob やピエル・ルイス Pierre Louÿs やレミ・ドゥ・グールモン Rémy de Gourmont におけるがごとく、趣味の問題でもない。前世紀末の学者文人は文学的教養の果てにヘレニズムとアレクサンドリアの文化とを見出した。『リュクサンブールの夜』には洗煉された感受性がある。しかしそのほかの何ものもない。世界も、人生も、劇的なるものも――誰がそれを同じように博学であり、同じように古書を愛し、同じように趣味と感受性と溢れる機知とを兼ね具えてはいるが、ジロドゥーの『トゥロイ戦争は起らないだろう』にくらべるであろうか。ジロドゥーはギリシア神話を語りながら現代を語った。その現代が、どういうものであるかをわれわれは知っている。余波はわれわれのところにもおよんでいる……いや、われわれこそその渦中にあった。過ぐるいくさの最中になすところもなく日を送ったわたくしにとって、ジロドゥーのアンフィトリオンやジークフリードや、トゥロイ戦争は、この上もなき慰めであった。――しかし話を、たとえ四年前にしても過去へもってゆく暇はない。アヌイのアンティゴネは、現にいまもわたくしの前で、クレオンと相対している。

クレオン――なんというい たずらをするのだ?

アンティゴネ――いたずらをしているのではありません。

――わかっていないのだな？　たったいま、この三人〔ポリニスの屍体監視人〕のほかの誰かが、お前のしようとしたことを知ったとすれば、俺はお前を殺さなくてはならないのだ。お前がいま、だまってばかげたことをあきらめるなら、俺にはお前を救う機会がある。しかしそれは五分以内のことだ。わかったかね？

――わたしはその人たちがむきだしにした兄の屍体を葬りに行かなければなりません。

――そんなばかげたことをもう一度する気かね？　ポリニスの屍体のまわりには、またほかの護衛がいる。仮にお前がもう一度屍体をかくしたにしても、またむきだしにされることはわかっているはずだ。また爪から血を流して吊し首になる以外に、一体何ができるというのだ？

――そのほかに何もできないことはわかっています。けれどもそれだけはできる。できることをしなければなりません(28)。

できることをしなければならないと、『孺子の靴』の女主人公も、その靴をマリヤへあずけるときにいった。その言葉に一切がある。

現代のアンティゴネはソフォクレスの場合とは異り、死者を葬らなければその魂が流浪するということを信じてはいない。また、兄ポリニスを特に愛しているわけでもない。

――では、お前はなぜそんなことをするのか。死者の葬礼を信じている他人のためか、俺に彼らを反対させるためか。

――いいえ。

――他人のためでも、兄のためでもない？　では誰のためだ。

――誰のためでもありません、わたしのためです。(28)

『アンティゴネ』の作者はナチスの権力に対し同じ言葉で人間精神の尊厳を証明したことであろう。ギリシア悲劇が先ず甦ったのではなくて、先ずクレオンが甦り、アンティゴネが甦り、その後悲劇が書かれたのである。

個人的な心理に超越的なものは、神のみではない。人間をおしつぶすものはギリシア人の運命ばかりではない。社会は個人を超越し、政治的権力は人間をおしつぶす。現代はそのことを感じている。いや何よりも前にそのことを、避けがたい事実として感じている。もし現代に固有の問題があるとすれば、そのことのうちにしかあり得ないし、もし現代に固有の文学があるとすれば、そのことの表現を通じてしかそのような文学は実現されない。しかるに市民階級と共に興り個人主義的原理によって支えられ、主として心理分析の手法を発達させて来た小説の歴史は、小説が真に現代を代表するジャンルとなることを妨げているようにみえる。演劇が甦るべき再び生命を獲得すべき時代の文学の代表的ジャンルとしての地位を回復すべき真の根拠は、ここにあり、ここにしかないであろう。

アリストテレスは、悲劇の諸要素を挙げて最も脚色(スジ)を重じた。脚色とは人物の行為である。行為は、性格や心理の分析を通じて説明しつくされるものではない。嘗てサルトルは、「隕石のように」突然現れる捉えがたい行為について語ったことがある。行為は、直接に示さなければ表現することのできないものである。しかし演劇はそして演劇のみは直接にそれを示すことができる。

クローデルは、今世紀のはじめに、小説の奴隷から演劇を解放し、劇的なものの本質をあきらかにした。その後の才能は、その本質を彼らの先駆者とは異り、するどい時代感覚を以て、アクチュアリテそのもののなかに実現しはじめているらしい。

（1） Jean-Paul Sartre, *Situations, II*, Gallimard, 13e édition, 1948, p. 17.

（2） Sophocle, *Antigone*, Acte I, Scène 1.（仏訳）。

（3） *Tête d'Or*, première version, Partie II.

（4） *ibid.*, Partie I.

（5） Ma Conversion, E. Sainte-Marie-Perrin, *Introduction à l'œuvre de Paul Claudel avec des textes*, Bloud & Gay, Paris, 1926, pp. 119–132.

（6） クゥルティウス、大野俊一訳『現代フランスの文学開拓者』白日書院、二五〇―二五一頁。

（7） *Le Soulier de Satin*, Première Journée, Scène VII.

（8） Lettre au *Figaro*, 14 juillet 1914.

（9） Lettre au *Temps*, juin 1914.

（10） Francis Jammes, *Revue de Paris*, 53-4, 3 avril 1946.

（11） E. Sainte-Marie-Perrin, *op. cit.* p. 102.

（12） *Lettres à Jacques Rivière*.

（13） *Partage de Midi*, Acte III, Scène finale.

（14） Racine, *Bérénice*, Acte V, Scène finale.

（15） *L'Annonce faite à Marie*, Acte III.

（16） Jacques Madaule, *Le Drame de Paul Claudel*, Desclée de Brouwer, Paris, 1936, p. 58.

(17) *Le Soulier de Satin*, Première Journée, Scène V.

(18) André Malraux, Préface de Sanctuaire de W. Faulkner, *N. R. F.* 22: 242, 744, novembre 1933.

(19) Frédéric Lefèvre, *Une heure avec... 5ème série*, p. 115.

(20) *Introduction à la peinture hollandaise*, p. 101.

(21) *ibid.*, p. 77.

(22) *La Ville*, Acte I.

(23) 拙著「能と近代劇の可能性」『文学と現実』中央公論社、『加藤周一著作集』第七巻所収。

(24) *L'Oiseau noir dans le soleil levant*, Le Nô.

(25) *Le Soulier de Satin*, Quatrième Journée, Scène finale.

(26) ジャック・シャゼール、鈴木力衛訳『現代フランス演劇』第一輯の序「演劇における革命」新月社。

(27) Louis Barjon, *Le Drame de la Destinée Humaine, à travers le théâtre contemporain*, Etudes 82: 3, janvier-février-mars, 1949.

(28) Jean Anouilh, *Nouvelles Pièces Noires*, La Table Ronde, 1949, pp. 177–178. (*Antigone*)

追記

ポール・クローデルについては、渡辺守章氏の労作『ポール・クローデル——劇的想像力の世界』(中央公論社、一九七五年)があり、「初期の作品の成立と構造」を詳論して、年譜、文献、索引を備える。私がこの小論を草した頃には、クローデル研究と称すべきものは、この国にはなかった。今その頃をふり返ってみて、まことに隔世の感を深くする。

1951

龍之介と反俗的精神

芥川龍之介は、一九二〇年四月三〇日に、「浪漫主義」について書いた。
「浪漫主義とは、未開地或は未開時代に理想の生活を求める傾向である。ルッソオの《自然へ帰れ》から、谷崎潤一郎氏の小説に至るまで、さう考へると一つも例外はない。序ながら言ふ。《青い花》はこの頃社会主義者のユウトピアにも咲いてゐるやうである」と。

第一次大戦でふくれあがった日本の資本主義に最初の恐慌が訪れたのは、一九二〇年である。その年に、失業者は増加し、その年に政府は労働者の弾圧政策をつよめた。たとえば八幡製鉄所のストライキを、この文章の作者が知らなかったはずはない。知っていたにしては、「青い花」と「社会主義者」とその「ユウトピア」との連想は、およそ社会主義というものに対する考え方の手落ちを物語っているだろう。しかし、そのことには、後で触れる。ここでは、「断片」にあらわれている考え方の手落ちが、それだけではないということ、「浪漫主義」や「ルッソオ」や「青い花」に対する考えにおいて、手落ちはもっとひどいということに注意しなければならない。もちろん、一篇の眼目は、浪漫主義者谷崎潤一郎、「序」に社会主義者たとえば生田長江にあるので、浪漫主義そのものにあるのではない。浪漫主義は引合いに出されただけだが、それだけに引合いに出す人の引合いに出すものに対する考えは、却ってここに率直にあらわれている。一口にいって、それは、なっていない。註釈していえば、芥川龍之介にしては、珍しくなっていない。彼は、多分ルソー Rousseau も、『青い花』もよんでいない。よんでいないのは、なにも彼だけではないから、そのことには触れないとしても、浪漫主義ということばを扱うこの無造作な態度は、彼がヨーロッパの浪漫主義について本質的なことはなにも感じていなかったという証拠であろう。またそのことと関連して、冗談にしても、「ルッソオから谷崎潤一郎に至る」などというばかげた冗談は、ヨーロッパのではなく日本の文学について、彼がその歴史的意味を正確に捉えていなかった証拠でもあろう。そして、そのような手落ちというか、甚だしい誤解がほかならぬ「浪漫主義」についてであったというところに特別の問題がある。元来、芥川の用いる文学上の概念は、「古典主義」にしても、「近代」にしても、一般にあまり正確ではないが、「浪漫主義」については、彼の本質の浪漫的性格と関係があるにちがいない。彼は、彼自身を最後まで扱いかねていた。自己を歴史的に位置づけ、それによって逆に歴史にはたらきかけようという操作は、扱いかねる自己の内面を探求する精神にとって、常にもっとも困難な事業であった。彼は、彼自身の役割をどういうことばでも明確に規定したことがない。

しかし、ヨーロッパの概念をもって芥川龍之介の役割を規定するとすれば、包括的には、浪漫的ということばでよぶほかはないだろう。彼ばかりでなく、明治以来の文学者は、多かれ少かれそうよぶほかに、よびようがないとわたくしは思うが、その程度と、夫々の具体的内容とは、むろん作家によってちがう。ある作家には、浪漫的特徴が比較的あきらかであり、他の作家には浪漫的な本質が著しく歪められた形でしかあらわれていない。しかし、一般的にいえば、一八六八年以来の日本文学は、大ざっぱにみて、流産した浪漫主義とでもいうべきものであって、浪漫的特徴は初めに著しく、後になるほど歪みを増してゆくのである。歪みがあるところまでゆくと、それを元へ戻そうという動きがあらわれる。いわゆる自然主義は、歪みの過程の代表的な場合であり、「白樺」は、歪みを元へ戻そうという動きの代表的な場合であろう。芥川龍之介は、後者の動きに属する。彼には、浪漫的性格が比較的明瞭にあらわれていると思う。その具体的内容は、反俗的精神である。

ここでルソーを解説している暇はないが、もちろん、ルソーは、「未開地或は未開時代に理想の生活を求め」たのではない。そう解釈されることには、彼自身が抗議している(もっとも、抗議しているくらいだから、そう解釈する人々があったのは事実である。また浪漫派のなかの異国趣味がそういう解釈の文学的表現と考えられることも、事実である。しかし、ルソーの真意が、そこになかったということも事実であって、それには全く疑いの余地がない)。ルソーは、人間の自然(本性)という観念を用いて、近代的自我の内面化と社会化とを同時に行ったのだ。彼は、『人間不平等起源論』の社会的人間観から出発して、『孤独な散歩者の夢想』の内面的世界へゆきついた。一方には、『社会契約論』があり、他方には『告白』がある。そして、ルソーが浪漫主義の神であるという意味は、この二面においてであって、一面においてではない。少くとも、フランス浪漫派においてはそうであったし、イギリス浪漫派(殊にバイロン Byron やシェリー Shelley)においてもそうであった。ドイツ浪漫派においては、内面的世界だけが強調されたようにみえるが、少くとも、一般に、浪漫主義が『告白』の影響の下に生れ、フランス大革命が『社会契約論』の影響の下に生れたとみるみ方は、図式的にすぎるだろうと思う。そのみ方によっては、ルソーの自我の内面化と社会化との密接な関係が説明されないし、大革命と浪漫主義との歴史的な関係もあきらかにされない。己が心のなかに「理性も超える」人間の本性をもとめようとする努力は（『告白』）、その本性の普遍的なものであることを前提とするほかはないし、従ってまた、一方では、人間の平等を基礎づけようとする努力（『社会契約論』）とならなければならない。『告白』の原理は、自己のなかに普遍的な自然（本性）を信じる信念であって、自己の特殊性を特殊性として記録する曝露趣味ではない。そこが日本の私小説と根本的にちがうところで、根本的にちがうから、『告白』は近代的ロマンの元素になりえたといえよう。「序ながら」小説についていえば、スタンダール Stendhal の自我の研究とバルザック Balzac の社会的タブローとは、近代小説の本質的な二面である。浪漫主義についていえば、ノヴァーリス Novalis の『青い花』と、ミシュレー Michelet の『フランス大革命史』とは、浪漫主義の本質的な二面である。最後に、代表的な一人の浪漫的個性についていえば（彼はルソーの讃美者でもあったが）、『チャイルド・ハロルド』にはじまる自我崇拝と、ギリシア独立戦争に終る革命的情熱とは、彼の個性の本質的な二面である。

そして、浪漫派における反俗的精神こそは、その一面を代表しながら、他の一面と深く係るものであった。ヨーロッパの浪漫主義を語ることが当面の目的ではないから、ちぢめていうが、それはおよそこういうことである。一九世紀の前半は、少くともヨーロッパ大陸において、大ブルジョアジーがその勝利を確実にした時代である。ところがあらたに権力を握ったブルジョアジーは、嘗ての宮廷が古典主義を保護したように、古典主義の対立者である浪漫主義を保護しようとはしなかった。そこで、浪漫派の文学者は一方で貴族的文化と対立しながら他方でブルジョアジーの政治的権力と対立するほかはなくなり、その対立をブルジョア社会そのものとの対立にまで徹底させたのである。しかし、その徹底のさせ方は、かならずしも、他方に発展しつつあったブルジョアジーとプロレタリアートとの対立に、直接にむすびつけての徹底ではなかった。浪漫派の文学者の一部は貴族から出ていたし、そうでなかったにしても、趣味の上で著しく貴族的であった。彼らは、プロレタリアートとむすびつかずに、しかもブルジョアジーとの対立を激しくした。その対立の表現が浪漫派に著しい反俗的精神というものである。文学者はその社会的地盤を失って、己の孤独のなかにたてこもり、現実の社会から目をそらすことで、自己の内面に眼をむけた。浪漫派は、俗物(フィリスタン)を憎悪し、軽蔑し、彼らの世界とは離れて、文学王国を建設することにより、現実の社会では到底勝目のない敵に対抗したのである。しかし、それがどれほど支配的な傾向であったにしても、大革命を推しすすめ、革命の成果からは置去りにされた人民と共に、大ブルジョアジーと戦って民主主義を勝ちとろうとする情熱が浪漫的情熱のもっとも本質的なものであったということを否定することはできない。そのような情熱が、たとえば、七月革命に、フランス浪漫派の詩人のほとんどすべてを燃え上らせた。問題は、そのような情熱が、七月革命後の反動的な時代に、激しい幻滅を誘い、却て反俗的精神をつよめたという点にあるのだ。総じて浪漫派の文学者は、人民のなかに生きていたのではなく、人民と共にあることを望んでいた。反動の勝利、従って彼らの理想主義の敗北は、理想の実現の場所を社会の外におくという傾向、一九世紀を通じて次第に強化されていった文学者の反俗的精神を確立する結果におちつくほかはなかった。一八七〇年になると、フロベール Flaubert は、もはや一八三〇年にラマルティーヌ Lamartine が七月革命を眺めたようにパリ・コミューンを眺めはしないであろう。しかし、浪漫派にあっては、あの

「芸術のための芸術」の開祖テオフィール・ゴーティエ Théophile Gautier においてさえ、反俗的精神はいつ爆発するかもしれない革命的情熱を含んでいた。ラマルティーヌにおいてしかり、ヴィニー Vigny においてしかり、ユゴー Hugo においてもとよりしかり、それこそ「浪漫的」なるものであったといわなければならない。

だからボードレール Baudelaire は、「王とブルジョアジーとに対する無慈悲で無制限な貴族的憎悪」について語った(『浪漫的芸術』)。

だからまたルナン Renan は一八四八年に書いた。「わたしは単純な人々、百姓や労働者や老兵と話が合う。われわれは事柄によって同じ言葉を話すし、わたしは必要に応じて彼らと話し合うことができる。ところが、俗悪なブルジョアと話し合うことは、根本的に不可能である。われわれは同じ種族に属していない」(『科学の将来』)と。

浪漫派は、貴族的であった。しかし、同時に、革命的であろうとしていたのである。

しかし、日本の浪漫主義は、かりにそうよぶとして、貴族的でも、革命的でもなかった。浪漫的とよばれるに相応しい条件は、それが個性の文学であり、個人の自然的表現であったということにすぎない。透谷においては、その自覚が、自我の内面の探求にむすびつこうとする傾向をもっていた。独歩においては、イギリスの湖畔詩人の影響から、自然と自然との浪漫的共感となってあらわれた。藤村においては、小説という形で社会化される可能性をはらんでいた。そして最後に啄木においては、人民の概念が生きていた。すなわち一八六八年以後にあらわれた新しい文学は、出発点において、単に個人の自覚的表現である文学というだけのことでなく、もう少し実質的な意味で、浪漫的また近代的な内容を備えていたとみられる。ところがいわゆる自然主義が登場するに及んで、そのような内容は失われ、可能性は実現されずに挫折し、文学が個性の表現であるという形式的特徴によってのみ、日本の文学殊に小説は、「近代的」であるという結果になった。小説は、個性の表現にはちがいないが(江戸文学と対比すれば、それだけでも大したことだ)、個性の実質たるや近代的な何ものも含んでいない。小説家は、非社会的な自己をみつめるが、その自己には内面的生活がない。あるのは日常生活だけであって、自己の日常生活を丹念に記述するという奇妙な仕事がはじまるということになる。「客観描写」という技術がその仕事をどれほど助けたにしても、まさかそれが「自然主義」ではないだろう。浪漫主義は、こういう形で、流産したのだ。その理由は、日本社会の近代化が行われていなかったということに帰せられるので、それは、既に、繰り返し、多くの人によって指摘されてきたとおりである。一九世紀はじめのフランスでは、大ブルジョアジーが凱歌を奏していたが、一九世紀末の日本では、大ブルジョアジーが凱歌を奏するどころか、政府の保護政策によってやっと起っていた。天皇制政府は、上から国の近代化を促進するために、ブルジョアジーの保護と共に、知識人の動員さえも必要としていたのである。明治の一流の知識人の民衆に対する態度は、彼が鷗外のように官職にあったばあいにも、福沢諭吉のように民間にあったばあいにも、等しく啓蒙的であったし、啓蒙的であるほかはなかった。これほど反俗的精神から遠いものはない。ブルジョアジーはどこにもいなかったから、ブルジョアジーと芸術家との対立は、そもそも社会的に存在しなかった。

明治の知性は、本質的に啓蒙的であったといえる。そして、明治の個性は、多くの文学者のばあいに、本質的に非社会的であったといえよう。流産した浪漫主義は、反社会的な文学者をではなく、非社会的な文学者を生んだ。この条件が破れるのは、第一次大戦による日本資本主義の急激な膨張を通じてでしかない。そのときにはじめて、ブルジョアジーの権力と芸術家との対立、芸術家の反俗的精神と革命的慾求が、日本の文学者に、一般的傾向としてあらわれることができた。「白樺」が登場する。そして、芥川龍之介という個性もまた登場するのである。

彼は、鋭い詩的感受性と、やや雑然としてはいたが豊かな文学的教養と、江戸の名残りに大正の東京をつきまぜたような意味で都会的な神経とを、併せもっていた。彼は、そのために、芸術家としての自覚をもつことができたし、貴族的な自覚さえもつことができた。まずその点で芥川と、同時代の大抵の小説家とはちがう。

また彼は、そのような彼自身を当代の社会と対立させ、俗物の社会に優越しながら、俗物の社会から傷けられる被害者として、彼自身を規定した。社会に対する優越の自覚という点では明治の知識人と変らないが、社会の被害者としての自覚という点では、明治の人々、たとえば鷗外と、全くちがっている。これは、時代の相違であって、芥川龍之介と森鷗外との個人的な相違ではない。明治時代の優越者には、社会的責任があった。しかし、権力を伴って、彼に対立する社会を意識することはなかった。たとえそれを意識したにしても、知識人の側に決定的敗北の意識はない。芥川の時代には敗北の意識があらわれている。

しかし、そのことがただちに芸術至上主義を意味するというわけではない。少くとも芥川においてはそうでなかった。彼において敗北の意識が深かったということは、彼において対立の意識が激しかったということにほかならない。そしてそのような対立の激しさは、彼自身の内心の戦いの激しさを通じてしかあらわれて来るはずのないものである。彼は「俗悪な民衆」を軽蔑していたが、民衆のなかにある歴史の将来を感じていた。それは単に詩的感受性ではなく、歴史的感受性とでもいうべきものだ。労働者とは話ができる。しかし俗悪なブルジョアとはだめだと、ルナンのようにはっきりとはいわなかったにしても、彼が民衆ということばに含めたものを、見誤ってはならないだろう。「君は僕等の東洋が生んだ草花の匂ひのする電気機関車だ」(「レニン第三」)というような詩、また「僕か？僕は赤い手をしてゐる」(「手」)などという気の利いた詩、そのほか彼のプレシオジテが全集の到るところに撒きちらしている巧妙だが浅薄な駄洒落の故に、彼の社会的問題に対する感受性の確かな方向そのものを、見誤ってはならない。彼は逆説と警句とをたのしみすぎた。それが「古典主義的」だと考えていたらしいが、それでは古典主義が易しすぎる。しかし、それはまた別の問題であって、彼の同時代に、少くとも彼の周囲で、彼ほど正確に歴史的な現実を見抜いていた作家はない。そうであったからこそ、反俗的精神も彼においてもっとも激しく燃えたのである。

以上のこと、芥川龍之介のなかにどういう問題があったか、そしてその問題が対社会的態度としてどういう形をとってあらわれたか、総じて彼の本質が反俗的精神であるというとき、その内容がどういうものであったかということは、たとえば、彼と彼のデーモンとの対話である遺作『闇中問答』に、甚だ集中的に遺憾なくあらわれている。わたくしは、今、箇条をあげて、一々指摘することはしないが、そうすることは、容易であり、たとえば、次の引用によっても、それが察せられよう。

或声　お前は詩人だ。芸術家だ。お前には何ごとも許されてゐる。

僕　僕は詩人だ。芸術家だ。けれども又社会の一分子だ。僕の十字架を負ふのは不思議ではない。それでもまだ軽過ぎるだろう。

或声　お前はお前のエゴを忘れてゐる。お前の個性を尊重し、俗悪な民衆を軽蔑しろ。

僕　僕はお前に言はれずとも僕の個性を尊重してゐる。しかし民衆を軽蔑しない。僕はいつかう言つた――「玉は砕けても瓦は砕けない」。シェイクスピヤや、ゲエテや近松門左衛門はいつか一度は滅びるだろう。しかし彼等を生んだ胎は、――大いなる民衆は滅びない。あらゆる芸術は形を変へても、必ずそのうちから生まれるであらう。

(最後のことばは、ほとんどそのまま『侏儒の言葉』にもみいだされる)。しかし、芥川龍之介における浪漫的なるものは、ここにとどまらなかった。『闇中問答』は、つづけていう。

或声　では俺を誰だと思ふ?

僕　僕の平和を奪つたものだ。僕のエピキュリアニズムを破つたものだ。……

或声は、「僕等を超えた力」であり、「僕等を支配するDaimôn」である。彼は、それを感じていたのであり、それが彼の「エピキュリアニズム」を破ることを知っていたのである。しかし、それこそまた彼の魅力でもあるが、彼は彼の「ダイモン」に表現をあたえるために、「エピキュリアニズム」を通じて獲得した彼自身の表現の手段、――具体的にはあの特徴のある文体の含む一切のものを捨てることができなかった作家である。歴史を顧る者は、常に「もし」を繰り返す。もし彼がその文体にあらわれている考え方や感じ方や生き方を捨てたならば、そして創作に協力する彼自身を「超える力」に真の表現をあたえることができたならば、そのときこそ「僕等を超える力」と「大いなる民衆」とは彼のうちで出会ったでもあろう。あるときのユゴーにおいてと同じように、またあるいは、あるときのミシュレーにおいてと同じように。もしそれが彼にできたならば、常に生れ変ろうとして常に流産に終ってきた日本の浪漫主義は、彼によって真に力強く生れたでもあろう。しかし芥川龍之介にはそれができなかったのであり、また、彼の他に誰にもそれができなかったのである。われわれは、今も、芥川龍之介が死んだということはできないであろう。

途絶えざる歌

怒れるフランス人

抵抗の文学を語るには、何よりもまず詩からはじめなければならないが、詩を語るには誰よりもまずルイ・アラゴン Louis Aragon からはじめなければならない。ナチス占領下のフランスの代表的な詩人は、その仕事の量において、また質において衆目のみるところ等しくアラゴンであった。詩集『ル・ミュゼ・グレヴァン』*Le Musée Grévin* を怒れるフランス人（フランソワ・ラ・コレール）という匿名で書いたアラゴン。

その大胆で、誇りにみちた匿名は、彼の詩作の原理が何であるかを、端的に示している。抵抗の詩集は、怒りの詩集である。敢えて註釈をほどこせば、憎悪ではなくて、怒りの、正しく人間的な怒りの作品であるといえよう。フランス人の抵抗が、ドイツ人に対する憎悪ではなく、その本来の姿においては、怒りであるということを、『傷心』*Le Crève-Cœur* から『エルサの眼』*Les Yeux d'Elsa* や『フランスの起床ラッパ』*La Diane Française* を経て『祖国のなかの異国にて』*En étrange pays dans mon pays lui-même* に到る彼の詩集ほど、あきらかに語っているものはない。憎悪は、愛とともにありえないが、怒りは、愛とともにむしろ愛に支えられてはじめてあり得るものだ。フランス人に、フランスに対する愛がなければ、フランスをふみにじるものに対する怒りもなかったはずであるし、人民と自由と同志とに対する愛がなければ、拷問と強制労働とコンツェントラチオンスラーゲルとに対する反抗はありえても、あのように堂々たる人間的な怒りに支えられた抵抗は、ありえなかったはずである。憎悪は、人を盲目にするが、怒りは、人の眼をひらく。憎悪に燃えていたのがナチスではなく、フランスの人民であったとすれば、あれほどまでに高い倫理的力によって支えられ、圧倒的な暴力に対してみごとに組織された抵抗は、ありえなかったはずである。そして、詩人ルイ・アラゴンが、怒れるフランス人ではなく、憎悪に燃えるフランス人であったならば、彼の詩集が祖国愛と人間愛とを同じものとしてうたうことも、そのことばをあれほど美しく鍛えることもできなかったはずであろう。しかし、抵抗は、フランス人の憎悪ではなく、怒りであったし、アラゴンの詩集は、アラゴンの憎悪ではなく、怒りであった。そして、彼の詩集は、矢内原伊作もいったように、「詩を愛することと人を愛することと国を愛することとが三つのことではなく一つのことである」ことを示しているのである。

しかし、怒りの前には、『傷心』がなければならなかった。一九四〇年五月、ダンケルクの悲劇とともに、『フランスの起床ラッパ』が鳴り響いたのではなく、フランスにとっても、アラゴンにとっても、はじめはただ歎きと絶望とが、『傷心』の呟きとなっていた。戦場を放棄して帰ってくる人々、「呪われたもの」のようにみえる男たち、重い荷物を負って歩く女たち、また失った玩具のために泣きながら大きな眼をみひらいている子供たち……。

玩具を失くして泣きながら
子供はみていた　それとは知らず
防ぎきれなかった地平線

子供はみていた　それとは知らず
四辻にある機関銃
灰になった大きな店を

四辻にある機関銃
兵士は低い声で話した
……………

Et pleurant leurs jouets perdus
Les enfants voyaient sans comprendre
Leur horizon mal défendu

Les enfants voyaient sans comprendre
La mitrailleuse au carrefour

La grande épicerie en cendres
La mitrailleuse au carrefour
Les soldats parlaient à voix basse
…………

(Louis Aragon, Complainte pour l'orgue de la nouvelle barbarie, *Le Crève-Cœur*)

兵士たちは、低い声で語り、仲間の負傷者や戦死者を算える。彼らは恋人の写真を抱きながら、担架の上に死んでゆく。しかし「見知らぬ土地へ行くよりも」故郷で死ぬ方が、「一〇〇倍もまし」なのである。

…………
帰ろう　帰ろう
心は重く　腹はすかせて
帰ろう　帰ろう
涙も希望も武器もなく
…………

…………

Nous revenons nous revenons
Le cœur lourd la panse légère

Nous revenons nous revenons
Sans larmes sans espoir sans armes

…………

しかし、帰ることはできなかった。「どっかで平和に生きてる奴らは」憲兵をせき立てて、兵士たちを「爆弾の下へ送り返した」。「涙も希望も武器もなく」戦いはつづけられたのであり、休戦は、何よりもまずそのような戦いからの解放であった。人々は、休戦によってそれぞれの家へ帰ることができた、或は少くとも帰ることができるはずであった。惨めな、絶望に砕かれた姿で……。

『傷心』の詩人が、平明なことばで、生々しく繰り返したルフランは、サン＝テグジュペリー Saint-Exupéry が『戦う操縦士』*Pilote de guerre* に描き、おそらく当時のフランス国民の誰もが感じた悲歎以外のどんな感情でもない。そのような感情を、アラゴンは、彼の詩のなかで、ほとんど突然に探りあてたということができる。彼は、はじめて、国民的感情を直接にうたった。うたったということは、第一にうたうべき内容を直接に体験したということであり、第二にうたうべき内容に相応しい形式を発見したということである。いずれにしても戦前の彼にそれを期待することはできなかった。

第一次大戦直後に、アンドレ・ブルトン André Breton を中心としておこった超現実主義のもっとも輝かしい選手の一人として、詩人アラゴンは登場し、魅惑し、流行した。しかし、超現実主義は、国際的運動ではあっても、国民的運動ではなかった。一九世紀の末から市民社会のなかで孤立し、大衆からはなれることでそれ自身の方法を極端にまでつきつめていった文学或は芸術の、その方向での徹底ではあっても、その方向の否定ではなかった。超現実主義の、文学的、また芸術的、また或は感覚的革命の結果は、国民的感情との失われたむすびつきを回復するどころか、むしろ逆にそれとの断絶を強調するものであった。アラゴンは、超現実主義の詩人として出発したが、その後、マヤコフスキー Mayakovskii との接触を通じて、たとえ詩人であることをやめても、超現実主義を克服して人民とのつながりを回復しようと志したようにみえる。一九三〇年代の彼は、「社会主義レアリスムのために」書いた。そこには、超現実主義から現実主義への道を切りひらこうとする詩人の精神が、出会わなければならない複雑な問題が、複雑なままで投げだされている。一般的にいえば、それらの問題の多くは、今日の詩人にとってもすぎ去っていないだろうし、アラゴンその人にとっても、少くとも問題の一部は決定的には解かれずにのこっているのであろう。われわれが今彼の立場に即してそのことに触れる暇のないのは残念であるが、結果からみて、彼自身を克服しようとする過程が、そのまま、彼と大衆との直接のむすびつきの強められてゆく過程であったとはいえない。かつての超現実主義者・詩人は、超現実主義者でなくなることによって、詩人でなくなったかのようにみえていたのだ。ところが突然ダンケルクを境として、彼はうたいだした、もはや一人の芸術的冒険家としてではなく、フランスの人民の詩人として。だからアンドレ・ジード André Gide が、『架空会見記』 *Interviews imaginaires* のなかで、『傷心』について次のようにいった時に、彼は、少くともアラゴンの新しい詩集の意義を誤解してはいなかったのである。

「アラゴン、彼の初期の作品は僕たちを驚歎させた。次期の作品、最近までの作品は、それほど、或は全然われわれを喜ばせなかったばかりか、その或るものは彼が文学にとって永遠に失われたのではないかと心配させるほどわれわれを呆れ返らせたものだった。ところが彼はおそらく誤謬をみずから悟ったらしい。ああ、彼ははるばる帰って来たのだということができる」（伊吹武彦訳）と。

はるばると帰ってきたのは、アラゴンばかりではなかった。かつての超現実主義者の一群、いや、フランスの抒情詩そのものが、抵抗とともに、フランスの国民的感情のなかへ帰ってきた。そうして、永遠に失われたのではないかと心配させるほど沈滞していたフランスの詩は、第二次大戦の戦勝国にも敗戦国にも類をみない湧くような生命力を獲得した。われわれは、そのことに、後で触れる。ここでは、もう少し具体的に、抵抗のフランスの代表的な詩人アラゴンについてみよう。

彼はダンケルクからイギリスへ逃れ、南フランスへ潜入すると、「国民作家評議会」を南部で組織し、『フランス文学』誌、深夜版（エディシオン・ドゥ・ミニュイ）、みずからエリュアール Eluard とともにつくった『ビブリオテーク・フランセーズ』等に、ジャック・デタン、フランソワ・ラ・コレール等の匿名を用いて詩を発表した。その詩は、何よりもまず祖国フランスをうたっている。フランスの山河、故郷の街や祭の笛、ことにそれらのものを外敵からまもったかつての英雄と、今もまもろうとして屈しない抵抗の同志たち……およそ一人の詩人が、これほどまでに、フランスということば、祖国（パトリー）またはわが国（モン・ペイ）ということばを、繰り返した例は、他にあるまい。そしてそれが外国人であるわれわれにさえも美しく響いたという例は、なおさら他にあるまいと思われる。ヒトラー Hitler は勝ち誇っていた。祖国のなかには異国があった。フランス国民の待っていたことばは、詩人がその詩句のなかで尊敬と愛情とをこめてうたう祖国ということばの他にはなかった。アラゴンは、その祖国フランスを、道行く人が吟む(くちずさ)ことのできる親しみ深い平易な形式でうたったのであり、事実人々はそれを吟んだのである。「呟かれたルフラン」は「大都会の路上で」行きちがう男に伝えられ、その見知らぬ男は「もっと遠く、それをはこんで行」った。

「われらの歌は膨んだ、人民よ、何たる奇蹟！　われらの歌は、唇にのぼった、うたうともなく人々はうたっていた」。

人は象徴派や超現実主義者の詩をうたうともなく、うたうことはできない。そのような歌は、長い間詩人のものでなかった。しかし、その時、必要は生じたのであり、口から口へ伝えられる歌の必要は平和な時代に、言論と集会との自由のなかで到底想像することもできないほど大きくなっていた。絶望のなかの希望、闇のなかの光、夜のなかの暁の予感は、ゲシュタポの支配する「わが国のなかの異国に」住むものにとって、そのような歌にみいだせなければ、どこにもみいだせないものであった。詩人は、宣伝や煽動に成功したのではなく、人の心を動かすことに、成功したのである。

「わが国は、断崖に打ち寄せる海の如く、また港を前にして揺れる船の如く、隠然たる深い轟きとなった。わが国は、世界の歌となり、すべての希望と絶望とがそこに要約される音楽となった。……わが国は、夜のなかで、……暁を予感し、暁が戦いであり、薄明のなかの嗚咽と血であることを、知っていた。うたうわが国は、光にちかづいていた。
その時に、フランスの起床ラッパは鳴り響いた」。

...... Notre chanson s'enfla, peuple, quels mystères! Notre chanson montait aux lèvres, sans qu'on sût presque qu'on chantait. Mon pays devenait un grondement profond et sourd comme la mer quand elle approche des falaises, comme le bateau trépidant devant le port. Mon pays devenait le chant même du monde, la musique où se résument enfin tout l'espoir et tout le désespoir, ...

...... Il pressentait l'aurore, il savait qu'elle est un combat, qu'elle a dans sa pâleur des sanglots et du sang. Mon pays qui chantait abordait la lumière! ......

Alors la diane française sonna.

(Louis Aragon, O mares sur la terre au soir de mon pays, *Poésie 44*, No. 22. 1945)

アラゴンの詩、総じて抵抗の詩が、フランスとフランス国民にとってどのようなものであったかを、一九四五年の『ポエジー44』にあらわれたこの散文詩（「おおわが国の夕暮の地上の沼よ」）ほど活き活きと語っているものはない。

彼は、祖国をうたい、祖国のために倒れた同志をうたった。たとえば、ゲシュタポに銃殺された四人の殉難者、コミュニストのガブリエル・ペリ Gabriel Péri とギイ・モケ Guy Moqué, カトリックのエティエンヌ・ドールヴ Etienne d'Orve とジルベール・ドリュ Gilbert Dru に捧げられた「薔薇と木犀草」は、もっとも深い感動ともっとも単純な形式との比類のない結合である。矢内原伊作も、『抵抗詩人アラゴン』のなかでその後半を引用したが、「神を信じたものも——信じなかったものも」というルフランではじまる美しい詩の一部分を、ここに誌すことは、そもそも一人のコミュニストにとって、抵抗の同志とはどういうものであったかを示すためにも、無駄ではあるまい。ドイツの兵士たちに捕われた美しい女、フランスを頌め、彼女に忠実であり、彼女を欺かず、その名を繰り返して死んだものは、コミュニストであろうと、カトリックであろうと、その立場の如何にかかわらず、人間としての立場において、抵抗の同志であるということを示すために。

神を信じたものも
信じなかったものも
共に頌めた　美しい
兵士たちに捕われた女を
……………
神を信じたものも
信じなかったものも
共に忠実であった
唇で　心で　腕で

1951

……………

神を信じたものも
信じなかったものも
反逆者は反逆者
われらの嗚咽は一つの弔鐘
残酷な朝の来る時に
生から死へと彼らは移る
神を信じたものも
信じなかったものも
二人のどちらも欺かなかった
彼女の名前を繰り返し
彼らの赤い血は流れる
同じ色　同じ輝き
神を信じたものも
信じなかったものも
血は流れ　流れてまじる
愛する大地へ
新しい季節が来れば

葡萄の実り熟れるために
……………
うたえ、フリュート、ヴィオロンセロよ
雲雀と燕
薔薇と木犀草を
燃えあがらせた二つの愛を

Celui qui croyait au ciel
Celui qui n'y croyait pas
Tous deux adoraient la belle
Prisonière des soldats

……………
Celui qui croyait au ciel
Celui qui n'y croyait pas
Tous les deux étaient fidèles
Des lèvres du cœur des bras
……………
Celui qui croyait au ciel

Celui qui n'y croyait pas
Un rebelle est un rebelle
Nos sanglots font un seul glas
Et quand vient l'aube cruelle
Passent de vie à trépas
Celui qui croyait au ciel
Celui qui n'y croyait pas
Répétant le nom de celle
Qu'aucun des deux ne trompa
Et leur sang rouge ruisselle
Même couleur même éclat
Celui qui croyait au ciel
Celui qui n'y croyait pas
Il coule il coule et se mêle
A la terre qu'il aima
Pour qu'à la saison nouvelle
Mûrisse un raisin muscat
....

Dites flûte ou violoncelle
L'alouette et l'hirondelle
Le double amour qui brûla
La rose et le réséda.

（Aragon, La rose et le réséda, *La Diane Française*）

この愛の歌に、註釈の必要はあるまい。

しかし、アラゴンの詩については、注意すべきことが二つある。その第一は、詩人が祖国への愛をうたっているばかりでなく、一人の女への愛をもうたっているということであり、第二は、その詩の形式が口伝えにすることのできる単純なものばかりでなく、しばしば韻律の複雑をきわめているということである。

ロシア生れの小説家エルサ・トリオレ Elsa Triolet は、抵抗の間もアラゴンの好き伴侶であった。アラゴンは彼女への愛を、ダンケルクの砲煙弾雨のうちにうたった。

ぼくは叫ぶだろうぼくの愛を……
……………
ぼくは叫ぶだろう弾丸よりも強く
傷ついた人々よりもまた溺れゆく人々よりも

Je crierai mon amour ……
…………
Je crierai je crierai plus fort que les obus
Que ceux qui sont blessés et que ceux qui ont bu

(Aragon, La Nuit de Dunkerque, *Les Yeux d'Elsa*)

また、暗礁に乗りあげて燃えあがるフランスと、その戦いの海の彼方に望む「エルサの眼」をうたった。

ある美しい夕暮に世界は砕けた
遭難の人々の燃えあがらせた暗礁に
わたしはみていた海の彼方に輝いている
エルサの眼エルサの眼エルサの眼

Il advint qu'un beau soir l'univers se brisa
Sur des récifs que les naufrageurs enflammèrent
Moi je voyais briller au dessus de la mer

Les yeux d'Elsa les yeux d'Elsa les yeux d'Elsa

（Aragon, Les Yeux d'Elsa, *Les Yeux d'Elsa*）

この愛の歌は、もはや、サロンや公園や閨房のおそらく描きつくされ、またおそらく洗煉しつくされ、超現実主義者が投げ棄てざるをえなかったあの愛の歌ではない。ここでは、愛の抒情詩が叙事詩的な背景のなかに溶けている。歴史的な世界と個人的な世界とは重なり、国民的感情と詩人の感情とは融けあい、重なり、融けあうことで、お互いに他を強めている。『エルサの眼』は、詩人の個人的な感情の対象であるとともに、難破した祖国の希望の象徴であり、そのいずれでもあるが故に、そのいずれかであるよりも、強く輝いている。もしエルサへの愛が同時に祖国への愛でなかったならば、どうして詩人は、ダンケルクの弾丸の唸りよりも強く、その愛を叫ぶことができたろうか。またもしフランスへの愛が同時に個人的な愛でなかったならば、どうして詩人はフランスということばをその詩句のなかであれほど痛切に美しく響かせることができたろうか。アラゴンの愛の名は遂にただ一つでなければならず、「エルサへの頌歌」は遂に次の如く終らなければならない。

わが愛の名はただ一つ若き希望がそれである
わたしはいつもみつけだす　その新しい交響を
苦しみの底でそれを聞く　君たち
フランスの美しい子よ　眼をあげよ

わが愛の名はただ一つ　わが頌歌（ほめうた）は今終る

Mon amour n'a qu'un nom c'est la jeune espérance
J'en retrouve toujours la neuve symphonie
Et vous qui l'entendez du fond de la souffrance
Levez les yeux beau fils de la France
Mon amour n'a qu'un nom Mon cantique est fini

(Cantique à Elsa, *Les Yeux d'Elsa*)

希望は、フランスの青春にあった。そして事実、青年たちは、おのずから湧きあがる詩句の「隠然たる深い轟き」をもって、アラゴンのよびかけに応えたのである。

しかし、さしあたって、アラゴンの詩の形式に一言を費しておくことは、あらかじめ予想される誤解を避けるためにも、必要であろう。彼は、しばしば民謡風に書いたが、常にそうしたのではない。また民謡風に書いた時にも民謡を書いたのではない。彼は、詩人として、ことばを意識的に扱った。「戦いと人々とをうた」った詩人は、戦いと人々とをうたう時に、平和な時代の彼自身がそうであったよりも、はるかに意識的な態度で、詩作に臨んだのである。おどろくべきことだが、アラゴンは、抵抗を通じて自己を国民的感情のなかにおくとともに、フランスの詩の伝統のなかに身をおき、詩作の厳密な方法をわがものとした。

『エルサの眼』の序文はいう、「言語(ランガージュ)に関する省察と、一歩毎にする言語の再発明とのないかぎり、詩はありえない」と。マラルメ Mallarmé が「詩はことばでつくるものだ」といったのも、およそ同じ意味であろう。そのことを明瞭に意識すれば、そのことから直接にではないにしても、詩の形式の制約が厳しければ厳しいほどその形式のなかで自己を実現する精神の自由もまた大きいという原理が、結論されるのも不思議ではない。『フランスの起床ラッパ』の序文はいう、「空想に従って書き、空想を通してある厳密さを択びながら、わたくしが例証しようと望んだのは、書くということのなかでの自由、たとえば自由詩の圧制を前にした自由の例証以外のものではなかった」と。自由詩の「自由」は、詩人の精神が自己を制約する規則を感じない自由、別のことばでいえば、衝動とよばれ、無意識とよばれ、霊感とよばれ、その他さまざまによばれている彼自身の自発性に、無条件に従うことによって成りたつ自由である。アラゴンがここでいう、そしておそらくヴァレリー Valéry があらかじめいった「自由」は、詩人の精神が、自己を制約する規則を制約として感じないまでに、自己を支配する自由、別のことばでいえば、理性が自己の偶然的な自発性に打ちかつことによって成りたつ自由である。この二つの自由の概念が、同じ名でよばれながら、どれほどちがうか、また詩人のことばに対する態度がそれによってどれほどちがい、その結果どれほどちがう作品が生れるか、——ということを理解するためには、それぞれの極端な場合、ダダのオートマティスムと象徴派の純粋詩の探究とを想い出せば充分であろう。アラゴンは、一方から他方へ移っていったようである。

「歌をつくる要素を何と名づけようとも、詩句にあっては、単語の間に毀ち難いむすびつきをつくりだすことが問題である、と彼はいった、格言(プロウェルブ)における如く、書かれたもののなかでは、一切が決定的に変更することのできないものでなければならぬ」と。彼は、アレクサンドゥラン（一二音綴）を用い、中世の伝統から八音綴や一〇音綴の詩型をとって、詩句を洗煉した。また、詩集『エルサの眼』においては、単に伝統的な押韻法を復活させたばかりでなく、独特の押韻に新しい工夫を示した。たとえば、一二音綴・四行の詩句で、一行のなかに二つの脚韻があり、八音綴・六行によむことのできるものがある。また一二音綴の一行を六音綴の二行としてよむことのできるものもある。いずれにしても、一行のなかにかくれている脚韻が、一行一二音綴の終りにあらわれている脚韻と平行して、微妙な効果を生んでいる。しかも、詩型と押韻とについて、アラゴンの発明工夫はそれだけではなかった。彼は、過去のあらゆる詩型を検討し、利用できる一切のものを利用しようと考え、その上にみずから多くの工夫をつけ加えたのである。しかし、フランス人の国民的感情をよびさますために、伝統的な詩型を中世の宝庫に探ったアラゴンが、探りあてたものは、詩型だけではなかった。彼は、その詩型をフランスの過去に負うているばかりでなく、その詩のイマージュを中世の武勲詩や騎士道物語に負うている。なぜならば、「一九四二年のフランスは、まったくブロリセリアンドの森に似ていた」からである。「ヴィシーの魔女とドイツの龍」がその森に住んでいた。「それは魅せられた婦人と囚れた王女との時代、出会いがしらの闘いの時代、躍りだした騎士が老人や子供を解き放ち、高い柵をめぐらした城からは、不思議なむせび泣きの声の洩れるのが聞えた時代である！」その騎士によびかける歌、「妖精が泉の庭に逃げ」た暗い森に闇の封を解くことを祈る歌、国民の伝説を語りながら、国民の未来について語る歌を、アラゴンは、書いた。今では詩集『祖国のなかの異国にて』に収められている「ブロリセリアンドの森」七篇は、一九四二年初夏ニースとヴィルヌーヴで書かれたものである。詩人が材料を古譚にとったのは、むろん、検閲の眼をごまかすためであったが、結果からみれば、詩人の得たものは決してそれだけではなく、古いイマージュと新しい感動とがつくりだす調和の美しい効果でもあった。

こうしてアラゴンは、その詩的天才を、抵抗の戦いそのもののなかに、実現した。彼は、フランスの人民の心と、フランスの詩の伝統とを、一挙につかんだのである。それは、アラゴンにとっては、彼が、彼自身の立場において、人間の観念をつかんだということであるが、そのことについては後に触れる。われわれは、今、ナチスの占領下にフランスの詩歌の途絶えざることを証明したもっと多くの詩人について語らなければならない。たびたび繰り返したように、抵抗を通じてあらたな生命を獲得した詩人は、アラゴンだけではなかった。

途絶えざる歌

周知のように文学的流派としての象徴主義は第一次大戦とともに終り、運動としての超現実主義は一九二〇年代の終らないうちに衰えた。そしてその後、それに代るどのような詩の流派も運動もフランスに関するかぎりみられなかったといってよい。戦前三〇年代のフランスでは、超現実主義とともに育った詩人たちの声はすでに低かったが、それればかりではなく、そもそもフランスの抒情詩の伝統そのものが、生命を失ってゆくようにみえた。そのことは超現実主義者の一群、アンドレ・ブルトン、エリュアール、アラゴン、フィリップ・スーポー Philippe Soupault, トリスタン・ツァラ Tristan Tzara

の後に、詩壇が一人の新しい有力な詩人も迎えなかったということにもあらわれている。しかしことに象徴主義の最後の後裔、ヴァレリーの権威が、両大戦のあいだ、およそ二〇年間を支配していたということにあらわれている。

一度マラルメをよめば、その他の一切の詩句はほとんどよむに堪えないという意味のことを、ヴァレリーはいった。ヴァレリーの詩論は、それ自身完璧な体系である。思考の感受性の、およそ精神のあらゆる作用の方法論的体系。かつてこれほど完璧な詩論はありえなかったし、またかつて、『若きパルク』や、『海辺の墓地』よりも完璧な詩句はありえなかった。彼がダダに傷つかず、超現実主義の嵐にゆるがず、純粋詩論争の好敵手アンリ・ブレモン Henri Brémond の攻撃にたじろがなかったのは当然である。しかし、ヴァレリーの権威ほど奇妙なものはない。彼の詩のほとんど大部分が一九一七年以後、僅々数年の間に発表されたということをおもえば、少くともその後のフランスの代表的な詩人は、詩を書いていなかったということになる。抒情詩の栄光と権威は過去にあって現在にはなかった。現在にはただ超現実主義の余燼がくすぶっていた。その時戦前の人々は、黄昏の地上で、沈みゆく象徴主義の太陽が染める西空の最後の光彩に郷愁を感じていた。

郷愁を打ち破り、みずから詩の栄光を担うに到ったのはアラゴンである。超現実主義の余燼のなかから、炎々たる炬火をとりだしたのはエリュアールである。抵抗とともに象徴主義の黄昏を脱し、再びガルリアの野にのぼる朝の太陽をのぞんだのは、ピエール・エマニュエル Pierre Emmanuel 以下の若い詩人たちである。アラゴンについては、すでにいったし、エマニュエルについては後に述べるであろう。ポール・エリュアールは、どのようにしてフランスの詩とともに彼自身の精神の発展の途絶えざることを証明したか(詩人は「自己の生涯と自己のイデーの歴史を要約する」作品を「途絶えざる歌」と名づけた)。

彼は、わが国ではアラゴンほどにも知られていない。しかし超現実主義者のなかで、不毛の三〇年代まで一貫してうたいやめなかった詩人、もっとも平易なことばでもっとも直接に読者に話しかけた詩人、またアラゴンとともにナチスに対し、その詩的表現力と活動力との一切をあげて、もっとも激しい戦いを挑んだ詩人は、エリュアールであった。それにはそれだけの理由があったはずである。

彼は一八九五年一二月一四日に生れた。ツァラとブルトンにさき立つこと一年、アラゴンとスーポーとにさき立つこと二年。相前後して生れたこれらの詩人に、エルンスト Ernst, ピカソ Picasso, キリコ Chirico, またマン・レー Man Ray やサルヴァドール・ダリ Salvador Dali のような美術家の一団を加えれば、超現実主義の運動は生れるであろう。今さらいうまでもなく、ブルトンは運動の理論家であり、精神的中心であったが、エリュアールは運動のうたい手であり、他の誰よりも魅惑的な詩句をつくりだした詩人であった。

超現実主義の成りたちを今くわしく省みているひまはないが、その原理は詩人の場合にも画家の場合にもあらゆる現実を芸術家の主観のなかに還元するということである。「夢は第二の人生である」と書いたネルヴァル Nerval, またランボー Rimbaud とロートレアモン Lautréamont は、超現実主義者のフランスにおける先祖であり、ブルトンに従えば、ノヴァーリス Novalis, ヘルダーリン Hölderlin, アヒム・フォン・アルニム Achim von Arnim はそのドイツにおける先駆者である。詩人の頭に浮ぶイマージュを何等の理性の拘束なしにそのまま書き写してゆくという詩作の方法オートマティスムは、その特徴を遺憾なくあらわすものであろう。エリュアール自身のことばによれば、詩の客観性は〔詩人の〕あらゆる主観的要素の継起或は連鎖のなかにしかないということになる。画家もまた同様であり、「超現実主義の画家たちはヴィジョンを解放し、想像(イマジナシオン)を自然に附け加え、すべての可能なものを現実的であると見做し、想像と現実とのあいだに二元論は存在しないということをわれわれに示すために、あらゆる努力を傾けた」のである。そこで問題は、何が詩人の主観のなかに継起したか、何が画家の解放すべきヴィジョンであり、何が彼の自然に附け加えるべき想像であったかという点に帰着するであろう。ブルトンは『マニフェスト』*Manifeste du surréalisme* のなかでフロイト Freud を想い起した。しかし愛の詩人エリュアールは彼自身の愛を、「ある時にはジュール・ルナールを、ある時にはジョルジュ・ローダンバックを想わせるイマージュ」（ルネ・ラルー René Lalou）で飾った。窓硝子、太陽、シトロン、風にゆれるミモザ……親しみ深い日常語に詩人は微妙な輝きを与える。

あの女(ひと)は立っている　わたしの瞼の上に
その髪はわたしの髪にまじり
あの女(ひと)はわたしの手の形をして
わたしの眼のいろをして
わたしの影のなかへ消える
空へ消える小石のように

Elle est debout sur mes paupières
Et ses cheveux sont dans les miens,
Elle a la forme de mes mains,
Elle a la couleur de mes yeux,
Elle s'engloutit dans mon ombre
Comme une pierre sur le ciel.

（Eluard, L'Amoureuse, *Capitale de la douleur*）

しかし一九三六年のはじめに招かれてスペインに渡り、ピカソに関する講演を行ったエリュアールは、この旅行からある重大な影響を与えられたようである。内乱はまだはじまっていなかったが、その年のうちにフランコ Franco は政府を攻撃し、ファシストと人民戦線との対立は、全ヨーロッパをその渦中にまきこむはずであった。「すべての詩人には他の人間の人生、或は共通の人生に、深く没頭することを支持し、しのぶべき権利と義務がある。そのような時代が来た」と彼は書いた。

そしてわたしは孤りではない
わたしの千の似姿（イマージュ）がわたしの光を殖すのだ

Et je ne suis pas seul

Mille images de moi multiplient ma lumière.

(Eluard, Sans Age, *Cours Naturel*)

「それは鳥、それは子供、それは岩、それは平野」であるだろうが、またスペインの戦線でファシストの弾丸に斃れてゆく労働者でもあるだろう。ファシストの弾丸に斃れるのが、スペインの人民ではなく、フランスの人民である時は、すでに迫っていた。

その時が来て、「パリの壁に、布告や恐喝や人質のリストが、はりだされ、ある人々には恐怖を、すべての人々には恥を与」えるに到った時、エリュアールは、本名で『詩と真実』*Poésie et Vérité* を書き、「自由」を讃えた。そうする決意は、彼のなかで、すでに準備されていたし、敢えてそうした時に、その自由の讃歌が人々の手から手へ渡り、熱狂的によまれて、フランスの精神的再起を促すに到った、自在の表現力も、すでに用意されていたといえよう。「自由」と題する一篇は、『詩と真実』のなかでも有名なものだが、ほとんど童謡のように単純な形式のなかに日常的な単語を活かして、強い効果を生んでいる。そのような効果を彼は、長い間追求してきた。彼は、抵抗が要求する民衆の詩の形式を、みずからふんできた道の上に、そのまま発見することができた。そうすることのできた詩人は、エリュアールを措いて他にないのである。

生徒の手帖に
学校の机や樹々に

また砂の上雪の上にも
ぼくは書くお前の名を

…………

金色のイマージュに
戦う人の武器に
王たちの冠の上に
ぼくは書くお前の名を

ジャングルと砂漠の上に
巣の上やえにしだの上に
わが幼き日のこだまの上に
ぼくは書くお前の名を

…………

野に地平線に
鳥の翼に
また影のある風車小屋の上に
ぼくは書くお前の名を

…………

1951

壊れたぼくの隠家(かくれが)に
崩れたぼくの灯台に
ぼくの不快の壁の上にも
ぼくは書くお前の名を

希望のない放心に
はだかの孤独に
死の行進に
ぼくは書くお前の名を

もどってきた健康に
消えてしまった冒険に
想い出のない希望に
ぼくは書くお前の名を

ただ一つの言葉のおかげで
ぼくはもう一度人生をはじめる
ぼくは生れた　お前を知るために

お前をよぶために
自由よ

Sur mes cahiers d'écolier
Sur mon pupitre et les arbres
Sur le sable sur la neige
J'écris ton nom
…………
Sur les images dorées
Sur les armes des guerriers
Sur la couronne des rois
J'écris ton nom

Sur la jungle et le désert
Sur les nids sur les genêts
Sur l'écho de mon enfance
J'écris ton nom

....
Sur les champs sur l'horizon
Sur les ailes des oiseaux
Et sur le moulin des ombres
J'écris ton nom

....
Sur mes refuges détruits
Sur mes phares écroulés
Sur les murs de mon ennui
J'écris ton nom

Sur l'absence sans désirs
Sur la solitude nue
Sur les marches de la mort
J'écris ton nom

Sur la santé revenue
Sur le risque disparu

Sur l'espoir sans souvenirs
J'écris ton nom

Et par le pouvoir d'un mot
Je recommence ma vie
Je suis né pour te connaître
Pour te nommer

Liberté.

(Eluard, Liberté, *Poésie et Vérité*)

彼はこのように自由をうたったが、一九四二年のフランスでは、同じ年の日本でもそうであったように、自由ということばこそあらゆる弾圧に値するものであった。ドイツの官憲は、『詩と真実』の作者を告発した。エリュアールは、以後、敵の眼をくらますために転々として居を変えながら、『詩人の名誉』『ユーロップ』『フランス文学』『エトゥルネル・ルヴュー』『ビブリオテーク・フランセーズ』等の再刊また創刊に大きな役割を演じた。彼はまたそのような雑誌新聞にジャン・デュ・オーその他の匿名を用いて、解放直前まで、絶えず多くの詩を書いた。それらの詩のあるものは、ゲシュタポの追及を逃れて、ロゼール県(南フランス)の山中にかくれた彼が、二カ月のあいだ身をひそめていた精神病院で書かれたといわれている。「雪に蔽われた高原、氷のような風の渦がその雪に櫛目をつけ、亀裂を生じた高い家の窓の後には、血走った顔が、夜通しおきている……」と、エリュアールにそこで会った伝記作者は、後になってその時を回顧しながら、その荒涼とした風景を描いている。しかし荒涼とした風景はむしろゲシュタポのいるところ、拷問と虐殺の行われるところ、ナチス占領下のフランスの到るところにあった。その背景のなかから生れるエリュアールの詩も年とともに激しさを加えないわけにはゆかない。一九四二年に「自由」をうたった詩人は、四三年には、

深く全き戦線の名において
私がみつめる眼と
私がくちづけする口の名において
今日のためにまた未来永劫に

Au nom du front parfait profond
Au nom des yeux que je regarde
Et de la bouche que j'embrasse
Pour aujourd'hui et pour toujours

(Eluard, Les sept poèmes d'amour en guerre)

「怒りをほとばしらせ、武器を掲げなければならぬ」ということをうたっている。また一九四四年の殉難者ガブリエル・ペリのための詩は、次のような二行ではじまる。

生命に向ってひらいたその腕の他に
防ぐものをもたない男は死んだ

Un homme est mort qui n'avait pour défense
Que ses bras ouverts à la vie

(Eluard, Gabriel Péri, *Au rendez-vous allemand*)

ペリが死んだのは「われわれを生きてゆかせるもののため」である。だから「われわれは彼をお前(テュ)でよぼう。彼は殺されたけれども、そのためにわれわれはわれわれ自身を知っている。われわれはお互いをお前(テュ)でよぼう」。希望は今も生きているのだ。——そういう意味の数行で終るその詩も痛切だが、「苦痛の武器(責道具)」と題する一篇は、もっと激しい。「父親に」「そして語るのは母親である」。「その息子、その子が……」の三部から成るその詩は、まず子を失った父によびかけ、子を奪われた母のことばにつづき、最後に息子自身の「屠殺者ども」との戦いをうたう。限りない思いをこめたことばの一つ一つは、今でも、遠くはなれた外国の読者をさえゆりうごかすのだから、その書かれた時と処とにおいて、それがどれほどフランスの青春を鼓舞したか、想像にあまりあろう。「その子は嘘をつくこともできたろう。そしてみずからを救うことも」という意味の二行ではじまる詩。しかしその子は、「屠殺者どもに剣を擬するように」真実をつきつける。屠殺者どもの復讐。なぶり殺し。愛から、憎悪から、生きることの感覚から、また「打ち勝って、われわれになされた悪の償いをつけようとする情熱」から、

この男は死を思い
あの男は思わない
一人はねむり一人はねむらぬ
しかし誰でも同じ夢
みずからを解く夢をみる

Celui-ci pense à la mort
Celui-là n'y pense pas
L'un dort l'autre ne dort pas
Mais tous font le même rêve
Se libérer

みずからを解き放つ夢。彼らの国を解き放つ夢、「すべての人々がすべての人々のために」ある国

の実現へ向っての夢。

私はいう私のみるものを
私の知っているものを
真実であるものを

Je dis ce que je vois
Ce que je sais
Ce qui est vrai

(Eluard, Les Armes de la Douleur, *Au rendez-vous allemand*)

「真実であるもの」は、エリュアールにとって、まず祖国の解放であり、祖国の解放は人間の解放であり、人間の解放である以上、ナチスの抑圧者からの解放であるばかりではなく、第三共和国の抑圧者からの解放をも意味する他はなかった。彼は、抵抗の代表的な詩人であったばかりでなく、抵抗の革命的本質をアラゴンとともにもっとも尖鋭に代表する詩人であった。そこに辿りつくまでの道を、彼は超現実主義から出発し、超現実主義からはなれず、それを独特の形で人間的に深めながら通ってきたのである。エリュアールの存在こそは、まさにそれ自身、一箇の「途絶えざる歌」であったし、また現にあるといえよう。

ブルトンも、スーポーも、また、コクトー Cocteau も、ピエール・ジャン・ジューヴ Pierre Jean Jouve も、かつての超現実主義者と彼らのちかくにいた詩人は、それぞれ反ナチスの立場から書いた。彼らもまたフランスの詩歌の栄光の途絶えざることを示したのであるが、すでに、アラゴンを語り、エリュアールにことばを費した以上、われわれは彼らの途絶えざる歌が、新たに湧きおこる歌によってどのように応えられたかを、みなければならない。久しくフランスの詩壇に後をたっていた新星は、突然、しかし、一斉に、あらわれた。あるものは国境の彼方コンツェントラチオンスラーゲルから、あるものは自動小銃を携え、燃える街の廃墟から、それぞれのポケットに皺だらけの詩稿をしのばせて、文学に新しい生命を吹きこむためにあらわれたのである。

若い詩人たち

ガブリエル・オーディシオ Gabriel Audisio は、獄中で暗誦したロンサール Ronsard, ボードレール Baudelaire, マラルメ、ユゴー Hugo, またランボーを想起しながら、詩と詩人によびかけて、いった。「詩よ、ぼくはお前の偉大さを知らなかった。信者が空に十字架をみるように、ぼくがお前の偉大さをほんとうにみたのは、そこ〔牢獄〕においてである。詩のもっとも高い徳の一つは、苦痛と孤独を慰め、人間の悲歎の傷口に香油を塗り、怒りを栄光あるものとし、もし必要ならば、復讐の火に敢えて憎悪の油をそそぐことだ。……詩人よ、わが同胞(はらから)よ、ぼくは諸君に、人間がもはや詩に戯れることを望んでいないということをいいたい……」と。

もはや「詩に戯れる」ものはなかった。もし戯れることができれば、戯れることさえも戯れ以上の意味をもったであろうが、フランスの詩人、ことに若い詩人は、直接に、「わが国のなかの異国」、牢獄の外の牢獄、彼らの傷とゲシュタポの武器をうたったのである。

パトリス・ドゥ・ラ・トゥール・デュ・パン Patrice de La Tour du Pin は、「それよりも悲劇的な時はなかった」という時代をうたった。

生きてゆくのに堪えられぬほど
苦悩が空気にみちていた

Il est plus d'angoisse dans l'air
Que n'en peut supporter la vie ……

(Patrice de La Tour du Pin, Fragments d'un concert sur terre, *Poésie*, No. 22, 11, 1945)

セルピエールという偽名を用いていたギルヴィック Guillevic は、牢獄の「野を横切る壁」をうたい、「われわれを絞め殺すために」「われわれを裁断するために」「われわれを切り刻むために」来たものを、うたった。

クロード・モルガン Claude Morgan とともに、ドクール Decour の処刑によって分散した「国民作家評議会」の再建に活動し、オークソワの名で深夜版にコントを、アンヌの名で『詩人の名誉』

L'Honneur des Poètes に詩を書いたエディット・トーマ Edith Thomas は、

わたしの国　灰色の優しい国
その森と牧場は
地平線に融ける
葬られたヨーロッパの
牢獄（ひとや）のなかのわたしの国

Mon pays, doux pays gris,
Dont les bois et les prairies
S'enfoncent à l'horizon,
Mon pays dans la prison
De l'Europe ensevelie;

（Edith Thomas, Mon Pays）

をうたった。また、死んだ友達や牢獄にいる友達によびかけ、勇気と憎しみとをかき立てながら、女としての感情を、短い詩句のなかに溢れさせ、彼女のうたわなかった子守唄をうたった。

わたしはゆかなければならない
大きな苦しみをかくして
勇気と憎しみとを投げこまなければならない
混乱のなかへ

他の女の人たちのように
わたしも子守唄をうたうことをのぞめたら
編んだゆりかごのなかの
子供に　涙を流しながら

Et il me faut aller
En cachant ma grand'peine,
Avoir courage et haine
Jetés dans la mêlée

Mais je voudrais bercer
Comme les autres femmes
Dans un berceau tressé

Un enfant tout en larmes.

（Edith Thomas, Tous Mes Amis Sont Morts）

またピエール・セゲール Pierre Seghers,「国民作家評議会」の組織者の一人であり、『ポエジー40、41、……』を創って、抵抗の詩人のほとんどすべてをそこにあつめたピエール・セゲールは、みずからも詩人であり、戦って死んだフランスの青年のために、激しい詩句を書いた。

わたしはうたう明日のために死ぬ青年を

わたしはうたう未来がみつめる青年を
わが友わが子わが兄弟
着ものの下にばら色に砕けた血汐を

わたしはうたう　彼らのまもるもののため倒れていった青年を

Je chante les garçons qui meurent pour demain

Je chante les garçons que l'avenir regarde

Nos amis nos frères nos fils
Notre sève éclatée en roses sous leurs hardes
Je chante les garçons tombés pour ce qu'ils gardent
(Pierre Seghers, Chant Funèbre pour de Nouveaux Héros)

その青年たちのなかから、セゲールも、その他の詩人もあらわれたのである。戦前に詩人として知られるためにおそらく彼らは若すぎたが、身をもってゲシュタポの拷問を体験する機会は、彼らにもっとも多かった。詩は、彼らの間からおこった。われわれの詩人、中野重治が、「胸先きを突き上げて来るぎりぎりのところを歌え」といったそのぎりぎりのところを、彼らだけがうたいえたし、またうたわざるをえなかったからである。しかし、抵抗とともにあらわれた若い詩人たちのすべてについて語ることは、資料の上からも、紙面の制限からもできない相談である。ここでは、とくに、ピエール・エマニュエルの叙事詩的格調とジャン・ケーロール Jean Cayrol の悲痛な牧歌について、またすでに若くはなかったが、かくれたる詩人アンリ・ミショー Henri Michaux の散文詩について、読者の注意を喚起したいと思う。抵抗は、叙事詩にも、抒情詩にも、また散文詩にもそれぞれの生命を吹きこんだのである。

ピエール・エマニュエルは、一九一六年、バッス・ピレネーのガンに生れ、数学と哲学とを学んだといわれる。抵抗に身を投じた時には、弱冠わずかに二五歳であった。戦前にも難解な象徴的長詩

「オルフェウスの墓」があるが、抵抗の四年間の詩は、セゲール版の詩集『自由はわれらの足を導く』*La Liberté guide nos pas* にあつめられている。彼は、絶望のなかから起ちあがり、抵抗の生長とともに、大きくなってゆく希望をうたった。

一九三九年の「平和の時」に、まず「黒く濃い永遠」の支配と「怒りを浸す」血の海の予感が、あらわれる。

亡者の歩みがみられるだろう　彼らの徴（しるし）は
匂いと怖れと血であろう……

On verra s'avancer les morts, et leur emblème
sera l'odeur, la peur et la pourpre! ……

（Pierre Emmanuel, Temps de la Paix, *La Liberté guide nos pas*）

予感は、実現され、ナチスの支配は、はじまる。ゲシュタポの手に倒れた愛国者の血は、フランスの土の上に流れはじめる。

この血は決して乾かぬだろう　われらの土に

Ce sang ne sèchera jamais sur notre terre

(Emmanuel, Otages)

と詩人が書いたのは、一九四一年一〇月二二日、一六歳の少年をふくむ五〇人の人質が銃殺されたシャトーブリアンの殺戮の翌日であった。後に、ジャン・アミヨーという署名で、『詩人の名誉』に発表された「人質」というその詩、またそのころのその他の詩には、憎悪があり、憎悪以外の希望はない。ナチスの虚言に耳をかさず、歯を喰いしばっている人々がいるということ、その人々のあいだに憎悪が燃えているということの他に、抵抗のよりどころもなかったはずであるし、フランスの希望もなかったはずである。

歯を喰いしばり何も聞かない幾百万の人がある
流れだそうとする血がある
憎悪がある　希望をもつためにはそれで充分である

Il y a des millions de sourds les dents serrées
Il y a le sang qui commence à peine à couler
Il y a la haine et c'est assez pour espérer.

(Emmanuel, Les Dents Serrées)

その希望がどう育っていったかということは、詩集『自由はわれらの足を導く』によって、ある程度まで跡づけることができる。しかし、ここで、それをしている暇はない。ここでは、四二年の聖霊降臨祭に、ジャン・ケーロールに献げられた詩「ああ、もし私に鳩の翼があったら！」と、ルイ・エ・エルサ（アラゴンとトリオレ）に献げられた四四年の「聖霊降臨祭の頌歌」とを、比較することで、満足しよう。

恐怖のために、沈黙し、屈従して、「その魂が死者の血のなかに腐る虜囚の国民」によびかけ、「ことばなき頌歌、死にゆく人々の静かなよびかけ」を聞けと叫んだ詩、「ああ、もし私に鳩の翼があったら」、その翼で暴君の周りの空気を搏ち、彼を失墜させるであろうとうたった四二年の聖霊降臨祭の詩は、次のような三行で終っている。

しかし私の歌はかぼそく死者の叫びに応えるだけだ
ああ、ただ忘れない人々がそれを聞き
また　その人々の沈黙に　せめて悔恨のないように

Mais mon chant n'est qu'un faible écho du cri des morts:
Ah! que ceux seulement qui n'oublient pas l'entendent,
Et leur silence au moins n'aura plus de remords.

(Emmanuel, Ah! Si j'avais les ailes de la Colombe!)

その時平和と生命との鳩は、悲歎のなかに、辛うじて予感されるものにすぎなかったが、二年後の詩人は、次のようにいうことができた。

悲歎のなかにわれらの叫ぶ時代は去った
「鳩よ、海から、お前のとび立つのはいつだろうか?」と

Le temps n'est plus où nous clamions dans la détresse
《Quand te lèveras-tu, Colombe! de la mer ?》

(Emmanuel, Hymne de Pentecôte)

彼は、聖霊によびかけて、「来れ、聖霊・創造者よ! ことばを世界に与えよ」ということができた。世界には、そのことばを待つ人々があり、地上には、「昨日と明日の死者」たちに養われた土壌に「人間の樹(ラルブル・ユマン)」が育っていたからである。その樹は、自由の樹であり、自由の影は、「武器の暗いきらめきに盲(めし)いた世界に」微笑む美しい日の太陽である。解放のよろこびはちかい。四四年の、「聖霊降臨祭の頌歌」は、「世界と声とが、はじめて抱きあう朝のように、よろこびの怖るべき夏を予告する」という詩句でむすばれている。二年間をへだてた聖霊降臨祭の歌は、これほどちがう。その二年間に、フランスの青春にとっては抵抗が、エマニュエルにとっては、詩集『自由はわれらの足を導く』一巻があった。

彼は、その詩集の序やまたその他の文章のなかで、彼自身の詩についての考えを説明している。説明の仕方がかならずしも論理的に秩序だてられていないので、簡単に要約することは困難だが、その詩論の中心は、おそらくカトリックの立場から「全体的な（アンテグラール）」人間の表現、或は、彼自身のことばに従って、「人間の神話」の形成であろうと思われる。「詩の機能は、さまざまの深さのエネルギーや感情や持続において、人間の神話を発展させる」ことにあるが、その人間の神話の内容は、第一にベルグソン Bergson を思わせる反合理主義的傾向と直接的な生命の尊重、第二に人間の生命の現実を社会的に拡げ、人民との具体的関係においてみる実践的な態度によって、特徴づけられるであろう。

第一の点は、たとえば、「生命はわれわれの外にあるのではなく、生命はわれわれである」ということばにもあらわれている。「創造するもの〔詩人〕は、郷愁も吐き気も識らず、存在の純粋持続のなかに、よろこびのなかに生きる」。そして、その生命も純粋持続も、ベルグソンの場合と同じように、知的認識の領域にはない。「どのような知的認識も、われわれのかくされた力を、捉えようがない。ある限界からは、生命だけが、われわれがどこへ行くかを知っている」。知的限界を超えたところには、象徴主義的認識があり、従ってまた象徴主義的詩作の方法がある。エマニュエルにおける一種の象徴主義は、ボードレールのあきらかな影響のもとに、ここから発展する。

「……ある種の知り難い傾向や理性のはたらく前のある種の願いを、固有の生命を与えられた象徴に、肉体化する能力。……ボードレールの《象徴の森》とは、比喩であるどころか、イマージュの有機的な生長を厳密に表現したものである」。

そのイマージュのなかにある秩序、「象徴的宇宙の緯（よこいと）」こそは、われわれの運命であり、誰にでも

「直感」されるものだが、ことに、詩人の「創造的意図」によってあきらかに示されるものである。「われわれの認識の最良の部分は、ただ象徴によって行われる他はない」ということになる。

しかし、この象徴主義は、同じ源をボードレールに汲みながら、マラルメを通じてヴァレリーに到る象徴主義〔純粋詩探究の道〕とは形式的に似ていても、内容的にはまったくちがう。マラルメやヴァレリーにおける「象徴の森」は、詩人その人の内的な意識に根拠をおく。エマニュエルの「象徴の森」は、詩人その人をふくめて人民の意識に最後の根拠をおく。彼はあきらかにヴァレリーを念頭におきながら、「精神的訓練としての詩」「困難な苦行」としての芸術に反対し、「ことばは、ただ沈黙のなかに失われるために、われわれに与えられたのか？　あなた方がそのために生きている少数の精神〔人々〕が、ほんとうにもっとも人間的であるか？」と反問している。「われわれの各々が、人類〔人間性〕の創造者であり、その隊伍のなかに、またその秩序のなかにあるのだ」と。人間的なものは「幸福な少数」の精神ではなく、「民衆の予見しがたい魂」であり、「詩人は自意識の静かな水面におのれの顔をみつめるナルシスではなく、社会の激動する現実をかこみ、攻囲し、浸透する」予言者でなければならない。抵抗は、そのことを詩人に教えたように思われる。抵抗のフランスには、「詩人と読者との間に、みのり豊かな浸透、それ以上に有機的な合一さえも」があった。そこでは「詩人が〔読者と〕共通の古い根底からうけとったものだけを与え、〔そうすることで〕新しい運動、明るい空間へ向っての新しい努力をよびさます」ことができた。ヴァレリーが極限まで洗煉した象徴主義的方法とその後の避け難い不毛は、ヴァレリーの体験とはちがう体験、テスト氏の孤独な部屋における自我の体験ではなく、わが国のなかの異国において民衆と頒ちもつ新しい体験によって、はじめて破られたのである。ヴァレリーの象徴主義は、純粋詩へ向うが、エマニュエルの象徴主義は、叙事詩へ向い、民衆のイマージュ、国民的な感情、社会的現実へ向って拡散する。ヴァレリーは、彼の精神のなかに住む古典的人物、ナルシスや蛇や若きパルクをうたうが、エマニュエルは、フランスの民衆の魂のなかに住む国民的風物、流れや森や祖国の土をうたう。

お前はどこへ行ったのか、森と清水の私の国
死者たちに愛された国、忠実で優しい土地は?
私は足で地に触れる、わが血の鼓動を
死者たちにまでとどかせようと　むなしく
私は耳を傾ける、お前の風景の聞えないこだまに
時にはそこから声が聞える、慰められぬ人々の声が

されどこの樹と人々の大きな「歌」、倒れぬ歌を
おお　ふるさとの白楊よ　お前たちは忘れたか?
血は心臓で乾上ったのか、人々よ
自由の波にとどろくことのないように?
…………

Où es-tu mon pays d'eau vive et de forêts
Pays aimé des morts, terre fidèle et tendre ?
Je tâte en vain du pied le sol, guettant le rythme
Tentant de prolonger mon sang jusqu'à tes morts,
Je tends l'oreille au sourd écho de tes paysages
D'où parfois quelle voix me vient, inconsolée

Mais ce grand Chant debout des hommes et des arbres
Ô peupliers natals l'avez-vous oublié ?
Le sang a-t-il séché en ton cœur, ô peuple
Pour que n'y gronde plus à flots la liberté ?

……………

(Emmanuel, Lamentation pour le Temps de L'Avent)

しかし彼が、また抵抗の詩人の大部分が、彼らの詩的霊感の泉を、人民（プープル）のなかにもとめたということは、彼または彼らが直接に大衆（マッス）の代弁者であったということではない。彼は「純粋詩」に反対するとともに、また「大衆の詩」「なるべく多くの大衆の希望に一致した」詩にも反対する。詩人は読者からはなれて孤立してはいないが、読者の声をそのまま語るものではない。読者との「共通の根底」

に汲みながら、民衆から与えられたものを民衆に与えるものである。「社会主義的建設の理想を人類に提出することは、それ自身おどろくべき詩的な行為である」が、それは、直接に政治的な意味においてではない。「生命の最高の緊張を絶えず維持するということは、政治を超える」のである。

要するにエマニュエルの詩を、形式的にみれば、象徴主義であり、内容的にみれば、直感的な生命主義であるといえよう。その生命は、ベルグソンをおもわせるが、ベルグソンの場合よりもさらに具体的に人類と未来とに向ってひらいている。若い詩人は、そのような内容と、象徴主義的な方法とを、彼の叙事詩的な作品のうちに統一したのである。長い詩の全体を引用しないでそれを説明することはむずかしいが、それには、ボードレールのイマージュとベルグソンの思想、またペギー Péguy の熱情とクローデル Claudel の劇的昂揚をおもわせるなにものかがあり、それらのすべてが一つの目標、解放の未来に向って大きな河のように流れている。

「人間の空に未来の偉大な戦いの壁画を描くこと」が、エマニュエルの目的であったとすれば、もう一人のカトリックの詩人、ジャン・ケーロールの目的は叙事詩よりも抒情詩を、大きな壁画よりも小さな肖像画を画き、しかもそのなかに人間の苦悩と運命の全体を要約することであった。彼の簡素な詩句のなかには、激しい宗教的熱情も、敵に対する憎悪も、自由の讃歌も、すべてエマニュエルの雄弁のなかにあるものは、一つもない。あるのは、ただ、人間、――追いつめられた果ての人間の姿だけである。彼は、言語に絶する光景を、もの静かに語る……。

長すぎる手の
痰のように汚い男
立木を廻って身を支え
苦い樹皮（かわ）にくちづけていた
立っていようと
戦っていた
……………
おわかりだろう
死がすぐそこにある時に
立っているのがどういうことか
すぐちかく
頰に触れ
あたたかい寝床のように

おわかりだろう
立っている男の様子
針の眼つき
叫びもしない

1951

射撃を怖れ
男はすでに感じている
男を殺す弾丸が
鉄砲のなかでは生きていることを

鳥はそれらのすべてをみた

もう空はなく
もう土地はなく
一人の男だけがいた
立木の幹に沿って滑った
ただそれだけ
愛するものを抱くように
倒れたくはなかった男
樹々をあれほど愛した男
今日はその樹の影にさえ
男の墓の重みがあった

おおすべての樹のなかでえらばれた樹
春のために活き活きとした樹
花咲きはじめた春のため
……………
鳥はそれらのすべてをみた
……………

Un homme en ruine
Aux bras trop longs
Un homme laid comme un crachat
Qui se tenait autour du tronc
Qui baisait l'écorce amère
Qui luttait
Pour rester debout
……………
Savez-vous ce que c'est
Que de rester debout
Alors que la mort est là

Si près
A toucher la joue
Comme un lit bien chaud

Savez-vous ce que c'est
Qu'un homme qui reste debout
Son regard de clou
Et qui ne crie pas
De peur de lâcher
Il sent déjà vivre
La balle dans le fusil
Qui le tuera

L'oiseau a vu tout cela

Il n'y avait plus de ciel
Il n'y avait plus de terre
Il n'y avait qu'un homme
Qui glissait le long d'un tronc

Seulement cela
Avec des gestes d'amant
Un homme qui ne voulait pas tomber
Un homme qui aimait bien les arbres
Et dont l'ombre aujourd'hui
Avait le poids de sa tombe

O cet arbre choisi entre tous
Et vivant pour un printemps
Qui commençait à fleurir
……………
L'oiseau a vu tout cela
……………

(Jean Cayrol, Un homme en ruine ……, *Passe-Temps de l'Homme et des Oiseaux*)

ジャン・ケーロールは、それらのすべてをみた。フレーヌの牢獄で、またドイツの収容所で、パンを手に握ったまま冷くなっている子供、腹を裂かれた女、「積み重ねてまだらに焼かれた男たち」の地獄、それらすべてのものをみた。アルベール・ベガン Albert Béguin は、その地獄から生きて帰ってきた詩人の印象を、実に生々と描いている。

「一九四五年、思いがけない帰還。パリの小さなホテルの広間。熱を帯びた低い声と死の家の想い出が重なる眼で、ジャン・ケーロールは、私の質問に答え、もっとも残酷な事実を物語り、確言した。しかし、その話には弾劾の調子がなかった。彼は、他人の誤りを審判することが問題でなくなるような、深淵の領域から、戻ってきたのである。強制移動をされて、戻ってきたどんな人でも、人間についての深い認識をそこからもち帰ったという、これほど強い印象を私に与えたことはない……」と。

その印象は、そのまま彼の詩の印象である。そこには、深淵がひらいている、詩人はその縁に立っている。さきに引用した詩の引用しなかった部分に、撃ち倒された男が死ぬまで、「彼には祈る時間がなかった。ただ死ぬために生きている時間」しかなかったという意味の二行があるが、彼はナチスを弾劾することとさえ問題にならぬまでに追いつめられた時間において、人間をうたったのである。「ことばも描きえぬ」地獄のただなかで、「彼は人間の内的体験に身をまかす……とエマニュエルは書いている、その経験を彼は組織し、普遍化し、人類がそれによって養われる全体にまで綜合する」と。この詩人について、これ以上の讃辞もないが、これ以上に正確な批評もないだろうと思われる。

ピエール・エマニュエルは、時代のあらゆる要素をその叙事詩的作品のなかに投じ、ジャン・ケーロールは、追いつめられた人間の体験を彼らの孤独において表現した。しかし、いずれにしても、浪漫主義以来の詩人がうたった個人的感情を超えて、彼らは、時代の魂をうたったのである。鳥だけがみていた一人の男の孤独な死は、アラゴンとモリヤック Mauriac とサルトル Sartre とが、ひとしくそれを強調したように、ゲシュタポがその男の沈黙に酬いた死であり、その意味で、多くの同志の生命を救い、多くの同志の生命にもっとも強くむすばれた死であった。そこでは、孤独と孤独とがむすばれていたので、もはや、個人主義的な意味での、たとえば隠棲したフロベール Flaubert と同じ意味での孤独は、ありえなかったのである。詩人は、自己の体験から出発する時、フランスの人民とともに出発する他はなかったともいえよう。もしそうでなければ、象徴主義が前後に比類のない精密な方法によって到達した行きどまりに、突然新しい道のひらけるはずもなかった。新しい道は、新しいイデオロギーによっても、まして新しいスローガンによってもひらけない、新しい体験によってしかひらけないのである。

戦前から、その仕事の質をジードによって高く評価されていたアンリ・ミショーも、ゲシュタポの世界を語りながら、同時に普遍的な人間の条件を語ることのできた新しい詩人の一人である。彼は、エマニュエルよりも控えめなことばで、激しく、ケーロールよりも抽象的なことばで、象徴的に語る。たとえば、死を身近に感じる時、「すべての本質的でないものが消える」こと。しかし「どんな世界であろうとも、他の世界で役だつような、一種のアルファベット」は、死に脅されてものこること、それがのこることによって、「今まで生きてきた世界の全体が奪われるかもしれないという恐怖」は、減じるだろうということなど、……彼もまた「死と生命との対話、破壊と愛との対話」を追求し、その追求の果てに、時代的人間をみいだした詩人である。暗示し、展開し、不意討を行い、突然読者を事物の核心にみちびく彼の散文詩の独特の魅力について、また形容詞を極端に節約した、簡潔で、力強いその文体についても、いうべきことはあろうが、今は、触れない。詩人を知るためには、詩をよまなければならぬ。わかりきったことだが、詩人をその詩よりもよく語っているものはない。

追記

戦争が終った。すると占領下の日本にも、欧米の新刊書や雑誌が舶来して、戦時中の欧米で何がおこっていたかということが、はじめて少しずつわかるようになった。私はナチ占領下のフランスで多くの詩集が出ていたということを知り、そのいくつかを読んで、内容の大部分がナチに対する「抵抗」の歌であることを知った。大きな衝撃を受けた私は、その頃まだ日本では知られていなかった詩集を紹介し、そこにいくらか私自身の感想もつけ加えて、みじかい文章を二、三の雑誌に書いた。そのなかでの代表的な文章が、「抵抗の詩人たち」*(『展望』一九四九年二月号)である。その後、私は「抵抗の詩人たち」を中心にして、それを補足し、また詩以外の文学作品の「抵抗」との関係についても、知り得たところを書きおろして、岩波新書の一冊『抵抗の文学』(一九五一年)を作った。

『抵抗の文学』は、当時の読者によく読まれた。おそらく若い読者の一部分は、その本によってはじめて、「抵抗」がフランス文学にあたえた影響の大きさに気づいたのであろう。しかしその本にはまた、いくつかの限界もあった。そこで私は、「抵抗」の歴史的な事実から出発して、詩を評価したのではなく、詩の評価から出発して、「抵抗」の歴史を想像しようとした。その想像が理想化に傾き易かったのは、当然である。しかも当時のフランスの文献は、「抵抗」の理想化または神話化を志向していた。今からふり返ってみて、『抵抗の文学』が「抵抗」の運動に触れた部分は、根拠に乏しく、「抵抗」と文学一般との関係を述べたところは、つり合いのとれた見取図を提供しているとはいえない。その最良の部分は、たしかに、詩と詩人たちを語ったところで、すなわち「途絶えざる歌」の章である。私は今「著作集」のこの巻のために、『抵抗の文学』の最良の部分を採る。

それが最良の部分であるのは、はじめてフランス人の「抵抗」を知り、はじめてその詩に接したときの私の衝撃を、その文章が忠実に伝えるからである。どういう衝撃を私は受けたか。私はいくらか両大戦間のフランス文学を知っていたから、占領下で俄におこった詩の再生とでもいうべき現象におどろいた。しかしそれだけではない。明治以来の日本国で、「ナショナリズム」の感情は、常に国権伸長の価値と結びついて、決して自由民権の価値とは結びつかなかった。占領下のフランスで、「ナショナリズム」の感情が、同時に反ファシズムすなわち自由の立場と結びつき、その結びつきが内面化されて、詩的創造力の源泉となっていた、ということに、私は感心した。たしかに自由民権は「大革命」の思想であった。しかし「大革命」は遠く、「抵抗」は近い。一方では詩人が「ファシズム」の先棒をかつぎ、そのことを愛国心のあらわれだとしていたとき、他方では詩人が内外の「ファシズム」と生命がけで戦い、同時にそれを彼らの愛国心の証としていたということ、——そのことは、一般に詩人という種族を身近に感じていた私にとって衝撃でないはずはなかった。もちろん、「ファシズム」が自国の政府をとおしてあらわれた場合と、外国の占領軍の権力に体現されていた場合とでは、条件がちがうだろう。しかしナチは全フランスを直接に統治していたのではなく、ヴィシーのフランス人の政府を通しても支配しようとしていた。したがって「抵抗」は、まさに「協力」がヴィシーとの「協力」をも意味したように、ドイツ人に対しての「抵抗」であったばかりでなく、ヴィシーの権力に対しての「抵抗」でもあった。「途絶えざる歌」を書いた後に、おこるべくしておこったことは、二つある。第一に、私自身はフランスへ行ってパリに住み、何人かの知人から占領下のフランスでの経験を聞いた。その内容は、「抵抗」した人々の人口のなかでの比率が——それはもちろん時期によってちがう——あまり大きなものではなかったらしい、ということである。すべてのフランス人が「抵抗」の英雄だったわけではない。——それはあたりまえの話である。第二に、私のパリ滞在よりも一〇年ばかり後になって、フランスでは「抵抗」の歴史の詳細な叙述が行われ、その解釈についての学問的な議論も行われるようになった。神話の時期の後には、歴史の時期が来たのである。「抵抗」の脱神秘化は進行し、七〇年になると、「協力」殊に占領初期のそれの、単純な弾劾ではなく、具体的な叙述もあらわれはじめた。それは必ずしも正当化ではない。しかし、直接または間接の「協力」が広汎にわたっていたことを示し、したがって占領下のフランスを「抵抗」のみによって要約することの不当を示唆するものであった。

しかしそういうことのすべては、占領下のフランスに「抵抗」の「途絶えざる歌」があったことを否定しない。たしかにそこにはアラゴン Aragon の詩句があり、エリュアール Eluard の言葉が歌っていた。今からふり返ってみても、その詩の意味や、美しさや、感動に、変りはない。「歌う明日のために」——彼らにとっての明日が歌わなかったとしても、それをわれわれが知っているのは、彼らの明日がわれわれの昨日だからである。われわれにとっての明日は、もしそれがあるならば、すべてにも拘らず、「歌う明日」でなければならないだろう。

＊　『展望』掲載時の表題は「途絶えざる歌——フランスの「抵抗」と詩人たち」。のちに『現代詩人論』(弘文堂、一九五一年)収録の際に「「抵抗」の詩人たち」と改題。

＊＊　『加藤周一著作集』第二巻に収録されている。

ヴェルコールについて（ヴェルコール『海の沈黙・星への歩み』解説）

一九四〇年夏から一九四四年夏まで、ナチ占領下のフランス国民は、ナチ及びペタン政府に対して、政治的に、軍事的に、また文化的に、あらゆる手段で抵抗したが、その抵抗のなかから戦前のフランス文学とは大いに異る独特の文学が生れた。その特徴は、一口にいって、作品が直接に体験的であることと、体験が単に個人的なものではなく、国民的なものであるということだ。そしてその詩における代表的な作品がアラゴンの『エルザの眼』以下の詩集であるとすれば、散文における代表的な作品の一つは、衆目のみるところ、ヴェルコールの『海の沈黙』と『星への歩み』とであろう。

ヴェルコールは、抵抗のなかから生れてきた作家である。戦前には作家ではなかった、――いや、戦前にはそもそもヴェルコールという人物が存在しなかった。戦前に存在したのは、ジャン・ブリュレル Jean Bruller という画家である。彼は一九〇二年にパリで生れ、エコール・アルザシエンヌに学び、ソルボンヌで科学を修めたといわれる。しかし画を描くことを好み、一九二六年から三九年までの間に、粗描及び版画の数冊の画集を出していた。一九四〇年夏以来、ナチのフランス占領と共に、画業を廃し、故郷の村へ帰って、建具師の仕事を手伝っているときに、ピエール・ド・レキュウルとイヴォンヌ・デヴィーニュとを知った。そしてそのとき、一九四一年夏、それまでの画家ジャン・ブリュレルは、突然、作家ヴェルコールに転身したのである。抵抗の文学のもっとも多産な母胎となった「深夜版」の三人の創設者の一人・ヴェルコール、抵抗のフランス全土に、熱烈な読者を獲得した小説『海の沈黙』の著者・ヴェルコール、秘密出版の仕事により抵抗の闘士として、第二の小説『星への歩み』により当代のフランス文学の代表的小説家の一人として、やがて全世界に知られるであろう作家・ヴェルコール、そして、戦後も、多くの作品や論文のなかに、抵抗の体験をもっとも純粋に保ちつづけ、フランスの光栄を荷うであろう勇敢なフランス人・ヴェルコール。彼は、一九四一年に「深夜版」を準備し、同時に書きあげた『海の沈黙』をその第一冊として、翌四二年に、刊行した。アラゴンによれば、こうして「歴史は、ある美しい日に、またある悲劇的な日に、粗描家ジャン・ブリュレルをして、作家・ヴェルコールたらしめた」のである。

『海の沈黙』は、ふみにじられたフランスに文学が死に絶えてはいないということを、フランス国民と世界に向ってあきらかにした。M・Dという匿名の人物は、三年後のアメリカ版の序に書いている。

「三年以上の間フランスの象徴は沈黙であった。

群衆のなかでの沈黙、家庭のなかでの沈黙。真昼間ドイツの衛兵がシャンゼリゼを往来するが故の沈黙、ドイツの士官が隣の部屋に宿泊するが故の沈黙、ゲシュタポがホテルの寝台の下に録音器をかくすが故の沈黙、子供たちが空腹を訴えることができず、毎晩倒れる人質の体のために、翌朝いつも、一日が国民の喪ではじまるが故の沈黙。

そしてまたわれわれの思想の沈黙、みずからを表現する力を奪われた作家たちに強制されている沈黙、世界の前での沈黙。……」と。

『海の沈黙』が描いたのはそのような沈黙であり、敢えて深夜版の第一冊が打破った沈黙もそのような沈黙であった。時代的意義はそこにある。しかしここでは、時代的意義がそのまま文学的意義に重なっているのだ。何故なら問題は、ほろびない精神を証明することにあり、精神とは、何等かの行為或いは作品に実現されなければ存在しないものだからである。「ヴェルコールの匿名の下に身をかくす作者は、おそらく有名な小説家であるかも知れない。しかし有名であろうとなかろうと彼はたしかに偉大な作家である」とM・Dも書いた。作者は、本をつくることに生命を賭し、仕事をしている彼らは、路上に往来する敵の軍靴の音をたえず聞いていた。「そしてそのような一切の事情にもかかわらず、そのような事情を超えて、この作品は傑作である……」。

ヴェルコールは、極度に簡潔な筆で、いきいきと描く。おそらくは、粗描家ジャン・ブリュレルの眼によって、またおそらくはフランス文学の古典主義的伝統の精神によって。――いずれにしても、われわれは、その無駄のない文章を通じて、われわれ自身の耳に、自室へ引きあげるフォン・エブレナックの「不規則な足音」を聞き、絶望して叫ぶトーマ・ミュリッツの「ちがう……ちがう……」という声を聞く。われわれは、煖炉のまえで編物をしている「私の姪」やパンテオンのみえる窓を背にして呟くように語るスタニをみる。そしてスポット・ライトの照しだす舞台の人物のように小説家が鮮かに浮びあがらせるそれらの人物の一瞬の姿の裡に、彼等の心の微妙な動きを読み、彼等の心臓の激しい鼓動を感じるのだ。

しかし、また、彼等の心臓の鼓動が、彼等だけの心臓の鼓動ではないということも大切な点であろう。それはフランスの心臓の鼓動であり、抵抗にたちあがった革命的人民の心臓の鼓動でもあった。『海の沈黙』は、ナチの懐柔政策の欺瞞(ぎまん)をばくろし、『星への歩み』は、彼等の手先となりはてたペタン政府の憲兵の惨めさを描く。この二つの物語は、抵抗のなかで書かれたために抵抗の文学であるばかりでなく、ファシスムの権力に対する激しい怒りに貫かれているために抵抗の文学である。ここでは、物語の現実性を保証するものが、もはや人物の個人的な心理ではなく、人物のなかに定着された国民的感情、――作者と読者とをかつてない規模で結びつけずにはおかなかった共通の体験と共通の怒りとである。その体験と怒りとに普遍性があるならば、物語は人間である誰をも感動させるはずであろう。

小説の手法には何ひとつ新しいものがない。しかし、フランスの心理小説の歴史からいえば、長年の袋小路の破れる可能性が、あらわれたとみなければならぬ。繰返していうが、それは手法の問題ではなく、人間観の問題だ。心理小説の根底には、人間において現実的なものはその心理であると考える考え方、或いは感じ方、或いは、それをそう称(よ)ぶとして、心理主義的な人間観がある。それがここにはない。『海の沈黙』にもないが、『星への歩み』には殊にない。現実的なものは、トーマ・ミュリッツの愛であり、「暗殺された愛」の絶望であろうが、決して彼の心理の裏表ではない。同じことは、ヴェルコールにかぎらず、たとえばアルベール・カミュの『ペスト』についてもいえるのであり、第二次大戦と小説との関係を考えるときには、重要な点だろうと思う。第一次大戦の生んだ小説家、たとえばラディゲにはそういうことがなかった。あの早熟で利口な子供は、むしろ逆に、人物の心理的かけひきを割りだすことに熱中し、その鋭い感受性と貧しい知性の全力をつくしていた。

形式についていえば、ヴェルコールは、ロマンを書いていない。『海の沈黙』も、『星への歩み』も、語り手の「私」が物語る物語（レシ）であって、本来の意味での長篇小説（ロマン）ではない。戦後にあらわれた第三の作品『夜の武器』も、長さははるかに長いが、形式の上では前の二つ、殊に『海の沈黙』をほとんどそのまま踏襲している。一九四八年の『眼と光』に、はじめて語り手の「私」が消え、時代と処を異にし、したがってまた登場人物を異にする六つの挿話が重ねられているが（エピローグを加えれば七篇）、それもまたロマンとよぶことの困難なものだ。要するに、彼は、今日までのところ、物語（レシ）の作家である。そして物語に関するかぎり、技術的にも円熟した名手である。しかし『眼と光』が彼のロマンへ近づく第一の段階であるならば、そして現に準備中と公告されているロマン『ヴェールの沼』が発表されるならば、われわれは彼の小説にも形式の上での著しい発展をみることになろう。

しかし今は形式の上での発展よりも、実はそれときりはなして考えられないが、主として内容の上で発展をみなければならない。

ヴェルコールが抵抗の四年間に書いた代表的な作品は、『海の沈黙』と『星への歩み』であるが、戦後に発表された『夜の武器』は、形式の上でこの二作にちかいばかりでなく、内容の上でもほとんど一つながりの関係にある。三つの作品は、いずれも、ナチ及びペタン政府の非人間性を、その犠牲者を通じて描く。しかし、いわば水平な一つながりとしてではなく、クライマックスへ向って次第に昂（たか）まる一つながりとしてである。おそらく作者は歴史と共に歩んだ。そして歴史は時と共に野蛮な権力の正体をばくろしていったのだ。まず最初にあらわれる犠牲者は、善意のドイツ人将校フォン・エブレナックであって、フランス人ではない。しかもそれは懐柔政策の虚偽に裏切られた善意の物語である。ところが、トーマ・ミュリッツの場合には、懐柔政策の代りにユダヤ系フランス人の人質の銃殺があり、裏切られた善意の代りに、暗殺された愛がある。愛は、善意以上のものであり、『星への歩み』の結末は『海の沈黙』の結末よりも、はるかに悲劇的であるといえよう。そしてもし愛以上のものがあるとすれば、それは魂そのものであり、「暗殺された愛」の物語以上に悲劇的な物語があるとすれば、それは「暗殺された魂」の物語である。『夜の武器』の犠牲者ピエール・カンジュは、ナチの捕虜収容所で、毎日死んでゆく同胞をかまどへ投げこむ役を命じられ、解放後故郷へ帰っても、一度失った「人間の資格」をみずから回復することができない。——「魂の暗殺……すべては許される、おそらくは殺人さえも。しかし魂は！……」これが、一つながりの最後の作品の主題であり、三つの作品を一つながりとしてみた全体のクライマックスである。

人間性と兇暴な力との対立。犠牲者の運命とその運命のなかに凝集した作者の怒り。これほど深く人の心を動かす物語は少い。しかし、暴力に、ファシスムに、すべての非人間的な権力に、作者の怒りがあるだけでは、作者の抵抗は生れなかったであろう。抵抗は、それ自身力に対立する力である。怒りが力として実現されなければ、怒りそのものは、抵抗ではない。作者ヴェルコールはその力をどこに汲んだのか。これらの物語にもあらわれている彼自身の怒りを、彼はいかにして力に転じたのか。人間性をまもるべき抵抗がみずからを力に組織し力としてはたらくためにしばしば人間性を犠牲にするというおそらくは避け難い矛盾を、彼はどのように解決したのか。われわれはその答をこの三つの物語にもとめることはできない。なぜならそのためには、ナチの犠牲者を主人公とする話ではなく、ナチに積極的に抵抗する主人公の話が必要だからである。

おそらく一九四三年に書かれ、四四年の末に『ポエジイ44』に発表された短篇『北』は、そういう問に答えるものだ。主人公は一九四〇年に歴史的相対主義のなかで迷った知識人である。彼にとっては、左翼の『ユマニテ』も右翼の『アクシオン・フランセーズ』もそのときに応じての思想を語るが、絶対の真実を語るものではない。彼は、すべての思想が相対的であったし、またあるだろうと考えていた。大革命のときに最後まで共和国に反対した王党のパルティザン「みみずく党員」が誤っていたように、今日ヴィシー政権を否定する「抵抗」の人々も、「五〇年後にふりかえってみれば、みみずく党員と同じ誤りを犯していたことになるのではないか」。――彼はそう考え、そのような考えに捕われて、抵抗の「北」を見出すことができずにいた。しかし、苦しい思想的遍歴の後に、その主人公は、遂にあらゆる思想の相対主義のなかから文明の歴史を一貫する原理として「人間を手段としてではなく目的として扱え」というカントの原理を見出す。ただ彼のカントとちがうところは、カントが推論からみちびき出したものを歴史と経験のなかにみとめたということだ。彼は、「もし何かの教義或いは指導者が人民を目的としてではなく手段として扱おうとするならば」敢えて自己の非政治的な立場を棄て、そのような教義或いは指導者と戦うために立上ろうと決心する。「いかなる政党にも入ることを望まなかった僕が抵抗に身も心も捧げたのはそのためである」。それは「抵抗が政党ではないから」であり、抵抗が人間を手段としてではなく目的として扱うからであった。

アラゴンは、『共産主義的人間』のなかで、抵抗が、あらゆる立場をこえた、何よりもまず人間的な行為であったという。ブロック・マスカールは『抵抗の記録』のなかで、非人間的な力に対立する人間的な力としての抵抗は、政治的な損失を予想する場合にも、敢えて虚偽と宣伝を用いなかったという。サルトルは『沈黙の共和国』のなかで、最高の指導者も一人の伝令と全く同じ危険を冒し同じ責任を負う抵抗の世界ほど、真に民主主義的な世界はなかったという。あらゆる証言によれば、抵抗は人間を手段としてではなく、目的として扱った。少くとも原則としてそうであったし、そうであったからこそ、単に政治的な意味ばかりではなく、深い人間的な意味をもち得た。そのことに疑の余地はない。しかし、常に、戦のあらゆる機会に、その原則が貫かれたのではないだろう。人間を手段として扱う必要があり、事実人間が手段として扱われた場合もあったはずである。しかも、そのような場合は、偶然にあったのではなく、力と力とのはげしい対立がある以上、必然的に伴わざるを得ずして伴ったにちがいない。現にヴェルコールが『眼と光』に展開した問題は、そのような問題である。芸術や政治的目的や同志の安全のために、罪のない、或いは少くとも罪のあるかないかわからない一人の人間を犠牲にすること、即ち人間を目的としてではなく手段として扱うことは許されるか――六つの挿話の主人公たちは、それが許されると断定している。それが許されると断定していない哲学者グラックはそれが許されると断定している。彼の相手は摂政(独裁者)であり、彼はその暗殺を企てる。失敗して捕えられ、彼自身の昔の学生であった独裁者と相対するが、そのときの問答が『眼と光』を要約するエピローグである。

独裁者は人間を軽蔑しているが、その軽蔑を彼に教えたのはグラックであると主張する。

――しかしお前はわれわれに人間を軽蔑することを教えた。

――決してそんなことはない。……

――お前はそれを教えたのだ、と摂政は怒りに声をふるわせていった。お前は人生がいかに空しく、背理的で、意味をもたないかということを、われわれに示した。

——そのどこに軽蔑があるのか、とグラックはいった。

——お前はひからびて死んだ古い蟻塚の前にわれわれを立ちどまらせてこういった。ここに無に還った大きな町がある。その町はかつて栄え、力強かった。……お前はわれわれに路の上で凍えているこおろぎを見せた。……お前はわれわれにこういった。自然はすべての生物を見棄てる。死んでしまうのなら、苦しむことは無駄だと。

——そのどこに軽蔑があるのか、とグラックは繰返した。

対話はこのような調子でつづく。

摂政の考えはこうだ。「人間が蟻であるならばその生命や自由が私にとって何であろう。人間性にはわれわれの彫刻した姿しかない。しかも私の彫刻した姿は偉大なのだ」と。グラックはお前の考える偉大さの観念はまちがっているという。相手は、一方で人間を蟻にたとえ、一方で人間の偉さについて語ることは矛盾だろうとやりかえす。

——グラック、一体人間はお前の眼にとって何なのか。すべてか、或いは無か。

——両方だ。それは見る眼によってちがう。

——私はお前の眼に、といった、……すべてか無か。

——私に個有の眼はない。それは、誰が見るかによる、人間である私が見るか、自然である私が見るか。

——お前は人間だ。それ以上の何でもない！……

——そして私は君の鏡だ。はじめて君は意味のあることをいった。……

——では人間であるお前の眼で人間を見ろ。そして答えろ。

——それならば、彼等はすべてである。……

グラックの考えによれば、人間は人間の眼で見るときにすべてに値し、自然の眼で見るときに何ものにも値しない。独裁者の誤りは、人間を軽蔑しながら彼自身を軽蔑していないという点にある。「科学の根柢は尺度の一致(ユニテ)にある。すべての誤りの源は、ものを測りながら物差を変えるということに由来する」。もし彼がそのために身を犠牲にする百万人の人間が、蟻に等しいとすれば、彼自身には蟻の群の百万分の一の値しかない。したがって彼の犠牲は当然の行為である。また、もし犠牲にする彼自身がすべてに値するとすれば、彼によって救われる百万人は、更にその百万倍に値する。したがってその犠牲は当然の行為である。人間は、人間として一切であり、自然として無であるが、行為は、同じ尺度でみるとき、常にその尺度での「割合」のうちに行われなければならない。そして人間が人間としてあるのは、「自然」を克服するために他の人間と協力して戦うことによってである。グラックは人間であり、彼の救おうとする民衆は、百万倍の人間である。しかし、摂政は自然である。自然は、百万の人間のために、一人の人間グラックを犠牲にしても、克服されなければならない……

クロード・モルガンによれば、ヴェルコールは最近の評論集『多かれ少かれ人間』においても同じような人間の観念を追求しているようである。おそらく彼の立場の根柢はそこにあるのであろう。彼は、政治的活動の必要な場合に、最も深い苦悩を感じながら敢えてその活動にしたがったあの偉大な西欧精神の種族の一人に、属しているといえよう。

昨年の秋に、ヴェルコールは、反戦の兵士アンリー・マルタンの断罪と、ドイツ人オッテンバッハーの釈放に対してはげしく抗議した手紙を、『レットル・フランセーズ』誌に送ったがその手紙の最後の一節にいう(一九五〇年一一月九日『レットル・フランセーズ』所載)。

「ジャン・プレヴォ、ヴィルデ、ジャーク・ドクール、ペリ、デティアンヌ・ドルヴ、クレミュ、ブロッセ、サン・テクス、ブロッソレット、――われわれの愛したこれらすべての人々が何故彼らの生命を与えたかを忘れることのできないわれわれは、人が彼らを愚弄することも拒絶する。

諸君、死も、牢獄も、われわれを恐れさせはしない。われわれの血を凍らせるただ一つのものは、政治的破廉恥の汚れた霧のなかに、堕落したフランスのしかめ面が現れるかもしれないという恐れ。かつて一度、われわれはその顔を知りすぎるほど知ったのだ」と。

『海の沈黙』も、『星への歩み』も、ヴェルコールにとって、またおそらくは地上のよき意志の人々にとって、決してすぎ去った昔の物語ではない。

ヴェルコールの主な作品を発表の年代順にならべると次の通りである(ただし†印は、小説以外のエッセー・評論等を示す)。

『海の沈黙』 Le Silence de la mer, Ed. de Minuit, 1942.
『星への歩み』 La Marche à l'étoile, Ed. de Minuit, 1943.
『夢』 Le Songe, Ed. de Minuit, 1943.
『北』 Le Nord, Poésie 44, No. 21, p. 48, nov. -déc., 1944.

『わが国の苦しみ』Souffrance de mon pays, Emile-Paul, 1944. †
『アンプリムリー・ド・ヴェルダン』L'Imprimerie de Verdun, Bibliothéque Française, 年代不詳。
『友情の肖像』Portrait d'une amitié, Ed, de Minuit, 1945. †
『時の砂』Le Sable du temps, Emile-Paul, 1945. †
『夜の武器』Les Armes de la nuit, Ed. de Minuit, 1946.
『眼と光』Les Yeux et la Lumière, mystère à six voix, Copyright by Vercors, 1948.
『多かれ少かれ人間』Plus ou moins homme, Albin Michel, 1950.
『ヴェールの沼』未刊。Les Marais de Weir, roman, En préparation.

* われわれの参照したヴェルコールについての文献は、次の通りである（ただし重複したものは省く）。

新庄嘉章『静かなる抵抗、人間、五月』一九五〇年。

渡辺淳『レジスタンスとフランス文学』『現代フランス文学』白水社、一九五〇年、五七—八一ページ。

加藤周一『抵抗の文学』岩波新書、一九五一年、一一七—一三〇ページ。
M. D., *Preface to the Silence of the Sea by Vercors*, Macmillan, New York, 1944.
Aragon, *Europe* 26: 36, 120, 1948.
Sartre, *Situations II*, Gallimard, 1948, pp. 120–123.
Gabriel Audisio, *Cahier du Sud* 36: 295, 492, 1949.
Claude Morgan, *Les Lettres Françaises*, 9-11-1950.

本書の翻訳に用いたテキスト及び参照した英訳は次の通りである。

Vercors, *Le Silence de la mer*, Ed. de Minuit, 1949.

Vercors, *La Marche à l'étoile*, Ed. de Minuit, 1945.

Vercors, *The Silence of the Sea*, Translated by Cyril Connolly, Macmillan, New York, 1944.

＊ 河野与一との共訳なのでいう。

「ネギ先生」の想い出

わたくしには教育についての知識もなければ経験もありません。あるのはただわたくし自身が教育をされてきたという経験と、またもしそういうことが許されるとすれば、わたくしがわたくし自身にいくらかの教育をほどこしてきたという経験だけです。教育の一般的な問題について、ことに今日の「六・三教室」での教育について、まとまった意見を吐くことはできないでしょう。わたくしは、個人的な想い出から話をはじめるほかはありません。

その頃わたくしの家は、渋谷にありました。そこで、町の小学校を卒業すると、永田町の府立第一中学校へ通うことになったのですが、その中学校での五年間はわたくしのつまらぬ半生のなかでも極端につまらぬ、いわば一種の暗黒時代として想い出されます。五年間もかかって今日役にたつようなことは、ほとんどなにもおぼえませんでした。それでは愉しく遊んでいたのかといえば、それどころではなく、『ニュー・ダイヤモンド・リーダーズ』というおよそ英語で書かれた文章のなかでももっとも愚劣な文章(とわたくしには思われた)をあつめた教科書に暇をつぶしていました。初等幾何学は、それよりはおもしろく、熱心に勉強しましたが、なんの役にもたたないことはあきらかでした。しかし、すべては高等学校の入学試験をうけるときに役立つようにしくまれていたのです。わたくしは、五年間をその目的のために使い、そのほかのなんの目的にも使わなかった。責任はむろんわたくし自身に多く、学校に少かったのでしょうが、それを人生の浪費と考えずになにを浪費と考えることができるでしょうか。校長は、講堂で「英国の宰相グラッドストン」のことばをしきりに引用しました。彼は、イートンを空想していたようです。わたくしはイートンについてなにも知りませんが、イートンは、高等学校入学の模擬試験大会と富士の裾野の発火演習を最大の行事とし、そのために万事を組織した学校ではありますまい。わたくしはそこで友だちをえませんでした(小学校でも高等学校でもよい友だちをえて今日にいたっていることをわたくし自身の名誉のためにつけ加えたいと思いますが)。またわたくしはそこで教師からどのような人間的影響もうけませんでした(小学校でも高等学校でもそれをうけたのですが)。

しかし、その府立第一中学校——今は多分都立日比谷高等学校というのでしょうが、そこでわたくしは一人の尊敬すべき人格に出会いました。今から考えて尊敬すべきだというのではなく、中学校の一年生であったときから尊敬し、今にいたるまで適切な表現の機会をえずに、尊敬の念を抱きつづけてきたという意味で、尊敬すべき人格、それが、図画の教師で、わたくしたちの一年のクラスを担任したネギ先生です。ほんとうは先生ですが、生徒はみな「ネギ」とよんでいました。あだ名の理由はしりませんが、白髪で、やせて、背がたかく、長い頸をまっすぐにたて、生徒たちのさわいでいる校庭を飄然と横切ってゆくその姿が、ネギということばの感じとどこかで一致していたように思います。生意気な生徒が「ネギ、ネギ」と連呼すると、いつも鼻の頭が少し赤い皺だらけのその顔が、かすかに口のあたりでほほえみました。その頃のわたくしたちには、気の弱い諦めの表現としか考えられなかった微笑です。そして今それを想い出すわたくしには、寛大なあわれみの表現としか考えられない微笑です。ネギというあだ名はどこか穿っていますが、尊敬の気持を含んではいません。わたくしは、それにわたくしの気持を加えて、かつてひそかにそうよんだように、ネギ先生とよびたいと思います。

ネギ先生は、要するに、生徒を独立の人格として扱おうとしたのでした。中学校でのわたくしたちの最初の試験に、それがなんの試験だったかはもう忘れてしまいましたが、先生はわたくしたちを信用して監督なしの試験をしたいということをいわれました。たとえば、仮にそれが英語の試験だったとしましょう。先生は、教育の目的が生徒にこれは犬であるという英語のいい廻しを教えることにばかりあるのではなく、試験に監督を必要としない人間になる道を教えることにある、不正ができないから不正をしないのではなく、先生が教室から出ていかれて、不正をしようと思えばできるときにも不正をしない生徒になってもらいたい、——およそそういう意味の話をされ、実際に教室を出てゆかれました。「諸君の試験が監督されるということは、諸君が信用されていない、つまり諸君の人格が侮辱されているということです。諸君はそれを侮辱と感じなければいけません。わたしは諸君を信用せずに諸君を教育できるとは思わない。しかしわたしの見ていないときに万一不正が行われれば、それを放っておくわけにもゆかない。わたしは諸君を信用します。どうか信用を裏切らないで下さい。わたしのためにではなく、諸君自身の名誉のために……」。わたくしは、先生のことばをほとんどことばどおりにおぼえています。また不幸にしてそのあとに起ったでき事をも、長く忘れずにおぼえています。要するに、監督なしの試験は失敗しました。東京府立第一中学校の生徒には、「人格に対する侮辱」を侮辱としてうけとるだけのはっきりした人格の観念がありませんでした。そして学校の教育方針は、監督された試験で、「またおそらくは監督された人生で」よい成績をあげる生徒をつくることにあり、その試験に監督を必要としない生徒をつくることにはなかったのです。ネギ先生はあきらかに孤立していました。先生はただひとり教育の不朽の課題をめざして努力され、報いられるところは、はなはだ少かったように思われます。

それが修身というものでしょうか。広い意味ではそういうことになるかもしれませんが、少くとも従来の意味での修身と、監督なしの試験を理想とする教育とは、根本的にちがいます。わたくしたちは、戦前の小学校で修身の教育をうけていましたし、特にその点でできのわるい生徒であったとも思われません。ところがわたくしたちのクラスは、監督なしの試験に失敗した。つまり監督のない機会に不正を行ったというだけでなく(それだけならば問題をただちに修身科の本質へもってゆくことはできないでしょうが)、そもそも監督なしの試験という思想を理解することができなかったのです。少くとも、監督された試験を、生徒の人格に対する侮辱だと考える、そのような考え方は、わたくしたちにとって全く新しい考え方で、大げさにいえば奇想天外でした。修身科にはそういう考え方、そういう人格の観念、すなわちなんらの権威による束縛もないところで自由に責任をとることのできる人格と、そういう人格に基礎をおく倫理の原則とが、全く欠けていました。わたくしたちにとっては、監督と試験とはきってもきりはなされぬもので、侮辱どころかそこになんの不思議も感じられなかったというわけです。修身科は、その基礎を忠孝におきます。忠孝は、天皇があり、親があり、要するになんらかの権威が外にあって、それに従うことからはじまります。忠臣孝子にとって、そういう権威がなくなればどうなるでしょうか。試験の教室から教師が出てゆけばどうなるでしょうか。「修身科」的道徳がのこらぬことはあきらかです。監督なしの試験が正しく行われるためには、権威に従うのではなく、みずから定めた掟に従う自由な精神の道徳が必要なはずで、ネギ先生こそは、そういう道徳をもとめていたのです。民主主義の人間的基礎もまたその他にはありえないでしょう。天皇に治められるのではなく、国民がみずから治めるのが民主主義であるとすれば、教師に監督されるのではなく、みずから監督することのできるように生徒をみちびかないで、どういう民主主義的教育を考えることができましょう? 民主主義的教育は、特定の修身科の時間にではなく、毎日の学校生活のあらゆる機会に、徹底させることのできるものです。あるいは、いかなる機会にも決して徹底させることのできないものです。問題は、教師の精神と態度にあり、文部省のこしらえた教育勅語の代用品をよみきかせるかどうかにあるのではありません。まして、日の丸が復活し、「君が代」が復活し、軍隊が復活しようとする空気、つまりかつての権力機構とその象徴との復活しようとする空気のなかで、その空気に乗じて文部省のこしらえたお題目を奉ずることは、民主主義教育の可能性をさえつみとることになりましょう。ある練達の教育家が、道徳教育に基準のないことは、実際に教場で児童に接するときに困るという意味のことをいわれました。それはたしかにそうだろうと思いますが、困ることが民主主義への道をひらく条件であって、他人から便利な基準をうけとって困らないことは民主主義への道をふさぐ条件にしかならないでしょう。先生も、生徒も、すべて日本の国民が、自分たちの間で、自分たちのために、道徳をみつけ、その道徳をまもることが自分たちをまもることだと考えなければなりません。それが監督なしの試験を実現させ、民主主義を実現させるただ一つの条件だろうと思います。

しかし、ネギ先生は、はやくうまれすぎました。今では、もっと多くのネギ先生が、日本中で同じ目的のために骨身を削っておられるでしょう。わたくしは、そういう先生方にどれほど期待し、どれほど深い尊敬を払っているかしれません。しかし、その目的が「六・三教室」のなかだけでは達せられないだろうということも考えないわけにはゆきません。わたくしのネギ先生は、あれほどの熱意にも拘らず(というのは、理想に対して楽天的であるほど先生は若くなかったから、しかも理想へちかづこうとする努力を最後まで捨てられなかったからですが)、どうして監督なしの試験をさえ成功させることができなかったのでしょうか。わたくしは、学校の教育方針が試験から監督をなくすことにはなく、試験での成績をよくすることにあったと申しました。またわたくしたちのそれまでの教育が修身科による権威への服従を理想としていたということを指摘しました。そこまでは学校のなかでの問題ですが、学校のなかでの問題は、ネギ先生の失敗を説明する窮極の理由にはならないだろうと思います。では、なぜわたくしの中学校は試験の成績ばかりを気にしたのか、なぜわたくしの小学校は権威への服従を説き、しかもネギ先生に勝る説得力をもつことができたのか。つぎの問題は、当然こういう形で出てくるはずです。

まず第一問、わたくしの中学校はなぜ試験の成績ばかりを気にしたかのほうからはじめると、その答えは、いたって簡単です。高等学校の入学試験が、生徒とその親たちにとってもっとも重大な問題だったからです。高等学校の必要は、大学の必要に通じ、大学の必要は高等文官試験の好成績の必要に通じ、高等文官試験の好成績の必要は役人としての栄達の必要に通じます。なぜ役人としての栄達が誰にも必要かということは、今さらいうまでもないでしょう。日本人としての人生の幸福は、そこに集中的にあらわれているし、日本人としてのその他の人生はあまりにみじめで貧しすぎる問題、その貧しさみじめさにあるので、競争試験そのものにあるのではありません。貧しさを抜けだす道が立身出世のほかにない以上、どうせ他人をけおとさなければならず、他人をけおとす方法として入学試験などは公明正大なほうでしょう。しかし公明正大な競争試験だけで、えらい役人になることはむずかしい、道徳もまた必要だということになれば、第二問、なぜ権威に対する服従という道徳に説得力があるかも、おのずからあきらかになるはずです。まことに忠孝一本の理想は、いたずらな空論ではありませんでした。それは国民生活の貧しさ、貧しさから抜けだそうとする出世欲、出世に必要な処世の方法と密接にむすびつき、はじめて大きな説得力を発揮したものです。しかも、それは、一方で国民の貧しさに現実的な基礎をおきながら、他方で観念的には国家の富強(それがただちに国民生活の向上を意味するのではないにも拘らず)とむすびついていました。実に巧妙なしかけで、ひっかかるまいとしても豈得べけんやです。日本の帝国主義的膨張は、事実としてそこにありました。忠孝一本、権威に服従する道徳の普遍妥当性を証明する証として、それ以上のものが考えられましょうか。しかし帝国主義的膨張が国民生活の貧窮、ことに農村のそれを前提としてはじめてなりたったという事実は、幸いにも！ 経済問題であって道徳問題ではなかったという次第です。いずれにしても、ネギ先生が監督なしの試験という理想を、わたくしの中学校の教室でなぜ実現することができなかったかという理由は、その背景に国民生活の貧しさと貧しさを必然的にする社会機構とを負っていたといえましょう。

その条件は、かわったでしょうか。山形の無着成恭先生の訴えるような、わたくしの経験などとはくらべものにならぬほどの貧困も、今は例外でしかなくなったのでしょうか。もし条件がかわっていないとすれば、そして相変らず日本の社会の最大の問題が国民の広い範囲の貧困にあるとすれば、民主主義的教育は、同時に貧困の征服という課題を含まずには考えられないだろうと思います。

木下杢太郎と吉利支丹研究

木下杢太郎の評価は、全集の出版を機会として、根本的に変るかもしれない、というよりも根本的に変えなければならないとわたくしは思う。今までの杢太郎は、二、三の明治文学史がよくそれを示しているように、北原白秋とならんで長崎の異国情緒をうたった詩人であり、併せて詩的な散文にもその才能を発揮した小説家兼劇作家であった。彼は若くして明治末期の文壇にあらわれ、若くして遠く文壇の圏外へ去った。その後は美術や吉利支丹研究にディレッタンティズムをたのしみ、いつのまにか偉い科学者になったというのが、従来の通り相場である。しかし、全集の語る木下杢太郎は、通り相場からはおよそかけはなれた人物であり、かけはなれていればいるほどわれわれにとっての意味がいよいよ深い人物である。彼が生涯の問題とした問題のなかで、今日われわれの痛切な問題でないものはほとんどない。そしてそのような問題を、詩と劇と小説の、いわゆる文芸作品だけを通して知ることはむずかしいのである。

木下杢太郎の青春は、文芸作品によって代表される。しかし、「文学的創作に耽つたのは学生として大学に通つてゐた間だけで」(全集第七巻、二七〇頁)その後には、医学(皮膚科学)と仏教美術とに主な関心が移る。吉利支丹研究がそれにつづき、晩年にはシナの医学に対する「形而上学的興味」や植物学殊に雑草の形態学に対する関心が加る。——しかもその間に必然的な連関があり、前の仕事に後の仕事が重なる。多方面な関心が年輪のように精神的な層をなして重なる過程をみると、どの層をとってディレッタンティズムとよぶこともできない。ディレッタンティズムは、知識を豊富にすることはあるだろうが、本質的な意味で精神を育てることはない。ところがこの精神は育ったし、みずからを育てる原理を知っていたのだ。彼の生き方の根底には、何よりもまずみずからを育てようとする強い意志があった。culture ということばには、教養・文化という意味の他に培養という意味があるが、彼は己の精神を注意深く用意した培養器のなかにおいて、その生長をはかったように思われる。人間精神の自律性に対する、またその自己目的性に対するヨーロッパ的信念は、このような形で一日本人の生涯をみちびいたのである。生涯は、単なる変化ではなく、発展であった。問題は、どういう主題が、どういう方法で発展させられたかという具体的な過程に帰着するだろう。

全体としてその過程を追えば、むろんそれにこしたことはないが(またわたくしは他日そうしたいと考えているが)、ここでは、吉利支丹研究のなかに含まれている若干の主題を拾いあげて全体を推量する手だてとしたい。この一見特殊な主題のなかにさえ、実に普遍的な意味があり、そういう意味を発見して追求した精神が、少くとも『屋上庭園』の詩人とはくらべものにならぬほど成熟した精神だったということは、あきらかである。

しかも吉利支丹史に対する最初の関心は、『屋上庭園』の時代にはじまっていた。「長崎の遊女が美装して踏絵を踏むといふ古本の零砕な記録から文芸的興味を摑み出したのは恐らくわたくしが始めてであらう。屋上庭園時代にそれを持つて廻つて一篇の戯曲にする積りであつた」(全集第六巻、一二八頁)という。今「絵踏」の断片としてのこっているものがそれで、その他に数篇の完成した戯曲があり、多数の詩篇があることは人の知る通りである。またその頃の「文芸的興味」の方向が多分に異国趣味的であったことも(実はそれだけではないが、およその傾向として)、既に広く知られている通りである。しかし、杢太郎は、一度そのような吉利支丹文学、彼のいわゆる「南蛮文学」への関心を失った。「満洲に渡るやうになり、之とまつたく縁を切つた」(全集第六巻、四七〇頁)のである。

彼が再び吉利支丹文献をとりあげたときには、すでに関心のありどころがちがっていた。それは第一に、「空想まかせに書きまくる」詩や劇の素材としてではなく、実証的な研究の資料として文献を扱おうとする方法にあらわれた。彼は屋上庭園時代の後およそ一五年、一九二六年に書いている。

「頭が近ごろよほど科学的になつて、たとひ小説だとしても確かに経験又は実験したことか、或は古本なり古文書なりに記録のあることでないと、全く空想まかせに書きまくることは出来なくなつた。即ち、文学からも証明を求める癖が出始めたのである」(全集第六巻、一二八頁)と。

しかし、それは単なる文献学的研究ではなくて文学作品であった。『渋江抽斎』や『下谷叢話』が文学作品であり、しかもそれぞれの著者の代表的作品の一つであるように、吉利支丹研究の諸篇もまた木下杢太郎の文学的業績として高く評価されなければならない。頭の「科学的」になった人物が「空想まかせに書きまくること」をしないのはある意味で当然だが、「空想まかせに書きまくること」がただちに文学的に書くことを意味するわけではないだろう。「空想まかせ」でないということは、かならずしも空想力の欠如を前提としない。それどころか空想力は、その青春にほとばしってからその死に到るまで、この「科学的」な頭のなかで一度も衰えたことがなかった。ただ屋上庭園時代には空想力に「まかせる」ことを文学的な仕事だと考え、吉利支丹研究の時代には「まかせない」ことを文学的な仕事だと考えたのであろう。文学の概念が変った。それを文学の概念の変化として当人が意識しなかったとしても、少くとも、作品に実現された文学は、文学の概念そのものの本質的な変化を考えずには考えることのできないようなものであった。「証明」を求めること、できるだけ客観的であり、できるだけ正確であろうとすること、すべてそのような「科学的」努力は、歴史家の空想を殺すどころか、却てそれを生かす。一行の簡単な事実の記述にかぎりない表現力が備るのは、作者の空想が事実を尊重する厳密な方法によって生かされた場合であって、気ままに書きまくることによってその空想が浪費された場合ではない。「吉利支丹研究」の詩篇はよくそのことを示しているのだ。

しかし方法の変化は、また同時に主題の変化とむすびつかずにはいないだろう。一度南蛮文学をすてて満洲に去った杢太郎が、再びそれに近づいたのは、ヨーロッパの図書館においてであった。年少の詩人が長崎で空想した異国趣味とは異る興味があってしかるべきだし、事実全く異る興味があったと思われる。大同の石仏は、ギリシアやインドの彫刻と推古仏とをつなぐ鎖の一環として、すでに彼のために大きな文化史的ペルスペクティヴをひらいていた。ヨーロッパに渡った彼が、ヨーロッパ文化を歴史的ペルスペクティヴのもとにあらためて自己の問題としなかったはずはない。しかし、それは困難な事業であった。「リュクサンブウル公園の雀」(全集第一巻、三八五頁)の賦にいう。

　ベンチにかければ雀が来、
互にくつつき異な眼をし、

耳こすりでも言ふ如し。

「あいつけちな奴(やつ)。あいつけちな奴」。

作者の註解によれば、「けちな奴」という意味は、「顔色の黄褐で、挙止の粗野な事ではなかつた。寧ろ希臘(ギリシア)―羅甸(ラテン)の教養を怠つて尚且泰西の文化を習得しようとした浅慮であつた」(全集第一〇巻、一五五頁)嘗ての「遊戯的エキゾチスム」は全く跡をたち、初期の戯曲に「訛つた羅典語の祈禱の文句を、……装飾的に使つたことも、苦々しく反省」される他はない(全集第十巻、一一八頁)。未刊のパリ書簡には、今さら古典の学に深く入ることは困難だから、医学の特殊な領域に仕事を集中するという意味のあきらめを含んだ述懐がある。しかし、生き方の問題、考え方、感じ方の問題、一般に文化の歴史ときりはなすことのできない人間的問題をあきらめることはできないだろう。そしてそれをあきらめきれないところに、嘗て同じ問題に当面した吉利支丹宗門の人々に対するあらたな関心が、異常なはげしさでよびさまされるだろう。吉利支丹研究はエキゾティックな「文芸的興味」からではなく、東西の「文明及び思想に対する批評の地盤の上から」(全集第一〇巻、一一八頁)再度とりあげられる。つまり真の文芸的興味からとりあげられるということになるだろう。

たとえば『元亀天正時代の九州の耶蘇教青年』には次のようなことばが読まれる、

「ここに言ふ九州の青年とは元亀、天正乃至慶長、元和の頃生活した人々を指すのである。そして或は耶蘇教の学林或は地方の教会堂で、かなり偏狭な宗教教育を受けたが、それでもその鋭敏な空想力、何か少しでも好い文明の匂をかいで、次の時代相を変化せしめようとする本能に由つて、当時の欧羅巴の更に深く人道的なる文明――わたくしはかう言ひながらルネサンスの文明を考へて居るのである——を予感し、或は既に精神的にはその裡に棲んだ青年たちのことである」と。

研究の意図は、ここにあきらかである。意図がいかに実現されたかは、読者が全集についてみられる通りである。わたくしは今吉利支丹研究の含む問題の表面を急いで通ったにすぎないが、与えられた紙数はすでにつきた。

1952

火刑台上のジャンヌ・ダルク

1

幕があがると国立オペラ劇場の広い舞台はまっ暗である。ただその暗やみのなかに微かに白い影がある。その白い影に向って、やがて照明が徐（おもむ）ろに集中しはじめると、暗い大きな舞台の中央に、白い立像がうかび出し、照明の強くなるに従って次第にはっきりした形をとり、遂に手足を縛られた白衣の少女となって二段の円い台の上にあらわれる。照明はますます強くなるので、少女の白衣はまぶしいほど明るく、周囲のやみから際だってみえる。彼女はうごかず、喋らない。管弦楽はその間たえず、陰鬱に、人を脅すように鳴っている。

クローデル Claudel の『ジャンヌ・ダルク』はこうして火刑台の上から、すなわち歴史の終ったところからはじまる。彼女は天使の声をきき、剣をとって国難に赴き、オルレアンを解放して、国王をフランスにみちびいた。しかしそういう歴史が終った後で、火刑台の上には、ただ一人の女、ロレーヌの田舎娘がのこされる。歴史家はその田舎娘にちかづかないし、ちかづくこともできない。ジャンヌ・ダルク Jeanne d'Arc のつくった歴史を描くものは、ロレーヌの少女ジャンヌの心を描かないだろう。しかし詩人は、それを描くのであり、詩人の代りに、一人のドミニコ会士は、暗やみのなかを、火刑台に向ってちかづくのである。彼が火刑台に、白衣の少女の足もとにうずくまったとき、照明は、その僧衣の純白の襟と真黒なマントとを照し出す。舞台には二本の強いスポット・ライトが交叉し、二人の人物をうきあがらせながら、左右に二条の光の縞を投げる、ドミニコ会士は、「ジャンヌ！ジャンヌ！　ジャンヌ！」と三度よびかける。「私をよぶのは誰か」と少女はいう。「私をよぶのは誰だろう？　ジャンヌといったのは誰だろう？」——問答はあたかも、シテに対するワキのよびかけのような形ではじまる。シテはワキの問いに答えながら、遂にその生涯を語り、その心の苦しみを訴え、迫ってくる死の意味を明らかにするだろう。

クローデルのテキストにより、アルテュール・オネゲル Arthur Honegger が曲を書いたかの『火刑台上のジャンヌ・ダルク』は成功した。昨年から今年にかけて、国立オペラ劇場は、無数の観客をあつめている。そして、それには、最近のフランスの舞台で、クローデルが一種の流行をしているということも、大きな理由の一つであろう。パリ案内記の劇場の項にもいう、「一九三〇年から三九年の間がジロドゥーの時代であったとすれば、一九四三年に『繻子の靴』がコメディー・フランセーズで上演されて以来、クローデルの時代がはじまったように思われる」と。その時代をつくるために与って力があったのは、ジャン＝ルイ・バロー Jean-Louis Barrault である。彼は、昨年マリニー座[*]に『真昼に分つ』を演じ、今年は同じ劇場で『エシャンジュ』を演じた。『エシャンジュ』の初日には共和国の大統領が、数人の大臣やベルギーの皇女と共にわざわざ劇場に赴いて、原作者に勲章を授けるというさわぎまであった。人の悪い原作者が勲章をもらって何といったか知らぬが、どうせもと外交官らしく、外交官に相応しいことばを述べたことであろう。とにかくクローデルは流行しているし、『火刑台上のジャンヌ・ダルク』は成功した。しかしこの『ジャンヌ・ダルク』はおそらく成功以上のものであり、舞台の芸術は、そこにいまだ嘗てない一つの力を示しているように思われる。

その力は、ジャンヌ・ダルクの戦ったいくさに由来するものではないし、まして彼女が裁かれたルーアンの法廷に由来するものでもない。それは彼女の死、文盲の田舎娘が死にのぞんで怯える、その魂のおののきに由来する。死のうとする人は、その最後の瞬間に、生涯の事件が眼の前にくりひろげられるのをみるというが、そのときにはじめてそれらすべての事件には「決定的な意味」があたえられる。時間はそのとき逆向きに流れる。人生は、まさにとりかえしのつかぬものとして、あらためることの不可能なものとして、その意味で決定的な一回限りのものとして、常にやりなおしを前提としている日常生活とは、全く異る相のもとにあらわれるであろう。

火刑台のジャンヌをとりまいて、彼女を裁いた王たちや、遠い昔彼女と共にあそんだ田舎の村の人々が、過ぎ去ったそのままの姿であらわれるが、それは、そのときに彼女がそれをうけとったのとは、別の意味をもって、日常的経験とは次元を異にする新しい経験としてあらわれるのである。もしそれを劇としてみるならば、その劇は、他の劇とは、本質的にちがう特殊な光をもって照明されているということになろう。心理劇も、風俗劇も、一般に劇、殊に近代劇は、日常的経験の延長上に、いわば観客の人生と連続的なところに成りたっている。——生きながらえるべきか、死すべきか、という迷いは心理劇の根本原理だが、そのためには、生きる可能性と死ぬ可能性と、道が二つなければならない。われわれの日常生活には、常に道が二つある。しかし、火刑台上にのぼった女にはない。ものごとはすべて決定的であり、もしそれが意味をもつとすれば、決定的なままで意味をもつ他はない。生きながらえるべきか、死すべきかという心理劇は成りたたないはずであり、劇は日常的経験と断絶した世界に、しかしあくまで人間的であることをやめない――というよりも人間的なものの極限である意味の世界に移るのである。『火刑台上のジャンヌ・ダルク』の異常な迫力はそこからくる。一つの人生の意味は何であったか、何でありうるか、死にのぞんでその意味を完成しようとする一箇の魂の戦いの激しさが、われわれを捉える。

暗やみのなかで、白装束のジャンヌは、舞台正面をみつめながら、「どうして私はこんなことになったのだろう」という。「ばかな王様の発明したカルタ遊びのためにそうなったのだ」とドミニコ会士が答える。「カルタ遊びって何ですか」「説明しよう」とドミニコ会士がいうと、舞台が明るくなり、中央にジャンヌとドミニコ会士とをのこしたまま、王たちとその侍臣とがあらわれる。音楽は軽快な舞踏の曲になる。そしてその一場面が過ぎると再び暗くなり、やみのなかにうき出した二人の問答がつづく。こうして明るくなり、暗くなり、それをくりかえしながら遂に火刑台に火の燃え上るフィナーレに向って、次第に緊張がたかまってゆく。クローデルの自由詩の特徴の一つは、はじめから終りまで、一直線に感情の波をたかめてゆく独特の劇的クレセンドにあるが、この場合にはオネゲルの音楽の表現力と相まって、その効果が全く比類を絶している。われわれは最後に死があることを知っているが、死が何であるかを知らない。……

2

しかし新しい酒は新しい革袋にもらなければならぬ。『火刑台上のジャンヌ・ダルク』にいまだ嘗てない力があり、いまだ嘗てない劇的内容があるとすれば、そこにはまたいまだ嘗てない表現とその形式とがなければならぬ。そして表現の形式を分析することは、常にある程度まで可能だろうと思われる。

ジャンヌとドミニコ会士との問答が、シテとワキとのうけ答えに似ていることは、まえにいったが、それは単なる表面上の類似にとどまらない。クローデルが一九二四年末、東京で完成した大作『繻子の靴』には、すでに明らかな能の影響がある（拙著「演劇のルネッサンス」『現代フランス文学論』、河出書房、一九五一年、**本巻所収）。その影響は表面的な技術上のものではなく、劇の基本的構造に係るものであった。一〇年以上もたった後に書かれた『ジャンヌ・ダルク』に、能の影響を指摘することはむずかしいが、それが一人の主人公の変身の劇であるという点で、能との類似は本質的なものだと考えられよう。『繻子の靴』の場合には、主人公の変身が前ジテと後ジテという形であらわれている。『ジャンヌ・ダルク』の場合にはそうでない。彼女ははじめから終りまで火刑台の上にたっている。しかし劇は、彼女が信仰の力によって、その手を縛る縄をたちきるときに最高潮に達する（そして最高潮に達すると共に終る）。ということは、劇が彼女と他の登場人物との間に演じられるのではないということである。ドミニコ会士は、本質的にワキであって、シテと対等の意味での登場人物ではない。

その二人の周囲に登場する村の人々や貴族たちが、カリカチュアであって人物ではないことはいうまでもないだろう。別のことばでいえば、『火刑台上のジャンヌ・ダルク』は、主人公の他に登場人物のない劇であるという点で、独特のものである。

ところが、一般に科白と所作とは人物と人物との間に、その関係の具体的な表現としてあるものだ。馬上のジャンヌ・ダルクは剣を揮うことができたはずであり、三軍を指揮することもできたはずである。それは彼女の手足が自由だったからではなく、剣を揮うためには敵が、指揮するためには味方が、すなわち一般化していえば、相手があったからである。火刑台の上の彼女には相手がない。たとえ手足が縛られていないとしても、彼女には原理的に所作が不可能である。もし所作があり得るとすれば、それは必然的に舞踏となる他はないだろう。能舞台ではシテが踊る。しかしここでは、白衣の少女が身動きもせずにたっているだけである。

そしておそらくフランスの古典劇は(現代劇はもちろんだが)日本の能や歌舞伎とは異り、人物の動きの美しさを捉えることに敏感だが、静止した姿勢の絵画的美しさを表現することには慣れていない。『ジャンヌ・ダルク』において、白衣の少女とドミニコ会士とがつくる姿勢の美しさは、むしろ異例であり、大げさにいえば、フランスの舞台に新たな美をつけ加えたものだといえないこともなかろう。現に芝居をよくみるあるフランス人は私にそういった。黒と白との衣裳、強いスポット・ライト、そしてときどき舞台が明るくなるために、暗くなったときに人物をつつむ周囲のやみはいよいよ濃くなるのである。

しかし姿勢があるだけでは、劇が進行しない。すでに唯一の主人公から、一切のうごきを奪った以上、どうしても彼女にことばをあたえなければならぬ。しかしそのことばは、形式上の相手、ドミニコ会士に対するものではあっても、本質的には相手のないものである。相手のないことばは相手のない動作が舞踏になるように、詩となるだろう。火刑台の上の女、社会から隔絶した人間を表現するためには社会的約束のなかにあることばでなく、社会的約束からひきはなしたことば、つまり詩のことばが必要である。クローデルが劇詩に赴いた理由は、必ずしも『ジャンヌ・ダルク』の場合にかぎらず、その人間観ときりはなして考えることができない。『火刑台上のジャンヌ・ダルク』は詩であり、詩人はそこでなすべきことをなしているのだ。

しかし『ジャンヌ・ダルク』の劇的内容を表現するために、決定的な意味をもっているのは、舞台の視覚的効果よりも、またおそらくは詩句よりも、オネゲルの書いた音楽である。音楽はそこで、ことばが表現することのできないものを表現しているように思われる。私はフランスの歌劇の歴史のなかに、音楽がこのような役割を演じている例が他にあるかどうか知らない。しかし、少くともビゼー Bizet は、あれほどみごとに書いたビゼーは、『ジャンヌ・ダルク』のオネゲルとは全く異る目的を追求していた。彼の場合には、劇は口実にすぎない。製作の順序からいえば、まずメリメ Mérimée の原作があり、その次に文学としては(或は劇としては)お話にならぬほど原作を改悪した台本があり、最後に曲が書かれたにちがいないが、結果からいえば、順序は逆になっている。闘牛士が出てくるから、闘牛士の歌があるのではなく、あの歌があるから闘牛士が出てくるのだ。われわれは、ビゼーの美しい旋律と変化に富んだリズム、管弦楽の実に巧妙な使い方をたのしむために劇場に行く。カルメンが生きのびようと、殺されようと、そんなことを気にするやつは一人もないのである。そのうすっぺらな劇的内容と、ニーチェ Nietzsche を魅惑し、今なお全世界を魅惑している音楽との間には何らの本質的関係がない。劇的内容と音楽との間に、本質的な関係がはじめてあらわれたのは、ドビュッシー Debussy の歌劇『ペレアスとメリザンド』においてである。

今から半世紀まえに、『ペレアスとメリザンド』の初演は、歌劇史上の「エルナニ」事件であったという。音楽史家ルネ・デュメニール René Dumesnil は、当時のオペラ・コミックでドビュッシーのために闘った一人だそうだが、ドビュッシーがヴァークナー Wagner の圧倒的影響からフランス音楽をクープラン Couperin やラモー Rameau の伝統にひきもどした(Amicus Ricardus sed magis amica musica.)。ヴァークナーの友ではあるが、それ以上に音楽の友であるフランス人は翕然(きゅうぜん)としてドビュッシーのもとにあつまったと書いている。ドビュッシーの音楽史上の意味は、多分そういうものであろう。しかし彼とメーテルリンク Maeterlinck との出会は、また別の観点から考えることのできるものであり、『ペレアスとメリザンド』における劇と音楽との関係は独特である。ビゼーは台本をだしにして勝手に音楽を書いているが(何もビゼーにかぎらず、ドビュッシー以前のいわゆるオペラは、その意味で同じ流儀のものである)、ドビュッシーは綿密に台本をよんでいる。彼は、メーテルリンクの書いた科白を活かし、科白と科白との間の沈黙を音楽で埋めようと考えたらしい。ことば少く相対する恋人たちの心の動きは、管弦楽によって実に巧みに表現され、科白と所作とだけからは到底期待できないような心理的内容が、劇につけ加えられている。作曲家は、それまでの歌劇の作曲家とは全く異る、しかし明白な一つの目的を追求し、そのことに成功したように思われる。私はメーテルリンクの芝居をあつめてよんだことはあるが、舞台でそれをみたことがない。今結論をいうのは、いささか冒険だが、少くとも私の読書の印象からいえば、ドビュッシーはメーテルリンクの劇に豊富な心理的内容を加えた。しかし、おそらく、そのためにメーテルリンクに固有な雰囲気は消えた。彼をよんだことのある者は誰でも知っているにちがいないが、メーテルリンクの科白は常にいい足りない。普通にはことばのあるべきところに、早すぎる沈黙がやってきて、普通ならばことばのはじまるときにも、その沈黙がつづいている。ドビュッシーはその沈黙を音楽で表現した。比喩的にいえば、彼は原作者のいい足りないところを、管弦楽ということばで全部いいきってしまったのである。ところが、メーテルリンクの劇的世界がもつ神秘的な空気は、その沈黙から、ことばのいい足りないということそのこと自身から生れる。ドビュッシーがいいきったとすれば、そして彼の音楽の目的がいいきることにあったとすれば、その目的は、原作者の目的から遠ざからざるをえない。『ペレアスとメリザンド』は、そういう奇妙な成功の結果である。本来心理劇としては余り手のこんでいない原作が、音楽のために複雑微妙な心理劇となっている。

周知のように、音楽そのものは、ドビュッシー以来五〇年の間に大いに変った。その劇との関係はどういう質的変化を示したか、今嘗ての六人組のなかで、あらゆる形式の作曲にもっとも活潑な創作力を示しているのは、オネゲルと共に、ダリウス・ミヨー Darius Milhaud である。私は、ミヨーに師事している作曲家の友人と、彼の近作『ボリヴァール』をみたことがある。しかし、奇怪にも、私には、作曲家が何を意図しているか、劇との関係において音楽にどういう役割をあたえようとしているか、一体彼はビゼーの目的を追っているのか、ドビュッシーの目的を追っているのか、全体として、もっとも大切な要点を理解することができなかった。音楽はあった、というべきだろうか、音楽は何ものかのためにあるものだ。それをことばの表現に還元することのできないのは当然だとしても、音が何ものかの表現であることに間違いはないだろう。その何ものかの存在は(性質とはいわない)、感じられなければなるまい。私は狐につままれたような感じで国立オペラ劇場の廊下に出たが、廊下には、『カルメン』をきいた後と同じ顔をした男や女が沢山いて、相変らずフランス語やアメリカ語を喋っている。私は友人に「あれは何だろう」といった。彼は「音楽のための音楽だろう」と答えた。

しかし『火刑台上のジャンヌ・ダルク』においてオネゲルの追求した目的は、明らかである。それはビゼーのようにたのしい歌ではなかった。またドビュッシーのように心理的陰影の表現でもなかった。それは死の闘いの表現だということになる。それは同時に詩人の目的でもあった。ここでは詩句と音楽とが、同じ一つの目的、しかも他の手段によっては到達することの困難な目的に向って動員されている。遂に死の恐怖にうちかったジャンヌは、最後に、足もとから燃え上る焔のなかで、信仰の歓喜にふるえながら、その「地上の束縛」をたちきる。彼女が縄をたちきって、頭上高く両手をさしあげるとき、それをそうさせ、われわれにそれを納得させるものは、音楽の他にない。もし鳴りひびくあの管弦楽の演奏がなかったら、クローデルのジャンヌ・ダルクもジャンヌ・ダルクではなく、ロレーヌの田舎娘として、手足を縛られたまま死ぬ他はなかったであろう。これはことばの綾ではなくて、直接にうけとった印象である。オネゲルはその音楽に力をあたえた。その力は詩人ののぞんだものであり、おそらくは詩句をもって獲得することのできなかったものである。

3

しかし、われわれは詩人にもどる必要がある。一九三九年に、すなわちヨーロッパとフランスの悲劇のはじまった年に、詩人がイダ・ルビンシュタイン Ida Rubinstein とオネゲルとのために書いたこの小さな作品のなかには彼の全体が要約されているように思われる。私は舞台をみながら『繻子の靴』を想い出したばかりでなく、『黄金の頭』の自然や『マリヤへの御告げ』の少女ヴィオレーヌ、『プロテウス』の諷刺や、嘗ての外交官の経歴さえも想い出した。例をあげればきりがないだろう。たとえば、ジャンヌが想い出すドムレミーの村人たち、ジャンヌ・ダルクが国王をフランスへみちびいたというので歓喜する田舎風の踊りや、ことばや、衣裳には、北フランスの「母なる大地」を讃美するクローデルの、健康で粗野な生命があふれている(Scène VIII)。

しかしまた、人の悪い外交官も眠っているわけではない。たとえばジャンヌを火刑台にみちびいた王たちのカルタ遊びとはどういうものか。四人の王と四人の貴婦人と四人の侍臣とがそれを演じる。しかし「実際にそれを演じるのは、王でも、女王でもなく、侍臣である」。その勝負の結果に従って「王たちは席を替える」にすぎない。彼らは一方の椅子へ移る。オネゲルは古風な旋律をつかった舞踏曲でその場面を飾る。――どうも諷刺どころのさわぎでなく、昔の話にはちがいないが、クローデルが外交官をやりながら何を考えていたかは、はっきりしすぎるほど、はっきりとあらわれている(Scène IV)。

ジャンヌ・ダルクの裁判に到っては、でっちあげの見本としてこの位痛烈な戯画もめずらしかろう。クローデルは、いいたいことをずけずけという。念の入ったことには、裁判官のことばをジャンヌは理解しない。裁判の記録はラテン語で、ジャンヌはフランス語しか喋らないから、でっちあげは、そのことばのちがいを利用して、行われるのである。誘導尋問は、お前は自分の力で敵を追い払ったのではないだろう、という形でくる。自分の力ではなく、神の力だと考える少女は、フランス語でその通りと答える。すると書記は、ラテン語で、彼女は自分の力ではなく、悪魔の助けによって、敵を追い払ったことを白状したという風に書き出す……(Scène IV)。

とにかくクローデルの複雑な多面性は、ここに遺憾なくあらわれている。しかし、そのなかでも、もっとも感動的であり、もっとも美しい場面は、死をまえにした少女が、自らかけめぐったフランスの山河を想い出し、また故郷の牧歌的生活を想いうかべて、歎くところであろう。「お前は何と美しいのだろう、私のノルマンディーよ！」や「お父さんの家のまえにあったぼだい樹」、つめたい冬の後に、「眼をとじて三つ数える」とやってきた春、「すべては白く、すべてはバラ色、すべては緑！」桜（セリジェ）と梅（ミラベリエ）との花咲くドムレミー(Scène IX)。そして、「ああ何ということだ。私の国民、フランスの国民よ、本当に、本当に、お前が私を生きながら焼こうとしているのか」という歎き、彼女は「死にたくない！」、「私は怖い」という(Scène XI)。――その心は、たとえば、ソフォクレス Sophokles のアンティゴネに通じ、そのことばは、古典悲劇のもっとも美しい章句を想わせる。ジャンヌ・ダルクの歎きはアンティゴネのすばらしい独白、「私は私の最後の空をみつめる……私は死を怖れる、さようなら、人生よ！……」と共に、死の怖れを通じてしか、あらわれないであろう生命のかぎりない美しさを描きつくしている(コメディー・フランセーズの台本は、アンドレ・ボナール André Bonnard の仏訳だというが、私のもっているピエール・デュムーラン Pierre Dumoulin 訳とは、かなりちがう。上演のために、ことばをかえたのであろう)。

しかしアンティゴネが、文盲の田舎娘でないことは、いうまでもないし、ソフォクレスの描いた彼女は、たとえ死のまえにたじろぐことがあっても、誇りたかい皇女である。ただひとり権力と争うことを辞さなかった英雄は、死に到るまで、その勇気と誇りとを失わない。その最期は悲惨だが、それは、自らすすんでひきうけた悲惨なのである。

ジャンヌ・ダルクの場合にはそうでない。「どうして私はこんなことになったのだろう」という問いは、彼女のもので、アンティゴネのものではない。クローデルの描いた彼女は、嘗ては英雄であったかもしれないが、火刑台の上では、自らたのむところの何もない一少女にすぎない。アンティゴネではなくて、『マリヤへの御告げ』のヴィオレーヌである。クローデルの人間学は、ジャンヌ・ダルクも、ルネサンスの英雄ロドリーグも、すべて人間をその人間的努力の果てまで追求し、もはや自らにたのむところの何ものもない絶望まで追いつめる。希望は、常に、その絶望から、或は深淵から、突然、逆説的にあらわれるのだ。価値の転換は、突如としておこる。アンティゴネの場合には、たとえ自らえらんだ悲惨にしても、悲惨は悲惨であることをやめないが、ジャンヌ・ダルクの場合には、最後の瞬間に、悲惨は歓喜に変り、敗北は勝利に転じ、地上の束縛は決定的にたちきられる。

「私は行く、私は行く、私は破った、私はたちきった! よろこびは何ものよりも強い!」――ジャンヌ・ダルクは、遂に頭上たかく、その自由な両手をさしあげる。

れないということになる。

クローデルの劇的主題は、彼があれほど多く書いたにも拘らず、正にただ一つである。ただ、その一つに関して、彼ほど深くつき進んだ人を私は他に知らない。ジード Gide は、ある対話のなかで、人間が人間としての完成をもとめることは罪だという観念を、彼に教えたのは、クローデルだといっているが、同じことを別なことばでいえば、希望は人間としての徹底的な謙虚を通じてしか、あらわれないということになる。

クローデルは、そこから人間感情の一種の力学をつくり出した。それは、一見心理学のようにみえるけれども、実は心理学ではない。なぜなら謙虚は単に心理学的現象ではなく、価値に係るからである。彼は分析的に扱うことのできない問題を扱ったのである。分析的に発達した小説乃至近代劇の方法を排除して、独特の劇詩に赴いたのである。オネゲルは、それを理解したにちがいない。『ジャンヌ・ダルク』が単なる流行を超えているのは、そのためである。

流行があるとすれば流行はおそらく別の理由による。クローデルをしきりに上演しているジャン＝ルイ・バローは、オネゲルの理解したものを理解していないか、少くとも理解したように行動していない。マリニー座の『エシャンジュ』は、その典型的な場合で、実によくできた芝居だが、よくできていればいるほど、クローデルではないように思われる。

演出家は、原作の科白を三分の一ほどけずり、自由詩の形で書かれた科白を散文化し、話のすじに若干の修飾を加え、全く写実的な舞台、衣裳、科白、所作をもって、全体を器用にまとめた。できあがりは、はこびのなめらかな四角関係の芝居である。原作は、もっと冗長であり、構成がでたらめで、よんでいても退屈な代物だ。あれをそのままやっては、客が来ないだろうし、まして共和国の大統領が大臣をひきつれては来ないだろう。しかし冗長でも、退屈でも、原作はクローデルである。その詩句があたえる感動の強度は、すでに(というのは『エシャンジュ』が前世紀末の、作者の極めて初期に属する作品だからだが)、異常であり、そこにしかないものである。今詳しく述べる暇がないが、ある人間観が一定の深さに達すると、その深さに達しない作者には、決してみられない一種の感動の質が生れる。たとえ作品が失敗に終っていても、そこには他の作者にないものがある。マリニー座の『エシャンジュ』は、あらゆる点で、原作よりもうまくできているが、その点に関しては、全く原作の面影をとどめない。ということは、クローデルのクローデルたる所以を、無視しているということだ。私には、目下流行しているのが、クローデルではなくて、ジャン＝ルイ・バロー——マドレーヌ・ルノー一座のように思われる。それはそれとしておもしろいが、今さらおどろくほどの奇抜な話ではなかろう。

昔日本の田舎町の屋根裏部屋で、私は「演劇のルネッサンス」という文章を書いたことがある。クローデルのなかに、演劇の新しい精神が体現されている、という主旨であった。今パリの屋根裏部屋で、主旨にまちがいはなかったと考えるが、舞台をみてそれを確めることは、むずかしいと思う。私は、戦前を知らないので、戦前を知っている人が感じるほど、戦後の変化を感じないのかもしれぬ。しかし『火刑台上のジャンヌ・ダルク』ほど、革新的な力と美とを、私はまだ、他に知らない。

＊　本稿は一九五二年四月に執筆され、同六月に『文学界』に掲載されたので、ここで著者がいう「昨年」は一九五一年、「今年」は一九五二年であるが、マリニー座でバローが『真昼に分かつ』を演出したのは

一九四八年一二月、同じくマリニー座でバローが『エシャンジュ』(『交換』)を演出し、その初日に大統領やベルギー王女、クローデル自身が出席したのは一九五一年一二月のことである。また、クローデルがレジオン・ドヌール大十字勲章を受けたのは一九五一年一〇月である。

＊＊『加藤周一著作集』第一一巻に収録されている。

ルオーの芸術

ルオー Rouault の芸術――しかし、芸術をことばにするほどむずかしいことはない。説明し、分析し、比較しながら、われわれは、その画をまえにしたときのわれわれ自身の感動から遠ざかるのを感じる。感動は、ことばに蔽われ、ことばの彼方に見失われ、その代りに、ことばがそれ自身の秩序をもとめてうごきはじめる。文体の、論理の、あるいはジャーナリスティクな考慮の要求する一種の秩序。ことばを撰びながら芸術について書くのは、だまって芸術をみるのとは、全く別の仕事だ。われわれは造形的表現の世界から、ことばによる表現の世界へ移らなければならない。まえの世界がわれわれを捉えることの強ければ強いほど、後の世界へ移ることはむずかしくなるはずであろう。しかし、まえの世界での体験が深ければ深いほど、後の世界にその体験を移し、われわれ自身の表現をその体験にあたえたいというのぞみを増すであろう。越えることのできない困難があらわれる。ルオーの個展をみた後で、モリアック Mauriac 氏は、彼自身の哲学について語った。われわれは、われわれ自身の哲学を語る他あるまい。

ある夏の日の午後、すでにマロニエの葉の色づきはじめた並木のかげに坐って、私はみてきたばかりのルオーを想いうかべていた。樹の多い、人通りの少いその通りはしずかで木洩陽が鋪道の上に、小さな光の斑点をつくり、かすかな風がたえずその無数の斑点をうごかしていた。またその樹蔭の道のつきるところには、トロカデロの広場があり、西陽をいっぱいにうけたシャイヨー宮の白い柱と柱が一直線にたち切る夏の青空もみえていた。老人夫婦が並木道を通るとき、遠い広場に女の赤い上衣や黄色いスカートのうごくとき、風景は、印象派のいくつかの画面を想い出させた。流れる雲と風とが八月末の軽井沢を思わせる。そのようなベンチと樹蔭とまだ来ない秋の予感を私は好む。しかし、その時私は、私が好むような仕方で、私の好むものを好むことからは、もはや何ものも生れないだろうということを、考えていたのだ。ルオーの描いた風景は、それとは全く別のものであり、生きてゆくことの苦しさと正面から向きあったものであり、人に休息を許さないものである。

たとえば十字架の背景にあった青空は、並木道で私のみていた青空とどれほどちがったか。それはあきらかに、焼絵硝子の深い輝きを油絵具に移そうとしたものである。「影響」があるし、「相似」がある。しかし焼絵硝子の影響の結果は、常にあの青ではないだろうし、焼絵硝子に似た青が、必ずしもあの青ではないだろう。「影響」とか「相似」とかそういうことを考えて、あの青に到達することは、要するに不可能である。従って、それが並木道の実際の青空とどうちがうかということを説明することも不可能である。しかし、それはあきらかにちがっていたし、色そのものがちがっていたから、比喩的にいえば色に凝集された感情もちがっていたはずである。モネ Monet がアルジャントゥーユでみた平和な青空は、今もパリの上に拡っている。しかし、一度十字架のキリスト Christ の苦しみを映したルオーの空をみたものは、モネの空をいつまでもみていることはできない。われわれはひどいめに会ってきたし、更にもう一度ひどいめに会うように、万事手はずが整えられているということも感じているのだ。印象派とその時代は遠く去った。今では誰も彼も、ルオーの空を悲劇的な時代の地平線に眺め、われわれ自身の最後のことばがあの深い空の果てへ消えてゆく日を予想しないものはない。

彼の描く人物の顔は、いつも苦痛にゆがんでいる。脂ぎった売笑婦の腹はたるみ、乳房は重くたれ下り、乱れた髪と血の気のない頰と大きな口と、頭と顔の全体は何ものかに押しつぶされ、みにくさを通り越して、いわばこわれかかっているとでもいいたい位だ。一人の女のなれの果て、しかしみようによっては人間のなれの果てといえないこともない。彼の人物は苦しそうに呻いている、売笑婦も、道化も、役人も。キリストは十字架の上で苦しんでいなければ、くぼんだ、もう涙も出なくなった大きな眼を、悲しく、じっとみひらいている、あるいは眼をふせて慄え出そうとする唇をかたく閉じ、誰にも見捨てられた孤独な運命との内心の対話をつづけている。

人も知るごとくロートレック Lautrec は無類の正確さをもってみじめな娼婦を観察し、描いた。しかも、フロベール Flaubert に文体があったように。彼にはすばらしい色があった。しかし、それにも拘らず、彼の画面のつめたい沈黙を破るものは何もなかった。彼は、眺め、描き、限定し、効果をもとめ、——要するにその仕事に成功したのである。ロートレックの画面をみていると、おれはびっこだ、だからここで成功するのだと彼がいっているような気がする。昔スタンダール Stendhal が似たようなことを呟きながら、『アンリ・ブリュラールの生涯』を書いたように。しかし、ルオーは、売笑婦の実態をみる代りに、そこに人間の運命をみたのだ。一方の売笑婦がいやにずるそうな顔をしているのにくらべ、他方の売笑婦が苦しそうに顔をゆがめているというちがいは、ことばのかぎりでは、大したちがいのようでもないが、実地に画面をまえにするときには、まさに決定的なちがいである。そして二人の画家の個性のちがいは、おそらく二つの時代の決定的なちがいを反映しているのである。

しかし、これほど孤独な人間、アトリエの他におもしろそうなどういう人生ももたないだろうと思われる画家、おそらくアルティザンということばのもっともきびしい意味においてアルティザンであるルオーの裡に、時代の反映をみるほど逆説的なことはない。なぜなら時代は、度々いわれてきたように、群衆心理の時代であり、芸術家も政治的問題の応接にいとまない時代であり、大量生産の普及がアルティザナールな様式を完全に圧倒した時代にちがいないだろうからだ。統計は一般にそういう時代をもっともよく反映すると信じられているし、人間の精神もまた統計的に処理の可能な対象の一つにすぎないと考えこまれている。ルオーはあきらかに時代に迷ってきたようにみえる。

パリの現代美術館は今年(一九五二年)八一歳の画家のためにその壁を提供した。そこには、美術学校時代の習作からはじまって今日に到る半世紀以上の仕事がならんでいる。年代順にそれをみると、芸術もわれわれをうごかすが、一人の人間の異常な生涯もわれわれをうごかさずにはおかない。畠があり、木立があり、畠や木立の向うには家が二、三軒あって、その屋根の上に月が出ている。道は画面の真中を割って、その手前のところに三、四人の人物、どれも馬のように長い顔をしたやつが、赤や白ののっぺりした着物をきて樹が生えたように立っている。それだけのことだが、それだけの絵を、画家は何十年の間に何枚も描いてきたのだ、何十年前のをみても、構図は同じ、焼絵硝子の鉛のように、輪廓を黒く太くかこんでいることも同じ、黄色い月、青い野原、人物の衣のよごれた白、また時には赤、時には青という色のくみあわせも同じ、絵具の塗り方が後になるほど厚くなっているという以外に格別めだったちがいはない。格別めだったちがいのない絵を半世紀の間描きつづけてきた、――ということは、およそ想像を絶したおどろくべきことであろう。その間あれほど沢山の流派がおこり、あれほど沢山の流派がほろびた。世界戦争は二度おこり、われわれの祖国日本についていえば、日本はその間に世界歴史の舞台に登場し、退場したのである。日本がどうなろうとフランスの絵かきに何の関係もないことは明白だが、それにしても、同じパリで、ピカソ Picasso があれだけの「変化」を示した間に、ルオーは少しも「変化」しなかった。彼の個展をみると、最近の風景画を完成するために、彼はそれ以前の風景画を習作として描いたのではないかという印象さえもうける。それほどまえの絵と後の絵との間にある、感情の深さというか、迫力というか、そういうもののちがいは大きい。表現は現代を追って一歩一歩完成にちかづき、決して迂路をとらない、その歴史を壁の上にならべてみるのは、全く壮観という他ないものだ。どうも、他のテを使うほど器用でなかったというような、簡単なことではない。そうではなくて、他のテを使うためには、あまりに自己のテを信じていたということだろう。そういう信念ほど英雄的なものはない。なぜならそういう信念ほど犠牲を伴うものはないし、みずから進んで自己を犠牲にする精神は英雄的であるだろうからだ。

いや彼は自己を犠牲にするどころか、もっとも自己に忠実であったという議論をする人もあることだろう。いかにも利口な批評家の手軽に思いつきそうな議論だ。しかし自己とは何か。自己を反省し、自己に忠実であろうと意識するときに、五〇年も変らぬ自己、いや五〇年も変らぬ自己などというものがあり得ようか。自己に忠実であろうとする運動は必然的に紆余曲折するだろう。ルオーの運動が一直線であったのは、それが自己に忠実な運動だったからではなく、自己を超えるものに忠実な運動だったからであろう。彼の絵は彼を超えるものであり、信念はそこにあったとしか思われない。彼の幸福があるとすればそういう信念をもち得たということにある。彼は犠牲にすぎない。書き得たかもしれない多くの絵の犠牲。もしおのぞみならば、愛し得たかもしれない多くの女の犠牲とつけ加えてもよい。もちろん私は伝記をしらべたことはないが、展覧会の壁を少し眺めていると、どれほど詳しい伝記をよんでも、わからぬことがわかってくる。

むろん、そんなことはわかってもしようがない、本来絵とは直接に関係のない話だが、そういう信念のもち方、私流にいってそういう英雄的精神、客観的にいってそういう時代後れのアルティザナールな人生がなかったら、彼が遂に到達した一枚の絵もあり得なかったということも確かだろうと思う。現代美術は様式のないことに悩んでいるようにみえる。様式は時代の表現形式で、個人的なものではない。従って、少し普遍化すると、現代の芸術の問題は、芸術家が自己を超えるものに信念をもち得なくなったことに表現されているともいえる。ルオーは、いわば、本来個人的なものでない様式を個人的にもとうとした芸術家であろう。彼はその一事のために一生を棒に振ったのであり、その一事のために時代のもっとも深い反映となっているのだ。

彼の最近の絵はしずかだ。人間の死ぬまえにみる景色が、もののほんとうの姿を啓示するとすれば、彼の絵のなかでは、人物も樹も、遠い家の屋根も、あるぬきさしならぬ形で、かぎりのない調和のなかに、はっきりとうかんでいる。それは、もののほんとうの姿であるようにみえるし、死もおそらくはその姿を変えないだろうと思われるほど、深く決定的に、しずかな充実したものとしてみえる。彼はそこまできた。彼は彼のやり方でそこまできたが、他のやり方でそこまでゆけるかどうか。誰もまだその他の便利なやり方をみつけてはいないようである。

追　記

今は昔、一九五〇年の初め、私はイエナ広場の国立近代美術館で、「ルオー回顧展」をみて、その後アメリカ人の画家、モーゼル Mozelle とアルマ広場まで歩き、広場に面したカフェーのテラスで、みてきたばかりの展覧会の話をしたことがある。その頃のモーゼルはシカゴからきてパリで絵を描いていた。そのとき彼女と喋ったことを、パリ一三区の下宿で書きとめたのが、この小文である。アメリカには著作を人に捧げる習慣がある。私はまだどんな著作も彼女に捧げたことがない。今は亡きモーゼルの名を、私はこの文章のあとにぜひ誌しておきたいと思う。《to Mozelle. with Love》

1953

解説(吉田秀和『音楽家の世界』)

私は著者の好意に甘えてこの本の解説をかくことを引受けてしまったが、よく考えてみると、いや、よく考えてみるまでもなくはじめから私の適任者でないことはあきらかであった。私は音楽について何も知らないし、私の耳はよくない。私は音楽を好んでいるだけだが、何事にせよ、ただ好んでいるだけでは、ろくなことをいえないだろう。世間にはそういう例がいくらでもある。音楽については黙っていた方がわが身の安全でもあり、人の迷惑にもなるまい。しかしそういう私にとってもこの本はおもしろかった。敢えておもしろかった理由を述べるとすれば、読者のなかに私のような方々が少しでもあるとしての話だが、そういう読者の興味をひくために役立たないこともないだろう。私は私にできることを、なぜこの本が私にとっておもしろいかという理由を書いて、解説に代えようと思う。

この本は、私にとって、音楽を語っているからおもしろい。というとあたりまえのようだが、実は、西洋の偉い音楽家について書かれた多くの文章が音楽については何も語っていないのである。偉い音楽家が父親から音楽の才能を授かり、母親から豊かな情操をうけついだというような話はある。彼がどこそこの音楽学校を一番の成績で卒業し、どこそこの演奏会ではじめて弾いたときに大批評家が、諸君脱帽天才ですといったというような話もある。そういう話は音楽と関係があるにちがいなかろうが、それがどういう関係であるかは誰にもわからない。父親が音楽家で母親が豊かな情操をもっているときに、どら息子の生れた例はいくらでもある。どこそこの音楽学校は学校である以上一番の成績の生徒を毎年一人は卒業させているはずだが、毎年大音楽家が出ているわけではない。大批評家が天才だといったのは一人ではなかろう。大批評家が天才だといったことに意味があるのは、彼がほんとうに天才だったからで、その逆ではない。彼はなぜ天才なのか。偉い音楽家はなぜ偉いのか。われわれの知りたいと思うのはその点だが、誰それが彼を偉いといったという話をどれほど聞いてもその点に関してはわれわれの知識が一歩もすすむわけではない。たとえば、

「バッハは「近世音楽の父」とよばれる。シューマンは「キリスト教におけるキリストの如きひと」と讃え、ベートーヴェンは「われわれすべての父」といい、モーツァルトは……」

というような文章を読んだことのない人は少いだろう。しかしその後につづく次のような文章をこの本以外の本で読んだことのある人もまた少くないだろう。著者はいう、

「その訳を説明するのは容易なことではないが、それをしないでは、全然音楽の歴史の話をしたことにならない」と。

全然音楽の話をしていない音楽の解説書や入門書の類は多すぎた。音楽批評家は、音楽を平易に解説するとは音楽史のエピソードを文学的に語ることだと考えていたらしい。しかるにこの本は音楽そのものについて語る。偉大だの崇高だの人類的愛だのということばのインフレーションの代りに、調性とか平均率とかいうことばが解説され、その歴史的意味が説明される。読者はこの本のなかで音楽について既に知っていることを確認するか、新しい知識を獲得するかであって、文学的形容によっぱ

らってとりのぼせるというようなことはない。それが私のこの本をおもしろいと思う第一の理由である。

しかしそれだけが理由ではない。この本は音楽そのものについて語り、音楽を文学にすり代えていないが、まさにその故に、音楽を超えて文学や美術の批評にも妥当するであろう一般に批評的な精神の確乎たるあり方を示している。著者自身のことばを借りていうと、「本当に解っていないこと」は何一つ書こうとしていない。ということはまことに疑いえない印象であって、行文の一字一句にもそれがあらわれている。「本当に解っていないこと」だけを書こうとしている批評家の文章を日頃よまされている読者が、それを感じないはずはないし、感じる以上それを評価しないはずはないだろう。ここでは、批評の対象が、あらかじめ与えられた体系的方法によって整理されていない。どの文章も対象である音楽と批評家とのながい対話の結果でないものはない。すぐれた芸術作品は常に一般的な原理や体系の枠のそとにはみだすものである。もし芸術作品から受けた著者の感動が深く、著者がその感動を大切にするかぎり、彼は尺度をあてて作品を測ることをしないだろう。彼は作品と彼自身との対話を、彼が作品と共に歩いてきた道を、要するにその他にはありえなかった彼の感動の根拠を語るだろう。それこそは批評である、ということを、この本は読む者の誰にもあきらかにしてくれるのだ。

しかし再び著者のことばを借りれば、「一人の人間が歩いて来た道は、……決して抽象的であるはずがないし、またとくに体系的であろうと志さなくとも、それが何処かに向いていた以上、その中には必ず一貫したものがある」はずである。公平な、客観的な、非人格的な芸術批評などというものはありえない。評価は個人的恣意を超えなければ評価ではないが、人格的なものから出発しなければ他の何処から出発することもできないのである。一人の人間の歩いて来た道には、「一貫したもの」があり、一貫したものは、常にその人間の態度であり、決意であり、parti pris である。或は、他人から借りたものでないその人の批評の方法であろう。

もしこの本に解説が必要ならば、解説はその内容を解き明かすこと、著者における「一貫したもの」の性質を説明することであろうが、それを抽象的なことばで表現することにどれだけの意味があるかわからない。この本そのものが具体的な場合に即して常にただ一人の著者を、強いていえば著者の音楽に対する唯一の態度を語っているのであり、いかなる読者もそれを感得せずにこの本をよむことはできないはずなのである。誰でもおのずから一つの感じ方、考え方、愛と理解との一定の方向を知るだろう。

多くの音楽家、多くの作品、また多くの問題があり、それらの人と作品と問題とに即して語りながら、しかもただ一つの事について語りえたという事実以上に、批評家の真価を保証するものはない。われわれは、ただ彼に与するか与しないかということだけがのこっている……。

一枚のボッシュに

暗い背景のなかから残忍怪異ないくつもの顔がうかびあがっている。かみつきそうに歯をむきだし、陰険な眼をみすえ、彼らは、画面の中央に眼をとじている血の気の失せたキリスト Christ の顔をとりまいている。十字架の道を描いた絵は多いが、これほど他のどれにも似ていない構図、色彩、迫力に私はいまだかつて出会ったことがない。私はガン市の、私の他にはほとんど見物人のいない美術館で、その絵のまえからながく立ち去ることができなかった。

十字架の太い材木が（その横木はみえない）左上の隅から右下にかけて画面を斜めに強く割っている。一方左下の隅と右上の隅に中央のキリストをはさんで同じように暗い土色の罪人の顔がある。その三つの顔は、他のすべての顔が明るい色で塗ってあるから、十字架の直線に劣らない強い線をつくり、キリストの顔のところで十字架の線と交る。画面はそういう斜めの二つの軸によって支えられ、統一され、一見雑然とみえるにもかかわらず強い集中的な力でわれわれに迫ってくるのだ。迫力は、キリストをとりまく顔の兇悪な表情にばかりではなく、むしろ全体の骨組のこのような構造にあるだろう。

しかしこの奇怪な十字架の道は一撃で人を捉えるばかりでなく、いつまでも人を倦ませない。しかけは単純で大胆で、力強いばかりでなく、また変化に富み微妙に出来ているように思われる。交叉す

十字架を負うキリスト

る二本の斜めの線の他に、それほどめだたない左右の対称がある。たくさんの顔のなかで一番強いアクセントのおいてある兇悪な人物の横顔は、画面の右に浮き出しているが、全体のなかでただ一つの優美な焦点である(そしてただ一つの女の顔である)聖ヴェロニカ Veronica は、左の端にちかく、下隅の罪人の頭の上でうつむいている。対照はすばらしい。それ自身すばらしいばかりでなく、全体の構造に実に微妙に寄与しているという意味でもすばらしいだろう。

全体の構造にはまず動きがある。斜めの車軸は交叉点を中心として、廻転する傾向を含む。キリストは眼をとじているが、十字架をはこびながら、世界がその周囲に廻転するのをとじた眼でみていないとはいえまい。世界は悪夢であり、悪夢のなかでは、ただ残忍で兇暴なたくさんの顔がひしめいているのだ。手足や胴体は暗い背景のなかに消えてしまって、誰の身体もみえない。人間の悪意の象徴である顔だけが渦をまき、沸騰している。しかし一方には安定の要素もある。それはキリストを頂点とし、左に聖ヴェロニカ、右にいちばん兇悪な顔を配した低い三角形である。十字架にのぼろうとするキリストはただ悪夢をみているばかりでなく、たとえそれが沢山の顔のなかのただ一つであっても人間のなかの美しいものをみおとさない。美しいものとみにくいものとが左右にわかれている人間の世界をキリストはそういうものとしてしずかに眺める。構図に比喩のあるわけはないが、いくらか比喩的にいえば、そういうことになるだろう。いずれにしても動きと安定の要素は、ここで比類のない調和に達している。その調和を分析的に説明しつくすことはできない。しかしそれはある。構図の、色の、ヴァルールの調和は、大胆自在な線と共に、もし絵をまえにすれば誰の眼も逃れるはずがないだろう。

絵は絵としてみごとである。しかし一つの光景ではなく、キリストの悪夢を、眼をとじてみる世界を、心のなかの風景を描いているという点で、独特である。なぜならそういうことはそれ以前になかったし、それ以後にもシュルレアリストのあらわれるまでなかったからだ。

シュルレアリストの目的は「心のなかの風景」を写すにあった。そして心のなかにどういう風景もみつけられなかったときは、悪夢を人工的につくりだすために彼らは阿片を用いた。しかし一五世紀のフランドルのこういう絵を描いたイエロニムス・ボッシュ Hieronymus Bosch という画家は、悪夢をみるために麻薬を必要としなかったはずである。彼は悪夢と現実とを区別することのむずかしい時代と場所に生きていたのだ。もしある人々の想像するように彼が一四五〇年頃に生れていたとすれば(正確な生年は誰にもわからない、絵の年代も正確にはきまっていない、そもそも画家の生涯についてはほとんど何もしられていないのだが)、この豊富な想像力と鋭い観察力を兼ね備えたイエロニムス・ボッシュという人物は、青年のときに、ブルゴーニュ侯(シャルル・ル・テメレール Charles le

Téméraire)がリエージュの市民を弾圧した大虐殺に出会ったはずである。国の歴史は外国の支配者のために血塗(ちまみ)れであった。キリストの悪夢にあらわれる怪物じみた人間を彼は実際に自分の眼でみたことであろう。彼がルイスブロオク Ruysbroeck の神秘主義に凝っていたかどうか私にはわからない。

しかしその時代の身の周りを異常な鋭さで観察していたということには疑いの余地がないように思われる。彼は何よりも観察家で、みごとな素描家であった。ファン・アイク van Eyck のように。ただ別のスティールで描いたのである。そしておそらくファン・アイクの活動していたガンやブリュージュよりも片田舎にひきこもることを好み、四〇〇年後のシュルレアリスムの時代を空想することを好んだのである。

もしそうでなければ、どうしてキリストをとりまく人物にこれほどの迫力があろうか。どの顔も怪物じみていて普通の人間の顔ではない。たしかに悪夢のなかの顔だが、それは何という悪夢か。

悪夢、残忍な本能、兇暴な人間の力は、そのあらゆる変化を保存したまま誇張され、強調され、「現実以上に現実的に」それぞれの顔に体現されている。しかもそういう顔は単に兇暴なのではなく、いいようもなく、愚鈍にみえる。

キリストを殺したのはピラト Pilatos ではなくて、ピラトからキリストを受けとった群衆であった。個人は理解するが群衆は理解しない。個人には想像力があるが、群衆には想像力がない。ピラトとは問答を交すことができるが、群衆とは話しあうこと、弁明し、説明を試みることは、どういう個人にとっても不可能である(抵抗するためには組織的な力を必要とするし、説得するためにはマス・コミュニケーションの手段を必要とするだろう)。

群衆はどれほど兇暴な悪人よりも、兇暴な、非人間的な力として個人のまえにあらわれる。キリストの周りにいるのは、そういう群衆である。

右下の隅のいちばん険しい顔を、好奇心や追従や残忍な本能の満足に酔っている他の多くの愚かな顔がのぞいている。

中心の人物の悪意は彼をとりまく群衆の愚昧さによって強調され、煽りたてられている。そして到底一人ではなしえないだろう気違いじみた行為が集団によって、集団の名のもとに正当化されようとしている。

ところがうつむいている聖ヴェロニカは群衆のなかにありながら、群衆からはなれている。その横顔は画面にあふれているすべての顔からはなれて、ただ一人別の方角に向い、ただ一人眼をつむっているのだ。彼女は、孤独であり、個人であり、したがって想像し、理解し、愛するだろう。もう一人の個人、十字架にのぼろうとしている人を。群衆は彼女を殺すことはできても、彼女からその愛を奪うことはできない。一人の女の横顔は、群衆の顔のどのように激しい渦巻とも匹敵する力で画面を支配することができるのである。

私はボッシュが観察家だといったが、彼は単なる観察家以上の心をもって観察した。一枚の絵は伝記のない画家の心を、どういう伝記よりも微妙に語っている。

1954

現代オペラの問題
――『ヴォツェック』をめぐって――

ゲオルク・ビュヒナー Georg Büchner の芝居として知られているのは『ダントンの死』と『ヴォツェック』と二つしかない。彼は若くて死んだ。『ダントンの死』はフランス革命を扱ったメロドラマだが、『ヴォツェック』は、後になってアルバン・ベルク Alban Berg が作曲したオペラとして有名なものである。――といっても、パリではそれほど有名でない。一九五二年六月の二〇世紀音楽祭にヴィーンのオペラが客演したのが最初で、今までのところ最後である。しかし、イギリスやドイツでは時に上演される。ヴィーンの国立オペラ劇場では、かなりしばしば上演される。

私はヴィーンできいたが(ヴォツェックをヨーゼフ・ヘルマン Joseph Herrmann, その妻マリーをクリストル・ゴルツ Christl Golz がうたい、その他の配役もよかった)、ある一つの芝居乃至オペラから、そのときほど強い衝撃をうけたことはない。劇場の外へ出ても、テアータ・アン・デア・ヴィーンのめだたない建物から、露店の小屋のならんでいるヴィーンツァイレを通り、ケルントナア・シュトラッセをリンクの方へ出る知りつくした道が、はじめて通る道のように思われた。私は、モーツァルト Mozart, ヴァークナー Wagner, あるいはリヒアルト・シュトラウス Richard Strauss をきくために、吹雪の夜その道を通ったことがある。また初夏の夜同じ道を花咲き乱れるシュタット・パルクまで歩いたこともある。きいたばかりの音楽はいつも私の耳のなかで鳴っていた。しかし『ヴォツェック』の衝撃は、その激しさと独特の性格によって、他のどんな場合からもちがっていた。

アルバン・ベルクがビュヒナーの『ヴォツェック』を見つけたのは一種の奇遇である。彼はシェーンベルクの発明した一二音主義の新しい音の体系をもっていた。その体系を使って、どういう芝居を作曲しても成功するというわけにはゆくまい。ただ相手が『ヴォツェック』だったから成功した——と考えざるを得ないほどその芝居とその音楽とはむすびついている。あるいはもっと正確にいうと音楽は芝居を無限につよめている。芝居のなかにあるシニズムを、恐怖を、残酷さを、またカリカチュアの奇妙なあくどさを。

話は至って簡単なものだ。兵卒ヴォツェックはその女マリーを士官に奪われる。彼は女を疑い、いろいろの場合を想像して苦しみ、幻覚に脅されて精神病医を訪ねるが、医者は彼を苦しんでいる一人の人間としてよりも「学問的に興味のある」一例として扱う(この医者のカリカチュアは実にうまくできていて、そのヴォツェックに対する態度は残酷を極める)。その後、ヴォツェックは彼自身の上官から、マリーが士官の手におちたことを知り、もはや疑惑ではなく、絶望におちいる。しかも彼は兵営でマリーを奪った士官に殴られ、酒場で彼女がその士官と踊るのをみる(この二つの場面は、医者の場面に劣らず、無慈悲な激しいものだ)。ヴォツェックは殺意をもつ。彼は女を人気ない沼のほとりに誘いだし、一息に刺し殺して、自分もその後で死ぬ。後には女と彼との間の子供がただひとりのこされる。——精神病医の挿話を別にすれば、ヴォツェックとマリーと士官との間におこる話のすじ書きは、ホセとカルメンと闘牛士との間におこる話に似ていないこともない。しかし、『ヴォツェック』と『カルメン』との間にはすじ書き以外に似ている点は一つもない。それは、二人の男と一人の女との他に、『カルメン』ではミカエラが登場し、『ヴォツェック』では精神病医が登場するということからも察せられよう。そしてビゼー Bizet がそのもっとも美しい抒情的旋律をきかせるためにミカエラを利用しつくしたように、アルバン・ベルクはみごとに医者を活用し、その乾いた金属的な音でいわば音楽的カリカチュアをつくりあげたのである。

場面は一五にわかれていて、その一五場は大きな幕間なしに、短い間隔をおいてはじめから終りまで一息につづく。音楽はその間休まない。従って各場面の間の時間は楽譜の上で厳密に定められているということになる。序曲はない。最初の和音が鳴ると幕が上る。短い一場面が展開し、幕が下りる。音楽はそのままつづき、一定の音で次の場面の幕が上る。それをくり返して最後の幕までゆき、最後の幕の下りきったときに音楽もまた終るのである。――このやり方は、劇的効果を集中し、つよめるために役立っている。そのかぎりでは、リヒアルト・シュトラウスのある種の傑作、『サロメ』や『エレクトラ』を思わせる。しかし音楽はちがうし、芝居を含めて舞台の全体が表現しているものも全くちがう。観客を捉える力、聴衆をその世界へひきこむ力、圧倒的な表現力を集中して一挙に相手をひきずってゆく力は、『サロメ』と『ヴォツェック』との間に区別をつけ難いが(私の知るかぎりオペラのなかでこの二つの作品ほど強力な例は他にない)、どういう世界へひきこむか、またどういう方法によってそうするかという点でこれほどちがう場合も少いようである。『サロメ』では音楽がすべてを支配する。『ヴォツェック』ではまず芝居があり、音楽は芝居をたすける。芝居を前提としてしか考えられない効果を音楽が生むといってもよいだろうし、逆に音楽なしには考えられない力を芝居がもつといってもよいだろう。『サロメ』の所作は舞踏にちかく、台詞は詩である。『ヴォツェック』の所作はレアリズムの芝居の行き方で、台詞はむろん散文である。

散文の台詞はききとれるものでなければならない。『ヴォツェック』でもかなりうたうところがあるが、一般に台詞は活かしてある。上官から女の裏切をきいたヴォツェックは、女の胸ぐらをとって責めるが、女はしらを切る。女をつきはなして一人になると彼はよろめきながら、「人間ってものは谷底だ、のぞくと眼がくらむようだ」という。その台詞《Der Mensch ist ein Abgrund, es schwindelt einem, wenn man hinunterschaut.》はある意味で劇の全体を要約しているともいえるが、ほとんど普通の芝居のように発音される。そしてそのことばが終ると管弦楽が「眼もくらむ谷底」を表現するためにあらゆる楽器を動員するのだ。まず芝居があり、それに音楽が加るが、音楽が加ってはじめて、われわれは谷底をのぞくのである。

しかしこのオペラ、ビュヒナー――アルバン・ベルクの合作の仕事がどれほどうまくできているかを説明するためには、場面の組合せ方、その対照の妙にいい及ばなければならない。場面の対照の妙は、すなわち音楽の変化の妙である。夜の森でヴォツェックが女を刺し殺す。そのとき管弦楽はクレセンドで途方もない大音響となって鳴りひびく、陰惨な調子でその後をつづけ、突然一転して舞踏の音楽になると、幕が上り、酒場で人が踊っている。人殺しをした男は手に血をつけたままその酒場へあらわれる。騒ぎがおこる。次の幕は再び夜の森となる。上官と医者とが出て来て、沼のなかで死にかけているヴォツェックを見つける。そうして主人公が死に、万事がやり切れない仕方で終り、そのやり切れなさを管弦楽の金属的な音が徹底させる。――オペラはこれでおしまいだと誰でも思う。とにかく万事が終ったのだから、外へ出てビールでものもうと考える。ところがもう一度幕が上り、明るい陽ざしのふりそそぐ街角で無邪気に子供のあそんでいる場面があらわれるのだ。それはマリーの家のまえで、士官が夜彼女を口説きおとしたところであり、ヴォツェックが彼女を責めた同じところである。マリーの子供はそこであそんでいる。それは、殺し場から舞踏の音楽に移る場面の転換が与える一切の効果を(その効果がすでに強烈だが)さらに強調し徹底させ、そうすることでほとんど観客をうちのめすものだ。いよいよ最後の幕が下りても、到底ビールどころのさわぎではない。

子供が可哀相である、思わず涙が出る、というようなことではむろんない。子供は少しも可哀相でないし、そもそも涙の出るような情愛のこもった話ではない。そうではなくてヴォツェックが女を殺し、自分もまた死ぬ、どれほど苦しんだあげくに死のうが、死んでしまえばそれだけのことで、後には何ものこらない、世界は少しも変らない、彼が死んだ翌日の朝から太陽があたたかい陽ざしをふりそそぎ、街角で子供はたのしくあそび、医者は「学問的に興味のある」一例を月例集談会か何かで報告し、上官は本来兵隊が一人死ぬことを気にしていてはつとまらぬはずの商売だから忽ち忘れてしまうという話である。ヴォツェックの人生は本人にとって苦しかろうし、またたのしくもあろう。要するに主観的にはかけがえのないものだろう、しかし他人と世界にとっては意味がない、消えてなくなっても誰も痛痒を感じない、客観的には全く無意味だということが、最後の子供のいる場面ではっきりするのだ。何もヴォツェックにかぎらずわれわれが死んでも同じことであろう。——われわれはそういう事実のまえで、そういう事実が感覚的に迫ってくるときに、戦慄する。『ヴォツェック』という芝居は、さんざん苦しんだ末、結局一切は無意味に終るということをいい、その他の何もいっていことになろう。

めに、アルバン・ベルクはシェーンベルク流の音の体系をおどろくべき技術で完全に駆使したという

ない。残酷で、陰惨で、もっとも至極な言い分である。その言い分を徹底させ、感覚的に強調するた

『カルメン』にはもともと言い分などなかった。ビゼーは人をたのしませるためにカルメンを殺したのであって、カルメンが舞台の上で派手に倒れたところで誰もおどろかない。『サロメ』の目的はそういう一夕のたのしみとはちがう。シュトラウスは人をたのしませるためではなく、感動させるために書いた、ということは音楽をきけばあきらかである。しかしその感動の世界は現実の彼方、神話のなかにある。彼はわれわれの人生の約束とはちがう約束の支配する世界で、われわれの感情を増幅したのだ。要するにそれは悲劇である。

悲劇の主人公が死ぬとすれば、その死には意味があるだろう。『トリスタンとイゾルデ』の愛は死によって永遠化される。『火刑台上のジャンヌ・ダルク』は死によって権力が彼女のまわりにまきつけた鎖をたち切る。しかし『ヴォツェック』の死にはどういう意味もない。彼がそのために死ぬべき女マリーはすでに彼から失われている。そのために死ぬべき神を彼は信じていない。彼は兵隊だが、日本製の〝大東亜共栄圏〟やアメリカ製の〝自由国家〟のために戦場で死ぬわけでもない。彼は何のためでもなく、ただ人から忘れられるために死ぬのである。『ヴォツェック』は悲劇ではない。別のことばでいえば、われわれはその舞台と音楽とを通じて、われわれ自身を超える何ものにも出会わない。しかし多分われわれ自身に出会いすぎる。惨憺たる感銘はそこから来る。『ヴォツェック』はわれわれの可能性をひらかずに、妙に説得力のある仕方で可能性を閉じるのである。死ぬことに意味があり

得るという可能性、従って生きることに意味があり得るという可能性、もう少し具体的にいえばこの場合には二人の人間に信頼がなり立ち得るという可能性。そういう可能性を理窟で証明することはできないから、悲劇が、あるいは一般に芸術が、それを証明するためのただ一つの手段としてわれわれのためにあるのであろう。

たとえば『ファウスト』という悲劇の主題は二つである。その第一は、人間は生きようと努めるかぎり迷うということ(Es irrt der Mensch, so lang, er strebt.)その第二は、それにもかかわらず、いかに迷っても生きるのはよいことだということ(Wie es auch sei, das Leben, es ist gut.)である。第一の主題から第二の主題は決して必然的には出てこない。二つの主題をむすびつける合理的な理由はない。しかしそれにもかかわらずその二つをむすびつけようとする内面的要求が——その要求が一生つづいたことは周知の通りだ——、ゲーテ Goethe を押して悲劇を書かせたのである。もし第二の主題だけが彼の一生を支配していたとすれば、彼はアメリカ映画のシナリオを書いたはずである。もし第一の主題だけがあり、同時に彼のあらゆる才能がその主題を追求したとすれば、彼は『ファウスト』ではなく、『ヴォツェック』を書いたろう。「人間は迷う」といっても「人間は深淵である」といっても同じことだ。シニックな虚無主義は観察をとぎすます。作者は見破り、見破ったところをたじろがずに表現する……。

私はストリントベリー Strindberg を想い出す。いわば人生に復讐するためにその未曾有の才能を傾けた『令嬢ジュリー』の作者、天才の技術をもっていたが天才の魂をもっていなかったストリントベリーの場合を。念のためにいうが、あれはストリントベリーの場合で、自然主義の場合などという一般的な話ではない。自然主義というような文学史的概念は、何とか主義という美術史的概念でも同じことだが、芸術作品を骨ぬきにするために学者の発明した道具にすぎない。骨はそれぞれの作品のなかにあって、ひっくるめておよそこうだというときのこうだというところにはない。ストリントベリーの仕事のできばえは見事である。彼の一幕物は一点非のうちどころのない完璧なものだ。それは一撃で人を捉え、最後まで息もつかせずひきずってゆく。知性を納得させ、神経を興奮させ、およそわれわれのなかにある原始的な本能を極度の緊張に到るまでよびさます。しかしすべては人間がどれほど惨めであるかということを証明するためでしかない。死はその惨めさから人を解放するためでなく、その惨めさを強調し、完成し、そのままそこに固定するためにやってくるのである。

私は『ヴォツェック』が比類のない衝撃を与えるといった。しかし悲劇的感動を与えるとはいわなかったし、芸術的感銘を与えるともいわなかった。それは傑作である。作品はその意図を実現しているし、作品のなかで目的と手段とはつり合っている。しかしその意図が必ずしも芸術的意図であるとはかぎらないし、意図の実現が生む効果が必ずしも芸術的効果であるとはかぎらない。傑作は傑作だが奇妙な傑作である。私はテアータ・アン・デア・ヴィーンを出て、ケルントナア・シュトラッセを歩きながらも、奇妙な才能のつくりあげた悪夢がいつまでもつきまとってくるのに閉口した。夜の街角に毛皮を着て立っている女の顔が、刺し殺されて沼にぶち込まれた女の死んだ顔のようにみえた。そういうことはむろんヴァークナーの後にも、シュトラウスの後にもなかった。強いていえばパリの小劇場でストリントベリーをみたあとの感じに似ていたといえば似ていたのである。

しかし話を音楽へもどそう。シェーンベルクの音楽はモンドリアン Mondrian の画面に似ているともいえるだろう。要するに彼らは方法を発明した。その道具で実際に何ができるかはやってみないとわからない。発明そのものは知的な結論であって、発明者自身のこしらえたのは抽象的作品である。きくものの、あるいはみるものの心に訴えない。なるほどそうなるだろうということは、理解できるとしても、どうしてもそうならざるを得ないという作者の人間的内容を感じることはできない。シェーンベルクでもそうだが、カンディンスキー Kandinsky でもそうであった。ところが彼ら以後に音楽の世界も絵の世界も抽象的なものから人間的なものへ変って来たのである。知的で非個性的で装飾的な出発点から、感情的内容のある個性的な表現への移りゆきが、現代音楽乃至絵画の大きな動き方としてはかなりはっきりあらわれて来た。それには古典的な和音を使い、フィギュラティフな傾向へもどるという面がむろんあるが、それだけではない。新しい音の体系なり、抽象絵画の方法なりを感情的個性的表現の道具として使うことも可能だという証拠がシェーンベルク以後、カンディンスキー以後に出て来たという面がある。たとえばマネシエ Manessier にはフィギュラティフな要素がある——ということはわかりきっているが、だから彼はモンドリアンよりも人間的だということではなく、抽象的な方法そのものが彼の場合には人間的な感情を表現する道具になったのだ。音楽の世界で、徹底的に一二音主義の音をならべて、人間的感動のつよい表現に達した例はアルバン・ベルクである。彼の音楽は抽象的な知的実験ではない。もしそうならばあれほど後口のわるい道理はない。その意味で『ヴォツェック』は単に傑作であるばかりでなく、現代音楽の歴史からみて、劃期的な傑作である。シェーンベルクの弟子は、シェーンベルクのやらなかったことをやった。管弦楽を使っておよそ表現し得るかぎりの激しい劇的感情を表現したのである。激しさという点でこれに匹敵するものはない。

次の問題はその感情がどういう種類の感情かという点だけであろう。それは音楽、少くとも劇音楽が彼以前に表現することのできなかった感情であった。大事なことは彼が新しい方法を使ったことにあるのではなく、人間の感情の未到の領域を開拓したことにあるのであり、新しい方法は新しい領域をひらくために、どうしても必要だったということにすぎない。『ヴォツェック』をきいた後では、シェーンベルクはそのための準備、つまり恐怖と絶望と残酷なシニズムとをあらわすために必要な道具を準備したにすぎないという印象さえうける。アルバン・ベルクは道具を使いこなして、劇音楽の表現力を拡大した、だから劃期的である。彼と彼の作品『ヴォツェック』の問題はそこにつきる。

しかし一二音主義の問題、さらに現代音楽の問題は、むろんそこでは終らない。なぜならば知的実験の範囲を出て、昔の音楽の表現しなかった感情の表現に成功した後では、その表現がわれわれの感情の領域の一部ではなく全体を蔽い得るかどうかが問題となるであろうからだ。つまり『ヴォツェック』のシニズム、『カルメン』の抒情、あわせてわれわれの感情のすべてだということになればそれでいい。『コンシュル』はそういう流儀でいっている。『ピーター・グライムズ』も同じことだといえよう。しかし『ヴォツェック』の絶望がわれわれの絶望だというときに、同じ意味でミカエラの愛の歌がわれわれの愛の歌だといえるだろうか。

ベラ・バルトーク Béla Bartok はうたった。最近ではオリヴィエ・メシアン Olivier Messiaen が『トゥランガリラ・サンフォニー』のなかで彼の愛の歌をうたっている。それはアルバン・ベルクのやらなかったことである。しかし一度メシアンをきいた後では、たとえばショパン Chopin の愛の歌は遠い昔のものにきこえる。ショパンの女は燭台の光のなかで長い裳をひきずっていた。メシアンの女は、不幸にしてあるいは幸いにして、そういう昔の風俗を、感情を、浪漫主義を保存してはいない。しかし人の生きて行くかぎり、女の胸の息づいているかぎり、たとえひきちぎられた夢であるにしても、夢はあるだろう。そしてその夢の歌もまたあるだろう。現代音楽はそこからはじまろうとしているのだ。現代が待っているのは理論ではなくて、作品である。

アルバン・ベルクの意義はそういう作品の一つをつくり出したことにある。

追記

はじめて『ヴォツェック』を見た(聞いた)後で、私はこの文章を書いた。その頃のヴィーンは四カ国占領下にあり、国立歌劇場はまだ開いていず、戦争の傷痕は到るところに残っていた。すべてが失われた後に、ヴィーンが誇るべき伝統は、ただその音楽(殊に歌劇)にしかないという思いが、おそらくはテアータ・アン・デア・ヴィーンの舞台の歌手にも、管弦楽団にも、観客の誰にも、あったのだろう。劇場のなかには一種の熱気があり、舞台と観客席との間には強い連帯感があり、文化的自己同一性の根拠としての音楽のおどろくべき呪縛力があった。その異様な熱気は、修復成って開場した国立歌劇場での、その後の公演には、再び見出すことのできないものであった。そこで、しかもはじめて、私は『ヴォツェック』を見たのである。印象が強かったのは当然であり、そのことはこの文章にも反映しているだろう。

比較的に最近、私は二度『ヴォツェック』を見た、一度はニューヨークのメトロポリタン歌劇場で、一度は七八年のジュネーヴの大劇場（グラン・テアートル）で。ニューヨークの『ヴォツェック』には、何らの感銘も受けなかったが、ジュネーヴの『ヴォツェック』には、殊に管弦楽の出来栄えに、感心した。『ヴォツェック』についての私の意見は、今も二五年まえのこの文章にいう通りである。

しかしシェーンベルクやカンディンスキーについては、二五年まえの私が書いたことに、今日の私は必ずしも賛成しない。その二五年の間に、私は折にふれてシェーンベルクを聞き、またいくらかカンディンスキーを見た。彼らがそれぞれ音楽の、または絵画の、新しい語法を生みだしたことは、いうまでもない。しかし決してそれだけではない、と今の私は考えている。

解説

鷲巣　力

本巻には、旧制第一高等学校時代の著作(一九三七年)から、戦後のフランス留学までの著作(一九五四年)、三五篇を収める。

巻頭に収めた「映画評『新しき土』」(『向陵時報』一九三七年二月一八日)は、現在、加藤周一のもっとも初期の公表著作として認められる。「藤沢正」という筆名を使うが、これを筆名に選んだ理由は分からない。加藤は、旧制一高時代には映画演劇研究会に所属し「新しく封切られるほとんどの映画を見ていた」(実妹本村久子氏談)。終生、さまざまな分野の芸術を愉しむ習慣をもっていたが、映画もそのひとつである。晩年まで書き続けた「夕陽妄語」(『朝日新聞』)にもしばしば映画が取り上げられた。

この映画評はきわめて手厳しい内容をもつが、そこに後々の加藤の一端が窺える。「断片的美しさの支離滅裂な、雑然たる集合、従って見ているときは恍惚としているが済んで終えば頭に何にも残らない」(本巻三頁)とか、「映画のレーゾン・デートルは蓋し「将来の戒め」の一語に尽きる」(本巻五頁)とかいった皮肉な言い回しは、いかにも加藤らしい。すでに一七歳にしてこういう表現を身につけていた。しかも、この〝断片的美しさの集合〟といった見方は、後々の日本文化論にまで貫かれる。

文末に「英語版」とあるが、これは何か。『新しき土』は日独合作映画であり、初めての国際合作映画として日本映画史に名を残し、一六歳の原節子が出演したことでも知られる。ドイツのアーノルト・ファンクと日本の伊丹万作が監督を務めたが、両者の意見はことごとく対立したといわれる。その結果、ファンク版（ドイツ版あるいは日独版、題名は『サムライの娘』、科白は日本語とドイツ語が混じる）と伊丹版（国際版あるいは日英版、題名は『新しき土』）のふたつがつくられた。加藤は両方の版を観て批評を書いたと思われるが、欧米に販売するためにつくられたという「英語版」を観たのかもしれない。

旧制高校は全寮生活と寮の自治を特徴とした。一高では一八九〇年に自治寮が開設、同時に学生と教職員による校友会が創設され、文芸部、ボート部、ベースボール部などがつくられた。文芸部は『校友会雑誌』を編集発行したが、その編集委員は文芸部員から選ばれた。また寄宿寮内の新聞である『向陵時報』も、学生によって編集発行された。創刊は一九二二年六月一日。一高は東京府本郷区向ケ岡弥生町（現東京大学農学部敷地）に校舎があったことから「向陵」と名づけられた。一九三五年に東京府目黒区駒場に移転した後も名前は変えずに、二度の休刊をはさみ、一九五〇年二月まで続いた。『校友会雑誌』は一八九〇年に創刊され、一九四四年に終刊した。後に学術・文芸の世界で名を馳せた人たちが青春時代に作品を発表した舞台である（日本近代文学館によりＤＶＤ版が復刻された）。上田敏（一八八九年入学）、阿部次郎（一九〇一年入学）、谷崎潤一郎（一九〇五年入学）、和辻哲郎（一九〇六年入学）、林達夫（一九一六年入学）、川端康成（一九一七年入学）、堀辰雄（一九二一年入学）、中島敦（一九二六年入学）、立原道造（一九三一年入学）、福永武彦（一九三四年入学）、中村真一郎（一九三五年入学）らが寄稿した。

加藤（一九三六年入学）は『向陵時報』に多くの作品を、『校友会雑誌』に三つの小説を発表した。『向陵時報』に発表した作品が右の映画評である。『校友会雑誌』に最初に発表した作品は「正月」である。一八歳のときの作品で、加藤のもっとも初期の小説だろう。この短い小説に登場する「秋元先生」は、『羊の歌』に描かれる小学四年生のときの担任「松本先生」に違いない。「よく事実を見なければいけない」ことを生徒に教え、加藤は、その人柄を好み、その知識を敬していた。作品では、高校生になった「私」が恩師を訪ねる。時間の経過、時代の変化、「私」の成長、そして恩師の家庭での姿が、「私」に微妙な違和感を覚えさせる。人物の心理を漱石風な筆致で描く佳品である。

他のふたつの作品は「従兄弟たち」(一九三八年六月)と「秋の人々」(一九三八年一一月)である。加藤が「正月」を発表したころの編集委員には、中村真一郎や小島信夫が名を連ねている。加藤も一九三八年度の編集委員に就き、編集委員として一度だけ「編輯後記」(六月)を書いた。

加藤が編集委員に就いたころ、軍国主義の風潮がこの雑誌にも及び始めていた。軍国主義的な調子を帯びた編輯後記を書く委員もいた。その後まもなく、校友会は護国会となり、『校友会雑誌』も『護国会雑誌』(一九四一年六月—四四年六月)と名前を変える。多大な精力と時間を割くに値する雑誌だ、とおそらく加藤は考えなかったのだろう。それが「編輯後記」を一度しか書かなかった理由だと推測する。結局、加藤が『校友会雑誌』に作品を発表したのは一九三八年だけである。その後は、小島信夫や矢内原伊作らと同人誌『崖』を創刊し(一九三九年)、「マチネ・ポエティク」を福永武彦、中村真一郎、窪田啓作氏らと結成する(一九四二年)。

この時期の作品には小説や詩歌が多い。『崖』や「マチネ・ポエティク」などの同人誌活動を始めていたのだから、当然といえば当然である。しかし、それだけに止まらない。加藤の創作意欲が小説や詩歌に向かうのは、この時期もその後も、「強い感動を伴う経験をしたとき」(『加藤周一著作集』第一三巻「あとがき」)である。人に強い感動と衝撃を呼び起こすものは、愛であり、戦(いくさ)である。

妹久子氏には終生変わらぬ愛を注いだ。「もし私がこの世の中でひとりでないとすれば、それは妹がいるからだ」という想いが「妹に」という詩を数篇つくらせた。また「さくら横ちょう」には、少年時代、女王のように振る舞うある少女への淡い想いが詠まれる。戦後に書かれたいくつかの〝愛の歌〟は、恋の証だろう。なお、「さくら横ちょう」は、中田喜直と別宮貞雄それぞれの手によって歌曲となっている。

一方、戦後の『ある晴れた日に』(『人間』一九四九年一―八月号)は、戦争体験の強い衝撃が書かせた作品である。晩年に「九条の会」に精力を注ぐが、その動機となるひとつの作品といってもよい。

その後の加藤を髣髴とさせるのは「戦争と文学とに関する断想」である。戦争は文学や文化を破壊することを論じた。「追記」にいうように、この論考は「要領を得ない」という面があることは否定できないし、著作集を編集するときに、加藤はこれを収録することをためらった。しかし、私は収録することを主張した。その理由は、加藤といえども一九歳のときには稚い著作を書いたことを示したかったのではない。軍国主義の言論統制のもとでは「反戦のことば」を使って反戦を主張することは難しい。ところが、軍国主義の言論統制は、反戦のことばを使わずして反戦を主張する技術を育てる。そういう技術を駆使した作家のひとりが花田清輝である。青年加藤は花田に及ばずといえども、そういう技術を使おうと試みた。その証拠がこの著作であり、それゆえに収録したかったのである。

一高時代には歌舞伎座や能楽堂や築地小劇場に通うことも習いとした。一九四一年一二月八日、つまり日米開戦の日には新橋演舞場に赴き、文楽の引っ越し公演を、わずか数人の観客のなかで見た。その数人のなかに親友垣花秀武氏がいたことを、戦後になって初めて知る(垣花秀武「加藤周一君よ」

『現代思想』二〇〇九年七月臨時増刊）。戦争中も折をみて水道橋の能楽堂に通った。このような加藤に戯曲を書く意欲があっても不思議ではない。「トリスタンとイズーとマルク王の一幕」は数少ない戯曲のひとつである。この作品は、ヴァーグナーの『トリスタンとイゾルデ』のパロディであり、後日譚である。トリスタンとイズーもマルク王もたえずジャーナリズムを意識して行動する。ジャーナリズムがらみの趣向は、二〇年を隔てて一九六五年に執筆された「仲基後語」（『群像』同年四月号）でも使われる。富永仲基と彼の周囲の人に「東京の記者」が面談するという趣向をもつ。

敗戦後、加藤が強い関心をもった最初の主題は「天皇制」である。「天皇制を論ず――問題は天皇制であって、天皇ではない」（『大学新聞』一九四六年三月二一日）と「天皇制について」（『女性改造』一九四六年六月復刊号）を発表した。ふたつの天皇制に関する論考は、ともに「荒井作之助」の筆名で書かれた。「追分で世話になった農民の名前をそのまま筆名とした」（本村久子氏談）のだった。数多ある著作のなかで、ふたつの天皇制論だけが、実在した農民「荒井作之助」の名で書かれる。虐げられてきた農民の立場で天皇制を論じたことを主張したかったのだろう。なお「天皇制について」は、著作集編集のときには加藤も忘れていた著作で、「天皇制を論ず」の「追記」にも触れられていない。

敗戦直後の五年間は戦後のなかで雑誌がもっとも輝いた時代である。言論統制で休刊に追い込まれた雑誌が復刊し（たとえば『中央公論』『改造』）、新しい時代を切りひらく新しい雑誌が創刊された（たとえば『世界』『思想の科学』『暮しの手帖』『月刊平凡』）。そういう時代の潮流のなかで学生が編集する雑誌が生まれた。いいだももが提唱し、遠藤麟一朗が編集長を務めた『世代』（目黒書店）である。創刊は一九四六年七月。創刊当初は瀟洒なエディトリアル・デザインを誇った雑誌だったが、次第に粗末な体裁の雑誌となり、刊行も途切れ途切れとなり、一九五二年一二月、一七号をもって休刊した。敗戦直後に生まれた多くの雑誌がそうであったように、短命で終わった。

『世代』が果たした役割はその寿命の短さに比べてはるかに大きい。新しい酒は新しい革袋に盛られなければならぬように、新しい人材は新しい時代でなければ生まれない。若い二〇代の作家たち――福永武彦、中村真一郎、加藤周一、吉行淳之助、中村稔氏ら――が『世代』からはばたく。

編集長の遠藤は「マチネ・ポエティク」の福永、中村、加藤に「CAMERA EYES」という時評の連載を求め、三人はそれに応じた。この時評は毎号が「焦点」「時間」「空間」という三つの部分に分かれ、三人がそれぞれそのひとつを書く。この形式がだれの発案によるかは分からない。だが、加藤の主著のひとつが『日本文化における時間と空間』(岩波書店、二〇〇七年)であることと興味深い符合を見せる。「時間」と「空間」の脈絡で物事を捉える加藤の思考方法は一貫して変わらない。

この連載は一九四六年七月号(創刊号)に始まり一二月号で終わるが、既発表原稿に未発表原稿を加えて、『1946 文学的考察』(真善美社、一九四七年)を刊行した。三人の共著ではあるが加藤が出版した最初の著書である(六隅許六による装丁は当時としては驚くほどに斬新である)。「怒りの抒情詩」と加藤が表現したこの書からは、敗戦直後に、加藤が何に対して怒りを感じていたかが伝わる。

その一篇「新しき星菫派に就いて」は、いわゆる「星菫派論争」を呼び起こした。「星菫派」とは、明治時代に雑誌『明星』によって、星や菫にたくして甘い恋の歌などを歌った詩人たちを指す。戦時中に「洗練された感覚と論理をもちながら、凡そ重大な歴史的社会的現象に対し一片の批判もなし得ない」まま、戦後になると「狂信的な好戦主義から平和主義に」するりと変わってしまう青年たちを、加藤は「新しき星菫派」と呼んで批判した。加藤の厳しく、やや性急な批判は、荒正人や本多秋五から「加藤たちこそ星菫派ではないか」という反論を受け、長い論争を繰り広げることになった。

さきの「天皇制を論ず」および「天皇制について」と、この「新しき星菫派に就いて」とはお互いに響き合う関係にある。「天皇制を論ず」は、天皇制が生んだ戦前日本の無責任政治に対する弾劾であり、反省もなく天皇制擁護を主張する敗戦直後の無責任政治に対する糾弾である。「天皇制について」は、戦前日本で虐げられてきたのは農民と女性だと分析し、女性に対して激励を送る。「新しき星菫派に就いて」は、敗戦にもかかわらず痛痒も反省もなく変わってしまう文学と知識人を非難する。この三つの著作はいわば「三点セット」であり、加藤の戦後における言論の原点に位置する。

加藤をフランス文学へと導いたのは芥川龍之介である。芥川に「心酔」していた加藤は、芥川に影響を与えた『エピキュールの園』の作者、アナトール・フランスに興味をもち、フランス文学の森に分け入った。森のなかで『ヴァリエテ』の作者と出会い、もっと正確に、もっと深く、ポール・ヴァレリーを読むためにフランス語を習得する必要を「痛感」する。かくして、大学時代には医学部に籍を置きながら、時間の許す限りでフランス文学の授業にも出席することになる。とりわけ渡辺一夫の教室に出入りしたことはその後の加藤を決定した、といっても過言ではないだろう。

夏季に信濃追分で過ごす習慣は中学五年のとき(一九三五年)に始まる。高校入試の受験勉強に従い、フランス文学を独習し、堀辰雄、立原道造、中村真一郎、日高六郎氏に出会った。「村人たちが、毎日、朝から晩まで、フランス文学ばかり読んでいる人がいる、と教えてくれた」（日高六郎「加藤周一追悼」『月刊百科』二〇〇九年四月号）。一九四三年夏、日高氏が加藤に初めて会った時の思い出である。

加藤が関心を抱いたフランス文学者は、大きく三つに分類される。第一は、象徴主義文学者、ならびに象徴主義文学の後継者たちである。前者はシャルル・ピエール・ボードレール、ステファヌ・マラルメであり、後者はポール・ヴァレリー、ポール・クローデルである。

とりわけヴァレリーには旧制高校以来強い関心を抱き、大きな影響を受けた。繊細で洗練された感覚、厳密で明晰な思考、具体性と抽象性の往復運動。ヴァレリーの資質をもつ日本の文学者は間違いなく加藤周一であろう。二〇〇八年八月、加藤は「ヴァレリーを学ばなかったら、今の私はなかった」といった。実際、加藤には本巻に収めたヴァレリー論を始め、いくつかのヴァレリーに関する著作と講演がある。『海辺の町にて』（文芸春秋新社、一九六四年）という書名は、直接的にはヴァンクーヴァーを指すが、自分にとっての「聖書」だという『海辺の墓地』が加藤の頭になかったとはいえない。

第二は、抵抗の詩人たちである。ルイ・アラゴンやポール・エリュアールに代表される詩人たちのことである。「一方で詩人が「ファシズム」の先棒をかつぎ、そのことを愛国心のあらわれだとしていたときに、他方では詩人が内外の「ファシズム」と命がけで戦い、同時にそれを愛国心の証だとしていた」。加藤は前者のような日本の詩人や文学者に怒りを覚え、後者のような詩人たちがフランスにいたことを戦後になって知り、激しい衝撃を受け強く感動した。その感動が、エリュアールの「自由」という詩をはじめとする「抵抗の歌」を加藤自身の手によって翻訳させることになる。

第三は、ジャン＝ポール・サルトルである。二〇世紀フランスを代表する哲学者というよりは、二

○世紀を代表する哲学者サルトルに対して、加藤は、その人格に深い敬意を、その思想に強い共感を抱いていた。「アンガジュマン」「知識人の擁護」「人間の全体を理解するための哲学」などサルトルによって啓発されたことは多い。それゆえにこそ、長い加藤の著作活動のなかで、サルトルという主題は、繰り返し表れて変奏される。

加藤の関心はフランス文学だけに向いていたのではない。象徴主義を軸にして日本に眼を転じれば、そこに「能と近代劇の可能性」(『古典発掘』真善美社、一九四七年)や「定家『拾遺愚草』の象徴主義」を見つけることができる。加藤は『拾遺愚草』に定家の象徴主義を見出し、同時に定家の象徴主義の限界を見た。そして定家の弟子である実朝の『金槐集』にも関心を寄せた。

当時の加藤が関心を抱いていたのは、第一に詩歌であり、第二に象徴主義であり、第三に鎌倉時代という転換期であったろう。鎌倉時代という転換期に対する関心の延長線上に「親鸞」(一九六〇年。日本自選集第三巻所収)や「仏像の様式」(一九六七年。同第四巻所収)が立ち現れる。「転換期」に着目して歴史を見ていく方法は『日本文学史序説』(筑摩書房、一九七五年)に貫かれ、同書には四つの「転換期」が設けられる。こういう見方は、加藤の目指す歴史の「変化と持続」を解き明かすには有効であろう。

日本の近代文学に関する関心も、中学時代に読んだ芥川龍之介に始まる。そして、漱石、鷗外、荷風、中野重治、石川淳という非自然主義文学系の文学者へ関心が拡がる。同時に、医者であり文学者である木下杢太郎や斎藤茂吉への関心が「鷗外・茂吉・杢太郎」の構想を育むことになる。

「日本の庭」は、フランス留学以前に書かれた本格的な日本文化論である。加藤の日本文化論の出発点と位置づけられる著作だろう。西芳寺、修学院離宮、龍安寺、桂離宮など京都の庭を廻り、その素材や様式を比べ、それぞれの庭が表現する精神に及ぶ。すなわち「心とかたち」。ここから『三題噺』の「詩仙堂志」(一九六四年。本自選集第三巻所収)を経て、『日本 その心とかたち』(NHKおよび平凡社、一九八六年、八七年)や『日本文化における時間と空間』に到る道筋が見える。

一九五一年一〇月、フランス政府半給費留学生としてフランスに旅立った。滞在中の生活費を調達するために、見聞した美術や音楽に関する文を日本のメディアに多く寄稿する。たとえば「ルオーの芸術」「一枚のボッシュに」であり、「火刑台上のジャンヌ・ダルク」「現代オペラの問題」である。『火刑台上のジャンヌ・ダルク』は劇的オラトリオで、台本原作はポール・クローデル、作曲はアルテュール・オネゲル。世界初の舞台上演は一九五一年、パリ。加藤は一九五二年にパリ・オペラ座で観ている。おそらくクローデルに惹かれて観たのだろう。オネゲルの音楽によりも、クローデルの詩に感動している様子が文に表れる。『ヴォツェック』は、ゲオルク・ビュヒナー原作、アルバン・ベルク台本および作曲。世界初の舞台上演は一九二五年。トリスタンとイゾルデの死は「永遠の愛」だが、マリーとヴォツェックの死は「無意味」に尽きる。それを無調音楽で表現する二〇世紀歌劇の最高傑作に属する。加藤は、一九五四年、街にも人の心にも、戦争がもたらした無意味な死と破壊の無残な痕跡が残るヴィーンで観た。「惨憺たる感銘」を受けた加藤の文は高揚した調子を帯びる。

加藤の歌劇場通いはフランス留学時代に始まるが、歌劇に関する著作をオネゲルやベルクから始めたという事実は何を意味するか。加藤の関心は「名所旧跡」にはなく、強く現代ヨーロッパの「精神」の問題に立ち向かおうとしたことを表しているに違いない。

初出一覧

本巻で用いた底本には＊を付した。

映画評『新しき土』
＊『向陵時報』第一高等学校寄宿寮、一九三七年二月一八日。筆名「藤沢正」で執筆。

正月
＊『校友会雑誌』第三六二号、第一高等学校校友会、一九三八年二月。筆名「藤沢正」で執筆。

編輯後記
＊『校友会雑誌』第三六三号、第一高等学校校友会、一九三八年六月。筆名「藤沢正」で執筆。

戦争と文学とに関する断想
『向陵時報』第一高等学校寄宿寮、一九三九年二月一日。筆名「藤沢正」で執筆。
＊『加藤周一著作集』第八巻、平凡社、一九七九年三月。

妹に
『向陵時報』第一高等学校寄宿寮、一九四三年一一月一〇日(二編ともに「妹に」の表題。掲載の順に「PREMIER SONNET」「DEUXIEME SONNET」と表題の後に付す)。
＊Ⅰ(初出の「DEUXIEME SONNET」)は『加藤周一著作集』第一三巻、平凡社、一九七九年四月。
Ⅱ(初出の「PREMIER SONNET」)は『薔薇譜』湯川書房、一九七六年一二月。

トリスタンとイズーとマルク王の一幕
『向陵時報』第一高等学校寄宿寮、一九四四年五月三一日(原題「トリスタンとイズーとマルク王との一幕」。「今は亡き仏国文豪JEAN GIRAUDOUX氏が在天の霊に捧ぐ」と表題の後に付す)。
＊『道化師の朝の歌』河出書房、一九四八年九月。

天皇制を論ず
『大学新聞』財団法人大学新聞社(東京大学)、一九四六年三月二一日(「不合理主義の源泉」「問題は天皇制で天皇ではない」と表題の後に付す)。筆名「荒井作之助」で執筆。
＊『加藤周一著作集』第八巻、平凡社、一九七九年三月。

天皇制について

＊『女性改造』一九四六年六月。筆名「荒井作之助」で執筆。

新しき星菫派に就いて

『世代』一九四六年七月。

＊『加藤周一著作集』第八巻、平凡社、一九七九年三月。

ポール・ヴァレリー

『詩人』一九四七年五・六月（原題「ヴァレリイ頌――知られざる詩人に」）。

＊『加藤周一著作集』第一巻、平凡社、一九七九年二月。

金槐集に就いて

『1946 文学的考察』真善美社、一九四七年五月。

＊『加藤周一著作集』第八巻、平凡社、一九七九年三月。

オルダス・ハクスリーの回心

『1946 文学的考察』真善美社、一九四七年五月（原題「オルダス・ハックスリの回心――TO DR. JOHN P. LOGE」）。

＊『加藤周一著作集』第八巻、平凡社、一九七九年三月。

象徴主義的風土

『花』一九四七年一一月（のちに倍以上の長さに増補）。

＊『加藤周一著作集』第一巻、平凡社、一九七九年二月。

四つの四行詩

『詩人』一九四七年一一月（原題「四章――伊藤左千夫の主題による四つの四行詩」）。

＊『加藤周一著作集』第一三巻、平凡社、一九七九年四月。

愛の歌

『文藝』一九四七年一二月（原題「二つの島」）。

＊『加藤周一著作集』第一三巻、平凡社、一九七九年四月。

さくら横ちょう

『綜合文化』一九四八年一月。

＊『加藤周一著作集』第一三巻、平凡社、一九七九年四月。

定家『拾遺愚草』の象徴主義

『文藝』一九四八年一月（原題「藤原定家――『拾遺愚草』の象徴主義」）。

＊『詩および詩人』弘文堂書房、一九七一年三月。

漱石に於ける現実

『国土』一九四八年三・四月（原題「漱石における現実――『明暗』について」）。

＊『加藤周一著作集』第六巻、平凡社、一九七八年一二月。

木下杢太郎の方法

『文芸往来』一九四九年三月（原題「木下杢太郎の方法について」）。

＊『加藤周一著作集』第六巻、平凡社、一九七八年一二月。

芥川龍之介小論

芥川龍之介『夜来の花』解説、新潮文庫、一九四九年四月（原題「解説」）。

＊『美しい日本』角川書店、一九五一年二月。

木下杢太郎とシナの医学

『近代文学』一九四九年一〇月。

＊『加藤周一著作集』第六巻、平凡社、一九七八年一二月。

日本の庭

『文藝』一九五〇年二月（原題「日本の庭――To Professor N. Nakanishi」）。

＊『加藤周一著作集』第一二巻、平凡社、一九七八年一一月。

鷗外と洋学

『文学』一九五〇年三月（原題「鷗外と洋学――外国文学理論の移植について」）。

＊『加藤周一著作集』第六巻、平凡社、一九七八年一二月。

ジャン・ポール・サルトル

『展望』一九五〇年三月（原題「サルトルの『自由の道』――小説の運命」）。

＊『現代フランス文学論』河出書房、一九五一年一〇月。

演劇のルネサンス

『人間』一九五〇年五月（原題「演劇のルネッサンス――ポール・クローデルを繞って」）。

＊『加藤周一著作集』第一一巻、平凡社、一九七九年八月。

龍之介と反俗的精神

『世界』一九五一年二月。

＊『加藤周一著作集』第六巻、平凡社、一九七八年一二月。

途絶えざる歌
『抵抗の文学』岩波新書、一九五一年三月。
＊『加藤周一著作集』第二巻、平凡社、一九七九年一〇月。

ヴェルコールについて
ヴェルコール、河野与一・加藤周一訳『海の沈黙・星への歩み』解説、岩波書店、一九五一年四月。
＊同右、岩波文庫、一九七三年二月。

「ネギ先生」の想い出
『6・3教室』社団法人新教育協会、一九五一年九月。
＊『加藤周一著作集』第一五巻、平凡社、一九七九年一一月。

木下杢太郎と吉利支丹研究
『木下杢太郎全集』第一二巻附録、岩波書店、一九五一年一〇月。
＊『加藤周一著作集』第六巻、平凡社、一九七八年一二月。

火刑台上のジャンヌ・ダルク
『文学界』一九五二年六月（原題「『火刑台上のジャンヌ・ダルク』——フランス通信1」）。
＊『加藤周一著作集』第一一巻、平凡社、一九七九年八月。

ルオーの芸術
『戦後のフランス』未来社、一九五二年一〇月。
＊『加藤周一著作集』第一二巻、平凡社、一九七八年一一月。

解説
＊吉田秀和『音楽家の世界』創元文庫、一九五三年一月。

一枚のボッシュに
『芸術新潮』一九五三年一二月（原題「一枚のボッシュに——ベルギーの印象」）。
＊『加藤周一著作集』第一二巻、平凡社、一九七八年一一月。

現代オペラの問題
『芸術新潮』一九五四年六月（原題「アルバン・ベルク ヴォツェック」）。
＊『加藤周一著作集』第一一巻、平凡社、一九七九年八月。

■岩波オンデマンドブックス■

加藤周一自選集 1
1937–1954

鷲巣 力 編

2009 年 9 月 17 日 第 1 刷発行
2010 年 3 月 5 日 第 5 刷発行
2017 年 9 月 12 日 オンデマンド版発行

著 者 加藤 周一（かとうしゅういち）

発行者 岡 本 厚

発行所 株式会社 岩波書店
〒 101-8002 東京都千代田区一ツ橋 2-5-5
電話案内 03-5210-4000
http://www.iwanami.co.jp/

印刷／製本・法令印刷

ISBN 978-4-00-730656-3 Printed in Japan